国家自然科学基金面上项目（项目编号：71673195）
四川省科技厅软科学项目（项目编号：2020JDR0233）
四川农业大学科研双支计划“现代农业产业组织及制度创

农业职业经理人形成机制、决策行为与政策优化研究

Study on Agricultural Professional Managers: Formation Mechanism, Decision Behavior and Policy Optimization

张社梅 陈锐 董杰 傅新红 王运陈◎著

经济管理出版社
ECONOMY & MANAGEMENT PUBLISHING HOUSE

图书在版编目（CIP）数据

农业职业经理人形成机制、决策行为与政策优化研究/张社梅等著．—北京：经济管理出版社，2022．1

ISBN 978-7-5096-8301-9

Ⅰ．①农…　Ⅱ．①张…　Ⅲ．①农业经济管理—研究　Ⅳ．①F302

中国版本图书馆 CIP 数据核字（2022）第 024484 号

组稿编辑：郭　飞
责任编辑：郭　飞
责任印制：黄章平
责任校对：陈　颖

出版发行：经济管理出版社
（北京市海淀区北蜂窝 8 号中雅大厦 A 座 11 层　100038）
网　　址：www．E-mp．com．cn
电　　话：（010）51915602
印　　刷：北京晨旭印刷厂
经　　销：新华书店
开　　本：720mm×1000mm/16
印　　张：16．5
字　　数：296 千字
版　　次：2022 年 3 月第 1 版　　2022 年 3 月第 1 次印刷
书　　号：ISBN 978-7-5096-8301-9
定　　价：88．00 元

前　言

我国农业正处于转型升级的重要时期，实现农业现代化以及乡村振兴，人才支撑是关键。一方面，要适应传统农业向产业化、企业化、集约化的现代农业转型的经营需求，尤其是随着农村土地流转速度及规模化水平不断提高、农业生产方式不断改革以及新型农业经营主体的兴起和发展，迫切需要一批善经营、懂管理、会技术的现代化农业复合型经营人才；另一方面，城镇化、工业化的发展使农村劳动力大量外流，农村空心化、农业兼业化问题日益凸显，加之人口老龄化，使农村经营管理人才极度缺乏。农业职业经理人正是在国家大力培育家庭农场、合作社等新型农业经营主体中产生和逐渐发展壮大的一支专业从事农业规模化、集约化生产经营的职业群体。2018 年中央一号文件中首次提出要扶持和培育一批农业职业经理人；2019 年 4 月，“农业职业经理人”成为国家人力资源与社会保障部、市场监管局等部门联合发布的 13 种社会新职业之一。同年，农业农村部在全国范围内也启动了农业职业经理人示范性培训。可以预计，农业职业经理人队伍在“十四五”期间将进入大发展阶段。

国内最早于 2007 年在黑龙江、安徽农垦开展了农业职业经理人的培训和资质评价工作，此后许多地方开始开展农业职业经理人队伍建设，以四川成都最具特色和规模，创设了“土地股份合作社 + 职业经理人 + 社会化服务体系”经营模式，引起各界的广泛关注。然而，由于农业职业经理人是近几年才在我国推进现代农业规模化、集约化发展的背景下产生的，农业职业经理人的蓬勃发展仍面临巨大挑战。具体表现在：一是农业职业经理人自身从业动机缺乏活力，多数是短期行为，缺少激励、约束、退出机制。一方面，农村自身缺乏现代产业经营管理人才；另一方面，相较于城镇工商企业，农村产业组织例如合作社、家庭农场等在地理环境、薪资待遇等方面缺乏竞争力，对人才吸引力不足。二是从从业平台来看，不同组织的农业职业经理人业绩存在较大差异，如何激发其积极性、提高其工作绩效成为提高其所在组织绩效和农业生产效率的关键因素，这关乎农业产业化发展的走向。三是从现有的政策管理角度来看，农业职业经理人的资格认定、培训教育、激励扶持、社会化服务等一系列管理与制度问题越来越突出，亟待补齐政策短板。

调研中的一个事例让我们对农业职业经理人的成长及其所发挥出来的巨大潜能产生了很深的印象。四川崇州青桥土地股份合作社的农业职业经理人任建忠，早年他曾背井离乡先后到广西、成都等地务工，最终怀着对农业的满腔热情回到家乡，决定发挥自己的农业特长，扎扎实实地做实事。一开始由于缺乏养殖技术，他开展的蛋鸡养殖、池塘养殖均以失败告终。2010 年，他抓住崇州市聘请种田能手，依托土地股份合作社从事粮食连片生产，政府则协助推进社会化服务这一契机，成为较早一批农业职业经理人。成为农业职业经理人后，他参与了政府组织的各项针对生产技能、经营管理的培训，农业经营管理水平不断提高，发展思路和经营思想得到极大解放。此外，他还享受了一系列惠农支农政策，如城镇职工养老保险补贴扶持、种粮大户补贴、农业职业经理人信用贷款等。2016 年他被评选为成都市“十佳农业经理人”，奖励资金 3 万元。2018 年农民丰收节，他被评选为“双百标兵”。以上个人直接补贴和荣誉，不仅增强了他自身的获得感，更激发了他对农业职业经理人身份的归属感，促使他更加积极地投身农业建设。在他的带领下，青桥土地股份合作社扭亏为盈，经营规模由 2011 年的 133 亩发展到 2021 年的 1864 亩，农户入社面积占全村土地面积的 90% 以上，固定资产达 2000 万元，2019 年该合作社获批国家级示范合作社，并申请获取地理标志产品——“隆兴大米”。这个调查案例表明，在实践中，大批有着农业情怀的农业职业经理人，在政策东风的支持下，不断提升自己的经营管理能力，真正实现了向“懂技术、会管理、善经营”的转变，并为所在产业组织带来显著的绩效，盘活了村集体经营性资产，实现了农民增收、农业增效、农村增绿的美好愿景。这正是本书研究的出发点和落脚点。

本书共分 5 个部分、11 章内容。第一部分研究背景包括：第 1 章绪论，分别阐述了研究的背景、研究框架、研究内容、数据来源及研究方法，并凝练了本书的主要创新之处。第 2 章核心概念与国内外研究现状分析，从企业职业经理人、农业职业经理人、农业产业组织绩效和合作社农业职业经理人研究四部分进行综述。第二部分农业职业经理人从业部分包括：第 3 章农业职业经理人从业动机研究，基于相关理论编制了农业职业经理人从业动机研究量表，分析了农业职业经理人的从业动机并排序，采用 Logistic 模型分析了农业职业经理人从业动机的影响因素。第 4 章农业职业经理人创业创新行为研究，基于成都市的调研数据，研究了农业职业经理人创业创新的主要领域和开展情况，并采用 Probit 模型和 Poission 模型，研究了农业职业经理人创业创新行为及影响因素。第三部分合作社聘用农业职业经理人部分包括：第 5 章合作社聘用农业职业经理人的决策行为分析，从成本收益理论、委托—代理理论的角度分析合作社引入农业职业经理人的成本收益，并采用需求可识别的 Bi - probit 模型，从供求两方面分析影响合作社聘用农业职业经理人的因素。第 6 章聘用农业职业经理人能否改善农民合作社绩效，基于“反事实框架”的 PSM 处理效应模式，研究农业职业经理人对合作社绩效的影响。第四部分农业职业经理人提升所在组织绩效的路径包括：第 7 章对农业职业经理人权力对其所在组织绩效的影响研究，农业职业经理人的权力进行细分，并对四类权力大小进行测度及分析，实证研究农业职业经理人权力对所在组织的绩效影响。第 8 章农业职业经理人入股与合作社经济绩效——决策行为倾向的调节作用，对农业职业经理人入股行为与合作社绩效之间的关系进行验证，探明股权激励是否以及如何影响合作社的绩效。第五部分农业职业经理人培育与政策包括：第 9 章农业职业经理人支持政策及特征，主要梳理了农业职业经理人的主要支持政策，并总结了农业职业经理人支持政策的分类、特征。第 10 章农业职业经理人培育机制优化研究，以成都市为例，进一步基于政府角度，对当前培育农业职业经理人的主要举措、存在问题进行分析总结，并提出进一步优化农业职业经理人培育机制的思路和建议。第 11 章主要结论、政策建议与研究展望，对全书的主要观点进行总结，并提出政策建议和未来研究方向。

随着“互联网 +”时代的到来和我国农业向一二三产业不断融合、向适度规模化、组织化、社会化不断推进，新型职业农民队伍的进一步分工、分业、分化，农业经营管理队伍也将走向专业化、职业化，家庭农场、合作社等产业组织对农业职业经理人的需求将进一步增加，农业职业经理人的发展壮大也成为必然趋势。毫无疑问，农业职业经理人与产业组织的对接问题将更加重要。本书的创新之处在于：在农业职业经理人与家庭农场、合作社的对接问题上首先做出探索，通过实证数据回答合作社在什么条件下才引入农业职业经理人、引入后能否带来合作社绩效的改善和缓解“内部人”控制难题等问题，揭示农业职业经理人这一现代企业治理机制能否与农民合作社相契合。但本书没有太多关注农业职业经理人对所在组织互联网技术采用的影响，也没有详细探讨农业职业经理人的声誉机制及其影响、农业职业经理人对农业绿色转型和乡村发展活力激发等问题，这些都还有待更多的研究。相信在政府、农业产业组织及农业职业经理人的共同努力下，农业职业经理人在农村经济组织中的巨大潜力将得到更大释放，农业职业经理人在乡村振兴中的推动作用将更加凸显，我们也将继续下沉，将对农业职业经理人的研究不断深入下去。

目　录

第 1 章　绪论

1.1　研究背景

农业职业经理人是近年来在我国产生和发展起来的一类新型职业农民，是在国家大力培育家庭农场、合作社、农业企业等新型生产经营主体、解决“谁来种田、如何种田”的大背景下，不断壮大的一支专业从事规模化、集约化农业生产经营的职业群体。国内最早于 2007 年在黑龙江、安徽农垦开展了职业经理人的培训和资质评价工作，此后许多地方开始开展了农业职业经理人队伍建设。其中，以四川省崇州市最具规模和特色，创设了“土地股份合作社 + 职业经理人 + 社会化服务体系”经营模式，引起了各界的广泛关注（罗必良，2015；程波，2015）。已有实践表明，农业职业经理人的诞生和发展不仅有效缓解了农业粗放经营、种田后继乏人的困境，而且对于优化农业组织内部治理结构、推进农民就地创业创新、加快农业转型升级和激发农村发展活力均具有重要而深远的意义。

目前农业职业经理人从业的主要平台和载体是合作社和家庭农场，还有一部分进入农业企业（本书主要研究合作社和家庭农场的农业职业经理人问题）。合作社属于农民互助型的经济组织，为了在市场中竞争和生存，尽管很多合作社已经引入了现代企业制度，但其内部治理结构、利益分配模式等与企业（或营利部门）仍有很大区别，要吸引到高素质的农业职业经理人存在困难。一方面，农村既懂技术，又会管理、善经营的人才十分稀缺，难以满足对农业职业经理人的需求；另一方面，合作社的地理位置、能够给付的薪酬等都不具有优势，对人才吸引力不足。那究竟什么样的个体会选择或为什么会选择合作社来当农业职业经理人？他们的择业动机和重要诱因是什么，是政策诱导还是政治任务，抑或兴趣使然？这支队伍是如何形成的？这些问题还有待于深入研究。

合作社引入农业职业经理人后能否顺利发挥其应有的作用呢？具体作用路径又是怎样的呢？根据我们对四川崇州、江油等地的调查，农业职业经理人的经营业绩存在很大差异，有的会为合作社带来较大盈利，有的则只能依靠政策补助勉强度日。已有研究也表明，农业职业经理人给合作社带来的效率提升并不明显，许多合作社过分强调理事会在决策中的控制权，农业职业经理人事无巨细地向理事长汇报，尤其是在理事长较为强势的合作社中更为常见（张淑惠和文雷，2014）；农业职业经理人也有可能产生机会主义行为，如在预料收益不佳的年份提出辞职等（黄元斌，2015）。可见，合作社职业经理人的经营决策行为要受制于个人的经历、合作社治理结构等因素。我们对200多名合作社农业职业经理人的访谈也表明，该行为与社会化服务获取的便捷性、政府的支持导向也都有关系。那么，为什么农业职业经理人在一些合作社未能发挥应有的作用呢？绩效差异是什么原因造成的？影响绩效的主要因素有哪些？农业职业经理人这一现代公司创设的治理机制，能否与合作社的运行机制有效匹配呢？这些还需要我们结合具体情境做进一步的分析。

四川是我国的农业大省，也是农业经营体制机制比较灵活、农业产业组织较为发达的省份之一，2015 年，四川省委一号文件明确提出“要引导农民合作社建立职业经理人制度”。成都市作为四川的省会，现代农业建设引领全省甚至全国，尤其是农业职业经理人发展走在全国前列。2014 年成都市政府就出台了《关于加强农业职业经理人队伍建设的意见》；近几年，更是以农业供给侧改革为主线，大力培育新型服务农业经营主体，大力发展全产业链农业社会化服务，激发市场主体活力。截止到 2020 年底，全市累计发展农民合作社 11075 家，其中国家级示范社 42 家；家庭农场 9223 家，其中省级示范场 138 家；全市农业适度规模经营率达 72.67%，共建成农业（综合）服务中心 168 个，累计培育农业职业经理人 17180 人。成都市农业职业经理人市场的率先发展，为研究工作的开展提供了十分有利的调研区域和环境。

本书正是基于四川省成都市农业职业经理人的持续跟踪实地调查，在分析和评价不同群体进入合作社从业的动机和重要诱因基础上，从微观角度考察合作社农业职业经理人队伍形成的机制和农业职业经理人创业创新行为；从合作社角度分析聘用农业职业经理人的条件和成本收益；聚焦合作社农业职业经理人的权利

大小以及入股行为两大核心要素，进一步验证和分析农业职业经理人的决策行为对合作社绩效的影响效应及途径；提出促进合作社农业职业经理人发展的政策建议。因此，本书研究成果可为我国农业产业组织引入农业职业经理人制度，为摆脱产业组织“内卷化”发展困境提供前瞻性的理论探索，同时，也可为政府制定有效的农业职业经理人支持政策、优化产业组织扶持策略和举措、破解种田后继无人困境提供参考依据，具有十分重要的理论意义和现实意义。

1.2 农业职业经理人队伍发展壮大的意义

农业职业经理人作为一支重要的农村人才队伍，是促进农业规模化、集约化、标准化、品牌化发展的重要力量，是推进农业农村现代化的重要角色，受到社会各界的广泛关注。因此，促进农业职业经理人队伍发展壮大，培养一批适应农业农村发展新形势、新要求的农业职业经理人，对于促进农业高质量人才队伍建设、增强农业国际竞争力、破除农业资源要素约束和提高食品质量安全水平均具有重要作用。

1.2.1 有利于构建乡村振兴战略实施的经营体系

农业部统计数据显示，1999 年全国耕地流转率仅为 2.53%，2006 年为 4.57%，2010 年仍只有 12%，2016 年超过 33%。上海财经大学“千村调查”的数据表明，尽管全国整体土地流转比率逐年提高，可达 30%，但个别地区耕地流转率仅为 10%，区域差异化较大（张亚丽，2019）。农户获得的承包耕地大多在 0.5 公顷（李瑞琴，2015）

目前，全国新型农业经营经营主体多元化、快速发展，家庭农场超过 87.7 万家，农民合作社超过 217.3 万家，农业龙头企业超过 8.7 万家，已经逐步成为发展现代农业的新生骨干力量。同时，目前全国大部分的农业生产经营主体为小农户，户均承包耕地面积较小，耕地流转率较低，单家独户分散经营的小农生产将在今后相当长的时期内仍然存在。农业职业经理人通过参与种养大户、家庭农场、农民合作社、农业企业等新型农业经营主体和农村集体经济组织的建设与管理，适应不同组织化程度、不同生产力水平发展的需要，有效推动家庭经营、集体经营、合作经营、企业经营共同发展，有助于构建以家庭经营为基础、联合与合作为纽带、社会化服务为支撑的立体式复合型现代农业经营体系。

1.2.2 有利于破除农业资源环境约束

我国农业发展面临严重的资源环境约束问题。一是人口增长和有效耕地下降给食品安全问题带来巨大挑战，全国人均耕地数量从2001年的0.106公顷下降到2017年的0.097公顷。二是化学药剂过度使用，2012～2015年，国家质检总局对全国31个城市果蔬进行分批次抽验，检出率为38.2%～88%。三是农业资源利用率低，我国化肥利用效率仅为64%，灌溉水为45%，农副产品约为48.5%，远低于世界平均水平（张素勤，2016）。四是环境破坏严重，蔬菜废弃物、畜禽粪便、秸秆焚烧、农业面源污染等对农业生产产生严重负面影响。要实现农业高质量发展的目标，农业生产必须突破资源环境的约束。

农业职业经理人不仅能够解决“谁来种田”的问题，还能够有效促进“科学种田”。农业职业经理人能够率先、直接将先进科技、现代管理手段应用于农业生产经营活动，并且更大范围、更高层次地带动传统农户和新型农业经营主体推广先进农业科技有效提升农业科技转化率和劳动效率，在提高土地单位产出、科学使用各类化学药剂、促进资源循环利用等方面做出积极贡献。同时，农业职业经理人通过发展农产品后期的运输、储存、加工和销售等产后事业来弥补农业生产端的不足，替代传统加大化学品投入等增加资源环境压力的发展道路，通过转变发展思路突破资源环境约束。

1.2.3 有利于提高农产品质量安全水平

我国的农产品质量安全水平的提高面临以下挑战：在生产环节存在违规使用或滥用农业投入品，生产加工的标准化、组织化程度过低，缺乏优质优价的市场机制等问题；在流通环节存在农产品经营者以次充好、以假乱真行为，流通主体细小分散、组织化程度低；在消费环节存在居民还没有全面树立健康消费理念、大部分消费者不愿为优质产品埋单等问题（张小允等，2018）。提高农产品质量安全水平，建设“从田园到餐桌”的质量追溯体系是重要手段，农业职业经理人在此过程中能够发挥关键作用。

农业职业经理人在生产过程中组织农户进行标准化生产、规范使用化肥农药等化学投入品，促进农产品生产端安全生产。在流通环节，农业职业经理人依托农业合作社、农业企业等经营主体，能够促进移动互联网、大数据、云计算、物联网等新一代技术在农产品追溯中的应用，将农场、加工商和零售商级别的追溯服务提升到对种植、养殖、生产、加工、物流、批发和零售等关键环节。在生产与消费对接环节实践中，农业职业经理人已经通过发展公证农业等新模式重构产消信任，营造优质优价的农产品市场环境。农业职业经理人正在为促进优质农产品生产、提升农产品质量安全水平做出积极贡献。

1.2.4 有利于增强农产品国际竞争力

中国农业发展经历了实现基本口粮自给到追求产品品质提升的发展历程，总体来看，我国农产品国际竞争力有所提升，根据 UN Comtrade 数据库统计数据可知，中国农产品国际贸易总额占世界农产品贸易总额的比重从 2000 年的 3.16% 上升到 2017 年的 8.35%（张丽君和喻芬芬，2019）。自加入 WTO 以来，国际竞争日益激烈，中国农产品贸易也出现了贸易结构不合理、农产品出口受到欧美国家贸易壁垒的限制以及农产品对外贸易长期处于逆差等问题。2013 年，国家提出“一带一路”倡议，为农产品国际贸易提供了新机遇和挑战，在贸易开发程度更高的新形势下，农产品国际竞争力需进一步提升。

培育一支理念先进、素质较高、能力较强的高质量农业职业经理人队伍有利于从两个方面增强我国农产品的国际竞争力。一是现代化生产要素如劳动要素对农业国际竞争力起着决定性作用，而传统的土地要素和土地资源条件对农产品国际竞争力的影响不大。农业职业经理人本身作为一种现代劳动力要素，能够运用现代化生产要素替代或改进传统生产要素，提升农产品国际竞争力。二是农产品的经济规模有助于抢占国际市场和提升农产品的显性竞争优势，农业职业经理人能够从成本收益方面综合考虑农产品的经济规模，增强农业经营主体对农产品经济规模大小的驾驭能力，促进经营主体结合自身条件发展适度规模经营，促进农产品竞争力提升。

1.3 研究框架与研究内容

本书的研究逻辑将按照以下思路逐层推进：第一，客观分析农业规模化、集约化发展背景下农业产业组织不断壮大与内部管理滞后的矛盾，深入分析农业职业经理人队伍形成的微观机制以及创业行为。第二，基于农民合作社视角，分析其在什么条件下才会引入农业职业经理人，并验证合作社聘用农业职业经理人能否带来组织绩效的提升。第三，基于农业职业经理人视角，分析农业职业经理人进入所在组织后个体的决策行为差异，并结合农业职业经理人在合作社享有的剩余决策权、股权激励等关键节点，具体剖析农业职业经理人如何影响所在组织绩效。第四，基于政策视角，分析当前对农业职业经理人的主要支持政策及特征，并以成都市为例，通过总结已有的培育经验和分析仍存在的问题，提出进一步优化农业职业经理人培育机制的思路和建议。

根据以上目标，本书的主要内容包括以下 11 章：

第 1 章：绪论。本章从农业职业经理人的产生和发展现状入手，论述农业职业经理人发展壮大的重要意义，同时，搭建研究的基本框架，论述研究的主要内容、研究的数据来源和主要方法、研究的技术路线以及研究的创新之处。

第 2 章：核心概念与国内外研究现状分析。对农业职业经理人的概念和范畴进行了界定；从企业职业经理人、农业职业经理人、农业产业组织绩效和合作社农业职业经理人研究四部分进行文献分析，并给予了简要述评，进一步阐明本书研究内容的独特之处。

第 3 章：农业职业经理人从业动机研究。基于结合马斯洛需求层次理论、择业动机理论以及综合激励理论等，编制了农业职业经理人从业动机研究量表，并基于 2017 年成都市农业职业经理人的调查数据，分析了农业职业经理人的从业动机并排序，采用 Logistic 模型分析了农业职业经理人从业动机的影响因素。

第 4 章：农业职业经理人创业创新行为研究。在对农业职业经理人创业创新行为进行界定的基础上，基于 2017 年成都市农业职业经理人的调查数据，研究了农业职业经理人创业创新的主要领域和开展情况，并采用 Probit 模型和 Poission 模型，研究了农业职业经理人创业创新行为及影响因素。

第 5 章：合作社聘用农业职业经理人的决策行为分析。从成本收益理论、委托代理理论的角度分析合作社聘用农业职业经理人的成本收益，基于 2016 年成都市农民合作社领导人的调查数据，采用需求可识别的 Bi - probit 模型，从供求两方面分析影响合作社聘用农业职业经理人的因素。

第 6 章：聘用农业职业经理人能否改善农民合作社绩效。借鉴公司治理委托代理理论、人力资本专用性理论，构建“反事实框架”的 PSM 处理效应模型，基于 2016 年成都市农民合作社领导人的调查数据，识别农业职业经理人聘用与农民合作社绩效之间的因果效应，回答和验证合作社绩效改进“悖论”问题。

第 7 章：农业职业经理人权力对其所在组织绩效的影响研究。借鉴企业职业经理人权力理论和企业绩效理论，对农业职业经理人权力进行划分，基于 2017 年成都市农业职业经理人的调查数据，对不同类型的农业职业经理人的权力进行差异分析，验证农业职业经理人所有的权力对其所在组织绩效的影响，并提出相关的政策建议。

第 8 章：农业职业经理人入股与合作社经济绩效——决策行为倾向的调节作用。借鉴公司治理委托代理理论、最优契约理论和管理者权力理论，基于 2019 年成都市农民合作社农业职业经理人的问卷调查数据，构建调节效应模型，识别农业职业经理人入股对合作社经济绩效的影响，进一步探讨农业职业经理人决策行为倾向在其中的作用，并提出促进合作社农业职业经理人队伍建设、提升合作社绩效的政策建议。

第 9 章：农业职业经理人支持政策及特征。主要梳理了当前国家和地方关于农业职业经理人的主要支持政策，对诸多政策进行了分类，总结了其特征，并对当前支持政策仍存在的不足之处进行了分析。

第 10 章：农业职业经理人培育机制优化研究。以成都市为例，基于对农业职业经理人及所在合作社的综合考察，从选拔机制、培训机制、管理与考核机制、信息交流机制等角度出发，对当前培育农业职业经理人的主要举措进行总结，并分析农业职业经理人培育中出现的不足和需要改进的地方，有针对性地提出加快农业职业经理人培育的思路和政策建议。

第 11 章：主要结论、政策建议与研究展望。综合前面几章关于农业职业经理人从业动机、创业创新行为、农业职业经理人与所在组织的绩效关系、已有农业职业经理人的支持政策及培育机制等研究结论，提出了促进农业职业经理人发展壮大的政策建议，并对未来研究方向进行展望。

1.4　数据来源与研究方法

1.4.1　调查区域与数据来源

由于目前还没有专门关于农业职业经理人的统计数据及相关数据库可以利

用，因此，本书的研究数据全部来自课题组的实地问卷调查。调研区域以农业职业经理人发展最具规模的成都市为主。自 2010 年成都市创设农业职业经理人制度以来，全市农业职业经理人蓬勃发展，成都市坚持职业化方向、市场化导向、产业化取向，大力培育具有较强市场意识、较高生产技能和较强管理能力、较高经营水平的农业职业经理人，形成了新型职业农民队伍建设的成都模式，2016 年 9 月，成都市登记在册的农业职业经理人为 7134 人，到 2020 年底，全市农业职业经理人数量达到 17180 人，增长了 2.4 倍。

课题组 2016 ~ 2019 年连续开展了 4 次农业职业经理人问卷调查，重点对农民合作组织发展较为规范、农业职业经理人培育比较成熟的成都地区进行了抽样调查，具体抽样过程为：首先根据当年实际情况确定样本县；其次采取分层抽样方式，在每个区县抽取 4 个乡镇，每个乡镇召集 10 ~ 12 位农业职业经理人（1 个产业组织只调研 1 名农业职业经理人）；最后采取一对一问卷调查的形式。具体调研县区、内容及样本量如表 1 – 1 所示。

表 1 – 1　调查数据基本情况

单位：份

年份	样本县	主要调查内容	样本量
2019	崇州、邛崃、蒲江、青白江、大邑、都江堰	农业职业经理人基本特征；合作社基本情况与绩效；农业职业经理人从业动机及经营素质；农业职业经理人经营情况；农业职业经理人的问题与诉求	215
2018	崇州、邛崃、蒲江、青白江、大邑、都江堰	农业职业经理人基本特征；合作社基本情况与绩效；农业职业经理人经营决策行为；农业职业经理人的问题与诉求	204
2017	崇州、邛崃、蒲江、青白江、金堂	农业职业经理人基本特征；农业职业经理人所在单位基本情况与绩效；农业职业经理人经营情况；农业职业经理人职业感知；农业职业经理人培育与提高方式；农业职业经理人的问题与诉求	235
2016	崇州、邛崃、蒲江、青白江、金堂、龙泉驿	合作社问卷：负责人基本情况；合作社特征；合作社对农业职业经理人的聘用及认知情况；合作社成本收益与政策环境	合作社：230
		经理人问卷：农业职业经理人基本情况；农业职业经理人工作开展情况；农业职业经理人职业认知与从业动机	农业职业经理人：249

经过4年的问卷调查，课题组共收集了1123份农业职业经理人与合作社的问卷，整理形成了一批独具特色的农业职业经理人研究数据，为本书的研究奠定了坚实的数据基础。

1.4.2　研究方法

1.4.2.1　文献检索法

通过图书、期刊、学位论文、科学报告、统计年鉴等途径，收集国内外企业职业经理人、农业职业经理人、合作社等相关文献和国家出台的相关政策、法律法规等资料，分析归纳国内外新型农业经营主体引入农业职业经理人的相关研究情况，构建起研究的理论框架。

1.4.2.2　实地调查法

根据研究目标和内容，对成都市下辖区市县区的农业职业经理人及其所在组织进行实地调研，调研以问卷和访谈相结合的形式进行。调研对象以取得资格的农业职业经理人为主，并调研所在合作社、家庭农场主要负责人，获取准确和最新的一手数据。同时，在问卷调查的期间，兼顾当地农业农村局主管部门，详细了解当地农业职业经理人培育的主要做法及农业产业组织发展情况。

1.4.2.3　计量经济学方法

采用收集的数据，在统计性描述分析的基础上，进一步进行建模、分析和处理，重点采用了多项 Logistic 模型、需求可识别 Bi - probit 模型、计数模型（Count Model）等离散选择模型来模拟农业职业经理人的形成机制、决策行为和对组织绩效的影响，采用 PSM 倾向匹配得分法、工具变量法等消除截面数据回归产生的偏差，具体方法将在每一章做详细介绍。

1.4.2.4　比较分析法

比较分析法贯穿于本书的诸多部分，既用于分析不同来源群体的农业职业经理人决策行为差异和绩效差异，不同性质、规模的合作社聘用农业职业经理人的决策差异，同时也用于不同县市区之间、合作社与家庭农场之间农业职业经理人的对比分析，通过比较更好地认识和总结农业职业经理人的行为特征、与产业组织的关系以及提出有针对性的培育与支持政策，以提出促进农业职业经理人发展的更具普遍性和适用性的政策建议。

1.4.3 技术路线图

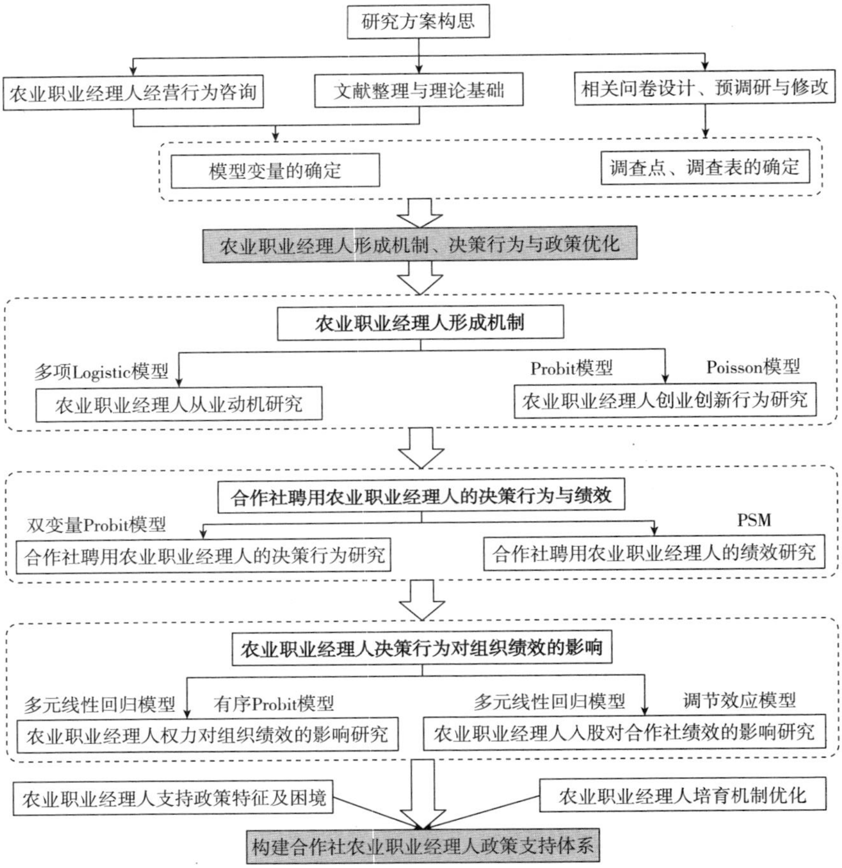

图1-1 研究的技术路线

1.5 主要创新之处

1.5.1 揭示了当前农业职业经理人队伍形成的特征与规律

农业职业经理人是在农业产业组织发展过程中不断壮大的一支职业群体，既有与企业职业经理人共同的特征，也兼具农业领域从业特有的一面；既有新型职业农民的普遍特征，又有其特有的社会属性和群体特征，其来源包括本土的种养大户、村干部，也包括返乡的农民工、大学生、复员军人等。因此，队伍的形成既有政治因素，也有乡土情怀，不能单纯以经济学、管理学的范畴来解读形成背后的机理。本书将企业管理学与心理学相结合，分析农业职业经理人主要的从业动机及其动机的影响因素，试图揭示农业职业经理人从业的特征以及影响农业职业经理人队伍形成和稳定发展的主要因素，这既有助于丰富和拓展农业职业经理人的研究范畴，也为农业职业经理人的选拔和培养提供了政策依据。

1.5.2　开拓了农业职业经理人引入农民合作社内部治理研究的新视域

合作社属于农民的互助型经济组织，为了在市场中竞争和生存，尽管很多已经引入了现代企业制度，但其内部治理结构、利益分配模式等与企业（或营利部门）仍有很大区别，要吸引到高素质的农业职业经理人显然存在困难。因此，合作社会在什么情况下、什么条件下引入农业职业经理人，农业职业经理人这一现代企业治理机制能否与农民合作社相契合，回答这些问题就变得复杂。本书基于合作社理性人视角，研究其引入农业职业经理人的成本收益问题和决策行为特点，揭示合作社的利弊得失；并采用需求可识别双变量 Probit 模型，从供求双向角度实证分析了影响合作社引入农业职业经理人的主要因素及其相互关系，从而全面分析了合作社在是否引入农业职业经理人这一问题上的决策特征，这较以往单纯从农业职业经理人需求角度或者只是定性分析影响因素向前迈进了一步。

1.5.3　探索了激发农业职业经理人积极性、促进所在组织绩效提升的新机制新路径

如何促使农业职业经理人与所在组织利益一致，从而达到激励农业职业经理人进入组织后能够积极发挥作用、提升组织绩效的目标，这是农业职业经理人问题研究的核心内容之一。农业职业经理人所拥有的权力以及享有的利益这两大要素被认为是解决这一问题的重要途径，但研究大多集中于现代企业，较少涉及家庭农场、农民合作组织，那么，家庭农场、合作社的农业职业经理人所拥有的权力特征有哪些？运用“股权激励”这一方式能否调动合作社农业职业经理人的工作积极性，进而促进组织绩效提升呢？本书聚焦家庭农场、合作社的内部管理制度，从农业职业经理人拥有的权力大小、是否通过入股与合作社结成紧密型的

利益关系角度，探索了农业职业经理人权力大小的适度区间，识别了决策行为倾向对农业职业经理人入股影响合作社绩效的调节效应。这些都可为进一步推进合作社聘用农业职业经理人制度建设、提升产业组织绩效提供新思路，为政府制定支持产业组织发展的政策建议提供参考。

1.5.4 探索了多学科交叉、多方法融合的研究新思路

本书将委托代理理论、控制权理论、最优契约理论、管理者权力理论等经典的公司治理理论与马斯洛需求层次理论、佛隆择业动机理论、心理契约理论等心理学相关理论相结合，深刻揭示农业职业经理人群体的择业行为动机和特征，从人性角度来理解行为差异更符合当前现代职业农民的实际。本书亦实现了双变量 Probit 模型、Poisson 模型以及倾向匹配得分法（PSM）、工具变量法、中介效应、调节效应检验等方法的综合有机应用，分析不同情形下农业职业经理人的动机、行为、影响效应及途径。这一思路可为同类学术研究提供重要借鉴。

第2章　核心概念与国内外研究现状分析

2.1　核心概念

2.1.1　农业职业经理人的概念

早期研究多借鉴工商企业职业经理人的定义，认为农业职业经理人与企业职业经理人相似。农业职业经理人在现代农业合作社发挥着类似于职业经理人之于企业的重要作用（许亚东，2013）。他们都具备良好的沟通能力、很强的实战操作和资源整合能力以及可持续发展的战略规划能力等方面的才能（桂建洪，2009）。随着研究的不断深入，学者逐渐关注到，农业职业经理人与企业职业经理人有所区别。农业产业的特殊性使农业职业经理人有别于其他职业经理人（董杰和张社梅，2015；李志荣，2011）。他们是在新型农业经营体系下的各类农业经济组织中经民主程序产生并经专门授权，合法从事农业经营和管理的中高层人员，独立担任农业及农村产业组织规划、生产运营指挥、资产和财务管理以及各种社会资源配置、协调等职务，并获得相应薪酬，区别于农业生产技术员、农村经纪人，更不是普通的职业经理人（程巍，2011；杨建宏等，2016）。

有学者认为农业职业经理人是经营型新型职业农民。他们运营掌控农业生产所需的资源、资本，运用现代经营理念的先进实用技术，专业从事规模化、集约化农业生产经营，是农业生产经营的组织者和领头人，是农业技能型人才（谢瑞武，2014；杨丽香，2017；严蓉和杨洁，2017）。农业职业经理人又不局限于新型职业农民，他们是伴随农业新型经营主体发展壮大而产生的具备专业才能的高素质农村复合型人才（董杰，2017；王亚萍，2018）。2019 年，人社部发布了 15 个新职业，其中将农业职业经理人定义为在农民专业合作社等农业经济合作组织中，从事农业生产组织、设备作业、技术支持、产品加工与销售等管理服务的人员。

可以看出，在称呼上，目前存在两种叫法："农业职业经理人"和"农业经理人"。"农业职业经理人"叫法较早，应用也比较普遍，且企业职业经理人历史源远流长，而农业职业经理人是对新职业的界定。本书考虑学术研究的衔接性，最终在叫法上统一为农业职业经理人。

综上所述，本书将农业职业经理人定义为：能够运营掌控农业生产经营所需的资源、资本，独立地经营管理农业，并主要在家庭农场、农民合作社和农业企业等新型农业经营主体从业，与组织存在委托代理关系，在为所在组织谋求最大经济效益的同时，从中获得佣金或红利。

2.1.2 农业职业经理人的特征

2.1.2.1 来源多样性

农业职业经理人来源广泛，村干部、种养大户、农机手、返乡农民工、退伍军人、大学生、合作社负责人、家庭农场主以及农业经营组织骨干等都是其队伍的主要构成，近年来下乡人员有增加趋势，后备可培养人群具有多样性。从业机构较为专业，主要从业于家庭农场、农民合作社、农业企业等新型农业经营主体。

2.1.2.2 能力综合性

农业职业经理人拥有农业专业技术和经营管理相结合的综合素质，是农业生产经营中本领高强的领军型人物。必须像企业职业经理人一样具备良好的沟通能力、很强的实战操作和资源整合能力，而且应该具备针对农业合作组织所需要的特殊属性，具有专业性、职业化、团队性、市场化、动态性等特征（桂建洪，2009；欧亚，2014）。除了懂技术，还要有文化、能经营、会管理。农业职业经理人不仅要经营管理好土地上的农作物的产量和质量，还要在宏观层面把握利用好各种政府政策和社会资源，在增加农业附加值、扩大农产品影响力、促农增收等方面具有强大的带动能力。

2.1.2.3　层次趋高性

农业职业经理人在进入经理人市场之前必须通过相应的资格认定，取得资格证书并按期进行考核，对专业技术、知识能力等要求很高。农业职业经理人要具有一定的市场经济意识（孙科等，2014），高度的社会责任感和现代观念（朱启臻，2013）；在收入上达到一定水平（孙翔，2014），能够取得社会平均收益，拥有与职业地位相称的收入水平；获得广泛的社会尊重（程伟和张红，2012）；具有高度的稳定性；农业职业经理人在新型职业农民中占比较小，但发挥的作用较大，是新型职业农民中的关键少数群体。概括起来，农业职业经理人比一般农民拥有更高的综合业务素质能力、更强的示范带动能力、更高的收入和社会地位等（卓炯和杜彦坤，2017）。

2.1.3　农业职业经理人与新农人、新型职业农民之间的关系

农业职业经理人是合作社引入现代企业制度后聘请的专业从事农业规模化、集约化生产经营管理的职业群体。该群体与“新农人”“新型职业农民”既有联系又有区别。联系在于：从形式来看，三者具有相同的来源群体（见图2-1），都从事涉农产业；从从业载体来看，三者都受雇或自雇于家庭农场、农民合作社、农业企业等新型农业经营主体；从社会需求来看，三者不仅要有文化、懂技术、会经营，还要求其承担更高的生态、环境、社会责任等。

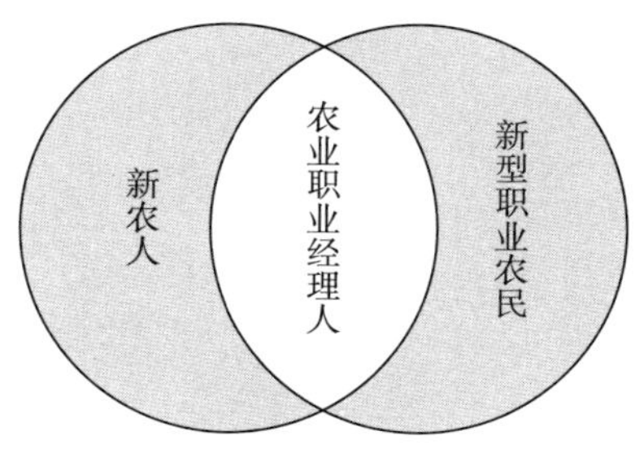

图2-1　农业职业经理人与新农人、新型职业农民关系

区别在于：一是评定标准不同。农业职业经理人在进入经理人市场之前必须通过相应的资格认定，取得资格证书并按期进行考核，对专业技术、知识能力等要求更高。而只要秉持生态农业理念，运用互联网思维，以提供安全农产品、提

高农业价值为目标的农业生产者和经营者都可以称为新农人（张红宇，2016）。二是委托代理关系不同。农业职业经理人更强调其与农业产业组织的委托代理关系，委托人（组织）聘用代理人（经理人）承担一定的经营管理职责并给付相应的报酬。三是群体范畴不同。新型职业农民群体中包含了农业职业经理人，农业职业经理人是新型职业农民中的一部分高素质群体；新农人与新型职业农民有交叉，新农人中既包括本土职业农民，也包括城市下乡的高素质管理人才；新农人中有一部分拥有农业职业经理人资格。

2.2 国内外研究现状

2.2.1 企业职业经理人研究

2.2.1.1 企业引入职业经理人的相关研究

企业职业经理人最早诞生于19世纪40年代的美国，而今已经发展形成一个十分成熟的职业阶层。企业通过雇用职业经理人降低由于企业规模扩大或交易复杂化所带来的高涨的管理成本，同时职业经理人也得到相应的回报，实现双赢（Hebert和Albert，1989）。职业经理人要有强烈的创新意识、冒险精神和坚忍不拔的精神，要有预见性、洞察能力、决策能力、组织协调能力以及知人善任的特征（Godfrey和Gregersen，1999）；对人、机、物的有机安排以增加各种资源的组合效应、挖掘企业内过剩资源以充分利用生产机会等（Wemerfelt，1997）。

Richard和David（2000）对员工进入企业的影响因素进行了大量的实证分析，证明雇员进入企业受到个人变量与工作相关的变量、环境变量等因素的影响。从经理人的产生方式和来源来看，通常采用内部晋升和外部聘用两种办法（Bommer和Ellstrand，1996；Boeker和Goodstein，1993）。

2.2.1.2 经理人权力测度的相关研究

国内学者对经理人权力进行测度时，多在借鉴国外学者的做法和考虑我国国情的基础上开展研究工作。如权小锋和吴世农（2010）参考Finkelstein的权力模型，将公司CEO权力划分为组织权力、专家权力、所有制权力和声誉权力四个维度，每个维度再各选两个虚拟变量，另外加入CEO权力强度的综合指标，合成CEO权力的综合指标，最后研究发现CEO权力强度越大，公司的经营业绩越高，但公司经营业绩的风险也越大。王新等（2015）也借鉴权小锋等的做法，分析发现经理人权力越大时，越倾向于选择高额的货币化报酬，以替代在职消费。游茜（2013）则以经理人获取权力的来源为切入点，把经理人权力划分为政治权力、知识权力与所有制权力三个维度，并就每个维度选取了替代指标，结果发现，不同来源的权力将对经理人的行为产生不同的影响。

卢锐等（2008）结合两职合一、管理层在位时间、股权分散程度三个指标衡量管理层权力。况学文和陈俊（2011）则采用管理者是否为高级管理人员中唯一的董事和管理者是否兼任董事长两个哑变量来衡量管理层权力，当哑变量为1时，表示管理层权力较大，反之表示较弱；杨萍（2014）借鉴况学文等的研究，选取这两个指标衡量管理层权力，研究发现管理层权力越大的公司多元化程度越高。莘虹（2015）则参考Finkelstein和Adams等的权力模型以及管理权力理论中的权力划分，将高管权威划分为：结构权威、所有者权威、声望权威、地位稳固权威，各个维度分别为：董事长与总经理是否两职合一、现任董事长是否为公司创始人团队成员、董事长是否持股及在t年董事长是否发生更替，研究结果显示高管权威确实对公司绩效波动产生正影响，是公司绩效波动的决定因素之一。

2.2.1.3 CEO权力强度对企业业绩影响的相关研究

Sah和Stigliz（1986；1991）研究发现，群体决策的成员越多，则企业越有可能拒绝比较差的项目，因为这种情况下项目会得到更多群体决策成员的审核；同样的原因，群体决策的成员越多，则企业接受比较好的项目的可能性越小；另外，他们预测，随着CEO权力强度的增强，公司业绩的波动性将会显著上升。Adams等（2005）的研究则印证了Sah和Stigliz的预测，他们发现，公司内部CEO的权力强度越大，公司绩效的波动性也越大，因为CEO相对权力越低，那么在企业重大的决策问题上越需要与大众的意见相妥协，因此，企业的经营决策处于集体决策的环境之下，从而导致企业的经营业绩和产出比较稳定。

Chen G（2012）的研究也表明CEO的权力强度越大，公司业绩的波动性也越大。他认为，董事会有监督和约束CEO经营决策行为的义务（特别是重大经营决策行为），但当董事会规模过于庞大时，企业董事会内部很难达成统一意见，很难有效监督CEO的经营决策行为，这就从侧面强化了CEO的权力，进而导致公司经营风险加大和业绩波动性扩大。另外，Jensen（1993）研究发现，如果董事会的规模超过7人或8人，那么董事会发挥有效的监督职能就比较困难，并且董事会更容易被 CEO 所控制。

2.2.2 农业职业经理人研究

2.2.2.1 职业农民培育相关研究

（1）关于职业农民形成及来源的研究。

从 18 世纪便开始对职业农民培育进行实际探索，发展至今许多国家已经建立了符合本国特色较为完善的职业农民培育模式，在理论和实践方面都取得了较大的成果（何思源，2014）。各国尤其是发达国家制定和实施了一系列以促进农民发展为核心的农村发展战略，推进农业从业者职业化，摆脱了“关键农时缺人手、产业经营缺人才、现代化生产缺劳动力”的难题（倪慧等，2013）。朱启臻和胡方萌（2016）认为，新型职业农民不是自然而然形成的，而是需要特定的环境、土地制度、农业组织制度、政府的支持与服务以及农民教育制度是新型职业农民生成的重要环境因素，只有通过制度创新才能为新型职业农民创造良好的成长环境。夏益国和宫春生（2015）认为，农业适度规模经营与新型职业农民两者之间具有耦合机制，目前，农业适度规模经营是大势所趋，农民职业化是农业规模经营的逻辑结果，而职业农民又是农业规模经营与农业现代化的重要推动力量，在实践中两者需要同步推进。米松华等（2014）基于对浙江等四省 495 位新型职业农民培育对象的调查，认为新型职业农民培育对象显示出以农业为职业、具有较好的盈利能力、具有适度的经营规模和一定的资金投入能力、具有一定的产业化组织能力和社会化服务能力等现状特征，他们多为投资农业的企业家、返乡创业的农民工、基层创业的大学生、农村种养能人及农村干部带头人，对政府资金（或项目）扶持、土地流转服务、金融信贷支持、农业信息和技术服务推广、设施用地有较强的政策需求。朱启臻（2013）认为，新型职业农民除了符合农民的一般条件，还须是市场主体，追求报酬最大化；具有高度的稳定性，把务农作为终身职业，而且后继有人；具有高度的社会责任感和现代观念，新型职业农民不仅有文化、懂技术、会经营，还要求其行为对生态、环境、社会和后人承担责任。Fred 等（1994）认为，美国关注培养新型职业农民，旨在培养新型农业接班人，应对农民老龄化，发挥农业的经济社会作用，保障美国农业继续保持世界领先地位，没有足够的新型职业农民的输入，势必影响美国农业的发展。

（2）关于职业农民培育的研究。

近年来，国外学者开始侧重职业农民培育的内容、方法、途径等方面的实证研究，如 Wallace 等（1996）研究认为，阻碍撒哈拉以南非洲国家农村进步的主要原因是缺乏明确的农民职业教育培训政策，为此需要通过政府培训提高农民的实用技能，帮助农民与农学院建立密切关系。Bennell（1998）明确指出，导致培训项目对农民失去吸引的原因是培训内容与现实没有高度相关，而形成这一局面的原因是没有有效的培训反馈和课程评审，对培训后续活动缺乏支持。Ahmed T（2015）对卡纳塔克邦小黄瓜种植者的收入情况进行了研究，研究表明，为增加产量、提高收入，需要对小黄瓜种植者进行适当的专业的培训。严蓉和杨洁（2017）指出，在基于供给侧改革背景下，农业职业经理人培育对象应该主要来源于大中专毕业生、有一定文化程度和农业生产管理技能的种养能手以及有意投身农业事业的返乡农民工、城镇居民、复员转业军人和熟悉农业生产经营管理的人员。康静萍和汪阳（2015）认为，新型职业农民培育应选取返乡创业的农民工和农村种田能手以及城市中对农业生产有兴趣的大学生、城市居民等。李伟（2014）认为，除了种养大户和返乡农民工，新型职业农民培育还应将农村具有初高中以上学历的新型农民作为培育对象，这是实现农业现代化和可持续发展的关键。

金绍荣和肖前玲（2015）分析了地方政府在新型职业农民培育过程中的角色、困境及出路，指出地方政府应在新型职业农民培育过程中扮演好服务供给者、资源整合者、质量监督者的角色，助推各项培育工作有序运行，完善制度设计、加大投入保障、坚持职教发展、健全联动机制，解决政策、经费、人员、机制等方面的问题，为我国“三农”事业的发展培育新生力量。张红（2013）认为，在农业现代化进程中，在当前农民职业分化现状的基础上，新型职业农民的培育应主要围绕科学文化素质、现代农业生产技能、职业意识三大方面展开。徐辉（2016）在梳理相关研究成果的基础上，从个体和群体两个角度阐释了新型职业农民的形成原因，进而分析了新型职业农民培育的逻辑路径，提出坚持走“内生主导、外生推动”的新型职业农民培育之路。陈别锐等（2014）通过剖析培养新型职业农民的必要性和重要性，分析宝鸡市开展新型职业农业培训创新举措和培训成果，认为现代农业园区在培养新型职业农民方面应该营造良好的发展环境，整合各方培训资源，多渠道筹集培训资金，健全培训制度建设，加强教师队伍的建设，注重培训教材建设，为加强职业农民培训提供有益借鉴。尚锐（2015）基于胜任素质理论选取样本，利用因子分析法和聚类分析法，将提取的核心胜任特质作为新型职业农民培育的基本内容，并以此建立以心理素质为选拔培育对象的手段，以网络为普及知识素质的平台，以企业 MBA 为提升管理技能的实训基地的科学培育体系。童洁等（2015）认为，农业职业经理人的培育应该从专业化、产业化和组织化三个方面展开，并需要建立和完善有利于新型职业农民培育的现代农业产业支持体系、城乡一体化制度支持体系、农业经济组织支持体系和农民教育培训支持体系。

（3）关于新型职业农民创业的研究。

关于新型农民创业问题的研究，大多着眼于强调和论证其重要性，分析其创业意愿及影响因素等方面。从重要性方面来看，武贵秀等（2016）认为，鼓励农民创业，尤其是培育新型职业农民创业，不仅是应对“农民荒”和“谁来种地”问题的有效措施，更是促进现代农业可持续发展的迫切需求，并从创业角度分析了不同类型的新型职业农民的特点和优势，提出了培育和发展专业大户、培训家庭农场主、助推农民走向合作、帮扶农民企业家发展、鼓励外出农民工返乡创业、鼓励农林院校毕业生下乡就业等针对性的措施，以推动农民创业就业。郑丹和耿芳梅（2015）认为，开展新型职业农民创新创业培训是新形势下加快实现农业现代化、促进农民就业增收、繁荣农村经济的重要保证。在新型职业农民创新创业培训中，应围绕新型职业农民在创新创业方面的需求，科学设计培训内容、合理安排培训方式、强化师资队伍建设、融合多渠道培训资金，切实有效地推动新型职业农民创新创业培训的发展，提升农民创新创业的效果。

从影响因素方面来看，吴易雄（2017）以湖南省 24 县为例，采取问卷调查、座谈调查、个案访谈、文献资料调查及经济学模型构建等方法，研究了新型职业农民创业的决策机制及其影响因素，结果表明，年龄对新型职业农民创业的影响具有稳健性，受教育程度对创业发生概率的影响不再显著，创业意愿与能力已经成为新型职业农民是否进行创业的主要原因，教育的影响不再明显，同时，外部经济环境、资金条件及政策环境也会对新型职业农民是否进行创业的决策行为产生影响。冯振兴等（2016）在分析新型职业农民创业培训现状、特点和主要培训内容的基础上，详尽分析了包括“分类分层＋理论授课”“参观考察＋讨论交流”“经验分享＋示范带动”“跟踪回访＋集体问诊”等新型职业农民培训模式的特点，探讨了其适用性，以期为提高新型职业农民创业培训的专业化水平提供帮助。苏敬肖和焦伟伟（2017）认为，在全民创业的大背景下，新型职业农民的创业项目尤其重要，同时，在农业现代化的进程中，新型职业农民的创业素质也决定着农业现代化的进程，并结合关键事件访谈法及问卷调查法，对河北省石家庄、保定等地区的新型职业农民进行实地调查，构建了新型职业农民的创业胜任素质模型，进而提出新型职业农民素质的提升路径，为政府提升新型职业农民创业素质提供了理论依据。

2.2.2.2 农业职业经理人相关研究

（1）农业职业经理人的概念、内涵及特征研究。

农业职业经理人的概念界定。职业经理人最早诞生于19世纪40年代的美国，而今已经发展形成一个十分成熟的职业阶层。已有研究多借鉴工商企业职业经理人的定义来界定农业职业经理人，但目前对农业职业经理人的界定还不统一。董杰和张社梅（2015）指出，农业职业经理人是依托农民合作社发展起来的一种新型职业农民。王凯山（2009）认为，农业职业经理人区别于企业职业经理人的一个特点就是目的不同，前者追求社员利润最大化，后者追求企业利润最大化。农业职业经理人除了要会经营、懂管理，还要具备良好的信誉、凝聚力及奉献精神。尚锐（2015）提出，农业职业经理人不仅是合作社发展的需要，也是时代发展的需要，在合作社中发挥着类似企业职业经理人之于企业的作用。许亚东（2013）提出，农业职业经理人是现代农业发展的必然产物，也是新型职业农民的中坚力量，在现代农业合作社发挥着类似于企业职业经理人之于企业的重要作用。欧亚（2014）认为，合作社企业职业经理人既具有一般职业经理人的普通属性，也具备针对农业合作组织所需要的特殊属性，具有专业性、职业化、团队性、市场化、动态性等特征。桂建洪（2009）认为，农业职业经理人和民营企业经理人一样，必须具备良好的沟通能力、很强的实战操作和资源整合能力以及可持续发展的战略规划能力等。而李志荣（2011）则认为，农业职业经理人与职业经理人有相同点，但农业产业的特殊性也使农业职业经理人有别于其他职业经理人，应具有更加细化的生产标准和相对成熟的培育机制。谢瑞武（2014）认为，农业职业经理人属于经营型新型职业农民，是指运营掌控农业生产经营所需的资源、资本，在为农民合作社、农业企业或业主谋求最大经济效益的同时，从中获得佣金或红利的农业技能人才。程巍（2011）认为，农业职业经理人是农业经济组织中经民主程序产生并经专门授权，独立地担任农业及农村产业组织规划、生产运营指挥、资产和财务管理以及各种社会资源配置、协调等职务，并获得相应岗位薪酬收益的专职经理人。

农业职业经理人内涵及特征。农业职业经理人主要从业于农民专业合作社和土地股份合作社，还有一部分在农业企业（楼栋和孔祥智，2013）。村干部、种养大户、农机手、返乡农民工、大学生以及合作社负责人、骨干是农业职业经理人队伍的主要构成（米松华等，2014）。尤其是农业创业创新的热潮使一部分热爱农业的返乡农民工、种养大户、退伍军人、大学毕业生加快转变为农业职业经理人（陈建光，2015）。黄元斌（2015）指出，城市工商资本对农业投资力度加大，也对农业职业经理人产生需求。

（2）农业职业经理人发展现状及问题研究。

农业职业经理人现状。国外已有研究发现，农业职业经理人工作前景、与父母的关系是影响担任自家农场农业职业经理人的因素（Stefan，2007）；男性比女性更倾向于担任或应聘农业职业经理人（Lehberger 等，2015）。培育与考核方式不全面，当地有经验的干部和技术熟练的官僚官员担任农业职业经理人会带来寻租等问题（Sultan T. 等，2011）。Vitaliano（1983）认为，合作社成员难以对经理人实施有效的监督导致合作社委托代理成本过高。Staatz（2005）也认为，合作社经理人的日常管理效益不能迅速反映给合作社，给他们带来极大的危害的“恶意收购”也不会出现，从而导致经理人缺乏积极性进行高效决策和执行，另外合作社也难以对经理人进行有效监督，综合导致合作社的代理问题比其他组织更加严重。Royer（1999）则认为，合作社缺少股权激励机制，导致合作社内的委托代理问题很严重，当合作社规模不断扩大时，理事会对经理人的监督也会越来越困难。

多篇文献已对崇州市农业职业经理人的培养机制进行了论述，指出该市已建立了从选拔、培训、资格评定再到信息入库、后期监督等一整套制度（刘家强，2012；张晓江，2012）。也有研究对农业职业经理人的培训课程设置、培训需求满足情况进行了研究，指出当前的课程设置和培养模式还远不能满足农业职业经理人的发展需要（植玉娥等，2015）。

培养农业职业经理人的制约因素。在欧洲，由于人口老龄化和农村人口的减少造成农场农业职业经理人的短缺，技术进步和农场规模扩大也难以弥补这一缺口，且女性比例偏低（Lehberger 和 Hirschauer，2015）。董杰和张社梅（2015）通过对崇州市农业职业经理人的现状进行问卷调查和统计分析，发现知识结构有偏、获益水平较低、支持政策不到位、配套建设和服务滞后等是农业职业经理人发展中面临的主要问题。欧亚（2014）从社会环境因素、合作社因素以及自身因素三个方面论述了制约农业职业经理人发展的困境。苍英美（2010）、向月军和胡江霞（2013）指出，农业大专院校在学生培养上还存在理论与实践脱节、对农

业职业经理人市场需求缺乏认识等问题。还有一些研究指出培育与考核方式不全面，当地有经验的干部和技术熟练的官僚官员担任农业职业经理人会带来寻租等问题（程巍，2011；Sultan T. 等，2011）。

农业经济管理人才的缺乏使农业职业经理人标准的建立迫在眉睫（杨建宏等，2016）。植玉娥等（2015）认为，农业职业经理人培训目前存在的问题主要表现在培训内容、方式、对象缺乏统一标准，评价方式亟待完善，提出要建立以农业企业“经营管理”为主的农业职业经理人职业标准，并建立“政校行企”四方联动的培训模式和考核机制。苍英美（2010）认为，农民合作社的农业职业经理人的匮乏问题已经成为制约农民合作组织发展的主要问题，而高校培养的农业经济管理专业人才普遍存在“轻实践、重理论”的问题，不能满足合作社对农业职业经理人较强的实际能力的需要，指出应进行订单式培养模式的探索。马玉波（2010）指出，农业职业经理人培养层次较低、知识结构达不到需要、性别歧视是农业职业经理人存在的突出问题，应打破目前农林经济管理专业的固有培养模式，建立跨学科、多层次、多阶段的农民专业合作经济组织农业职业经理人培养体系，逐步建立行业资格准入制度，探索新型人才激励制度。

（3）促进农业职业经理人队伍发展壮大的对策研究。

政策建议主要包括：优化知识结构和拓展队伍来源、优化利益分配机制、调整政策支持重点、优化外围发展环境等（董杰和张社梅，2015；谢瑞武，2014）；创新合作社经营理念与模式、完善合作社农业职业经理人市场、加强自身学习与心理调适（欧亚，2014）；加强农业职业院校对农业职业经理人才的培养和输送，探索高校与用人单位之间的订单式培养模式，关注女性农业职业经理人的培养（苍英美，2010；许亚东，2013；Lehberger 和 Hirschauer，2015）；鼓励农民专业合作社农业职业经理人在社会范围内流动，发挥示范带动作用（李志荣，2011）。

2.2.3　关于农业产业组织绩效及其影响因素的研究

2.2.3.1　农民合作社绩效及其影响因素研究

（1）农民合作社绩效评价体系构建及研究方法。

在合作社绩效评价方面，学术界并没有统一的评价标准，主要是从经济、社会、组织、成员、可持续发展能力等方面以及合作社组织、合作社成员、经济行为理论等视角综合衡量合作社绩效。由于农民合作社作为多元属性的经济合作组织，其绩效的衡量也呈现多维度和多视角的评价体系（胡平波，2013）。程克群和孟令杰（2011）认为，农民合作社发展最重要的是组织运行、经营活动，社员收益、企业规模和社会影响5个方面，学者对合作社绩效的评价大多涉及上述几个方面。黄胜忠等（2008）从成长能力，盈利能力和成员满意度对合作社绩效进行测量。陈共荣等（2014）基于BSC的农民合作社绩效从财务、顾客、核心内部流程、学习和成长能力4个维度进行评价。张兵等（2008）运用运行机制动因性指标、经营绩效和组织发展等结果性指标构建绩效评价体系。徐旭初（2005）将农民合作社的绩效划分为两方面，包含管理活动、组织构建在内的行为绩效和包括成员收入、社会影响力、合作社发展在内的产出绩效。刘同山和孔祥智（2015）从生存和发展两个维度反映合作社绩效体现合作社“在竞争中生存，在生存中发展”的观点，其主要涉及获得其他合作社相当的收益、组织凝聚力、成员参与度和带动社员持续增收的能力4个细分指标。国外学者Jasper Grashuis（2018）同样从合作社生存和发展角度探索合作社绩效。季晨等（2017）认为，合作社绩效本质上是效益改进，主要包括加入合作社之后农户生产技能的提高，营销渠道的变化，利润的增长和社员农户的效益改善程度等指标。结合学者对合作社绩效的评价标准，采用经济绩效、社会绩效和组织绩效的多维度评价体系可以全面反映合作社的发展状况，克服单一指标的片面性。另外，部分学者基于特定的研究视角对合作社绩效做出评价，郑少红和刘淑枝（2012）基于合作社组织视角，构建合作社组织规模、组织效益和组织影响三维度绩效评价体系。邵慧敏和秦德智（2018）基于合作社成员视角从为社员提供服务和社员推动合作社持续发展两个维度进行研究。还有学者基于“不完全契约”（肖端，2016）、“合谋”（杨丹和唐羽，2019）、“三重盈余”（赵佳荣，2010）等视角对合作社的绩效进行研究评价。

从农民合作社绩效评价的研究方法来看，国内学者主要采用两种方法。一种是层次分析法，赵佳荣等（2010）运用层次分析法对湖南省10家农民专业合作社进行绩效评价。周敏（2013）用层次分析法构建了吉林省某村的土地入股合作社的绩效评价指标体系，分析了影响合作社绩效的关键因素。王敏（2013）运用层次分析法，从定量的角度对寿光市蔬菜专业合作社进行绩效评价，并对指标体系进行了实用性验证。另一种是因子分析法，徐旭初（2009）采用浙江省526个合作社的样本数据，运用因子分析法进行农民专业合作社绩效评价指标体系的设置。李新曼等（2011）对辽宁东部合作社采用因子分析法进行绩效分析，并对结果进行了分析。另外，也有学者采用数据包络线（DEA）和平衡计分卡（BSC）

来进行农民合作社绩效分析（赵捷，2014；张征华和王凤洁，2014；沈玉萍，2014）。

（2）合作社绩效影响因素相关研究。

人力资本对合作社绩效的影响。在人力资本的投入对于合作社绩效影响方面，国内学者的研究主要集中在企业家才能对于合作社绩效的影响。而企业家才能更多的是针对合作社理事长、监事长以及入社社员角度进行分析，关于农业职业经理人的企业家才能对合作社经营效率影响的研究还比较少见。胡平波（2013）通过对江西省的实证研究，发现企业家经营管理能力对合作社的组织绩效、治理绩效与社会绩效提升影响非常明显。黄祖辉等（2011）等对浙江农民专业合作社的绩效研究结果表明，企业家才能和成员人力资本水平是合作社效率提高的关键因素；彭莹莹（2015）基于企业家成长理论，提出提升合作社企业家的成长能力、强化成长动机、增加成长机会有助于改善合作社的绩效；彭傲天（2015）对河南省的实证研究结果表明，带头人的能力特征和经验特征对农民合作社的绩效有显著影响。崔宝玉等（2016）通过对安徽省299家农民专业合作社调查研究表明，合作社理事长在促进交易绩效方面具有重要作用，但在增强社会绩效方面的作用有待提升。还有一些研究分别从企业家能力（或领导人、理事长）与合作社品牌建立、农业技术创新与获取、合作社融资等方面分析了企业家才能对合作社发展的重要作用（陈江华等，2014；罗建利等，2015；杨军，2013；史宝成和赵凯，2013；杨大蓉，2013）。在农业职业经理人影响合作社绩效方面，研究主要涉及治理能力（刘小童等，2013）、社会网络（刘中艳，2015）、兼任身份（刘宇翔，2019）等。

治理结构对合作社绩效的影响。Burress 等（2012）研究发现，在美国规模较小的理事会有助于提升合作社的财务绩效，而规模稍大一点的理事会有助于提升合作社非财务绩效；此外，给予外部理事投票权，有助于提升合作社的绩效水平。Franken 等（2015）对理事会结构与合作社绩效关系的分析表明，理事会规模、结构对合作社的绩效有显著的负向影响，而外部理事的引入能够提高合作社产业知识结构和决策的科学性，能够提升合作社绩效。Ariyaratne（2000）通过测量农民合作社的绩效并研究了对绩效产生影响的多种因素，发现外部环境和合作社内部的组织结构是影响农民合作社绩效的主要因素。Staatz（1987）通过研究认为，农民合作社的结构特征和组织行为都在一定程度上影响合作社的绩效。

徐旭初和吴彬（2010）研究发现，农民合作社绩效变量与治理变量紧密相关，而合作社的股权结构、牵头人情况和理事会结构是农民合作社绩效的主要影响因素。王军和邵科（2015）对我国果蔬专业合作社的研究结果表明，通过分析理监事会特征对农民合作社绩效的影响，结果表明理监事会成员规模、理事长持股比例、理监事会成员交易量占比及理监事会开会次数都对合作社利润率有影响。黄胜忠等（2008）构建有序概率模型研究发现，理事会规模、理事会中核心成员的比例、理事会成员的工资占合作社当年盈余的比重等因素对合作社绩效有显著的正向影响。

其他因素对合作社绩效的影响。国外部分学者研究将合作社绩效与纯粹的财务逻辑联系在一起，选取特定的财务指标如自由现金流量（Jensen，1986），效率、生产率和杠杆（Jasper Grashuis，2018），但是他们忽视了合作社的双重目标，即盈利能力和成员利益。合作社绩效可以从不同于财务层次的角度来衡量，例如利益相关者（Gebhart，1994），财务和非财务的绩效相结合，包括成员满意度愿景成就和竞争地位（Franken 和 Cook，2015）。Pulfer 等（2008）对合作社成功成长的影响因素进行了多元线性回归，发现社员对社长的信任程度、人力资源状况和成员组成结构的重要性等因素都在一定程度上影响其绩效。Hailu G. 等（2005）的研究则证实了农民合作社的绩效与技术有密切的关系。刘姝惠（2007）以螃蟹合作社为例，从社员角度对合作社做了成本收益分析，认为初期的政策扶持和资金支持对提高合作社绩效起到很大作用。

2.2.3.2　家庭农场绩效影响因素的相关研究

黄治平和郭涛（2014）通过对新疆 148 团家庭农场的研究发现，团场的政策、管理模式、生产技术都会显著影响家庭农场的经营绩效。胡宜挺和唐超（2017）研究对比了新疆地方和兵团棉花种植型家庭农场发现，家庭人均收入水平对地方和兵团家庭农场均有显著影响。王莹丽（2017）对 3 省 184 位家庭农场主进行调研，构建了层级回归模型研究表明，创业能力越强，家庭农场主文化程度越高、家庭农场创业年限越长，家庭农场创业绩效就越好。袁斌等（2016）以南京市家庭农场为样本研究发现，多元化经营、政府补贴、土地流转面积、农业机械数量等对家庭农场绩效提升有显著影响。曾福生和李星星（2016）以湖南省家庭农场为研究对象，发现农业扶持政策对家庭农场经营绩效的直接效果不显著，但通过两条中介路径的间接效果显著。谢云等（2016）通过对湖北省 530 个家庭农场进行调查，研究结果显示，资金和流转土地面积等要素因子的提升作用非常显著，年龄和文化程度等主体特征因子的提升作用有待于进一步发挥。其他

学者也发现，农场主受教育程度、管理经验、产品销售困难程度、是否需要农业保险、是否同企业或合作组织合作过、社会服务体系健全程度、经营规模、物质资本的投入等因素对家庭农场的经验绩效产生了显著影响（李志刚，2017；张德元等，2016；姜燕飞等，2016；汪兴东和刘文兴，2013）。

2.2.4 关于合作社农业职业经理人的研究

国外学者探讨职业农民的引入问题一般都是从人力资本投资角度加以研究。美国经济学家西奥多 · W. 舒尔茨（1960）提出农业经济的发展和农民素质有直接关系，农民的知识和技能水平与其劳动生产率之间存在着有力的正相关关系。Hayami 和 Ruttan（1985）对法国和巴西等 20 多个不同国家的农业劳动力生产率进行比较分析，进一步论证了人力资本投资对农业劳动生产率的重要性，但对发达国家的影响更加明显。Putler 和 Zilbemian（1988）、Huffinan 和 Mercier（1991）对美国农场主的农业信息技术掌握情况研究发现，农场主的教育程度对信息化程度有正向显著影响。农业职业经理人工作前景、与父母的关系是影响人们担任自家农场农业职业经理人的因素（Mann，2007）；男性比女性更倾向于担任或应聘农场农业职业经理人（Lehberger 和 Hirschauer，2015）。培育与考核方式不全面，当地有经验的干部和技术熟练的官僚官员担任农业职业经理人会带来寻租等问题（Sultan 等，2011）。

国内研究对合作社引入农业职业经理人动因大致可归结为三个方面：一是认为与土地产权改革和规模农业发展有关。刘家强（2012）认为，在崇州市统筹城乡改革推进过程中，农业职业经理人是伴随着农村土地确权登记和土地股份合作社的形成而形成的。门秀琴（2013）认为，农业职业经理人是产权改革、资源变资本和农业生产方式转变的共同结果。郭晓鸣和董欢（2014）指出，土地规模化经营创造了对农业职业经理人的现实需求，农业职业经理人的制度设计有效降低了土地股份合作社的运行成本。二是认为与合作社管理需求的增加有关。王强（2015）指出，合作社引入农业职业经理人的根本动机是组织发展过程当中所产生的管理能力的需求。程波（2015）认为，合作社规模的扩大、内部分工的日益精细、产业链条的延伸以及农户之间关系的协调均需要引入农业职业经理人。三是认为与农村人力资源的培育有关。秦红增等（2015）认为，合作社自身创新以及加强与外部的沟通需要强有力的经理人来做。董杰和张社梅（2015）提出，随着农业劳动力结构矛盾加剧，职业农民的进一步分化导致农业职业经理人的产生。颜永才和陆文娟（2015）指出，合作社引入农业职业经理人需要建立科学的教育保障机制、构建透明的选拔程序、完善有效的激励制度以及构建严格的管理制度。

2.3 研究述评

国内外学者对企业职业经理人、农业职业经理人、农民合作社（家庭农场）绩效评价指标体系构建及研究方法、绩效影响因素等问题做了大量的研究，相关研究体系和理论框架都比较成熟，为本书提供了思路，具有重要借鉴意义。关于企业经理人的引入、CEO 权力强度及其对企业业绩影响的研究，现有国内外研究不仅在理论与方法上比较成熟，在研究内容方面也比较广泛和深入，为研究农业职业经理人提供了重要借鉴。

关于农业职业经理人的相关研究。由于国内外农业生产结构和方式、区位因素和外围环境差异较大，国内外农业职业经理人存在较大差别，国外对于农业职业经理人的定义更多的是职业农民或农场农业职业经理人，虽然国外对职业农民培育起步较早、制度较完善，但关于农业职业经理人及其对所在组织绩效影响的研究并不多。国内已有文献对新型职业农民的培育、发展制约以及解决途径进行了广泛讨论，涉及农业职业经理人的研究多以当前农业职业经理人发展中面临的问题和对策为主，或者以介绍职业经理人个人案例、工作经验为主，全面系统地对农业职业经理人形成机制的研究比较少。同时，已有研究较少关注农业职业经理人进入合作社等产业组织后的业务拓展、激励与约束机制及其对组织的绩效影响，为本书研究的开展留下了发展的空间，也使研究更具有现实指导意义。

关于家庭农场、农民合作社绩效及其影响因素的研究。已有关于合作社绩效测算的理论体系及方法均比较成熟，鉴于农业职业经理人诞生的时间较短，国内对新型农业生产经营主体绩效的研究多集中在企业家能力方面，更多的是从监事长、理事长以及组织成员角度分析，基于农业职业经理人视角探讨组织绩效的研究还比较少见，仅有少数文献在理论层面有所提及，缺乏实证分析，而这一视角的研究对于厘清农业职业经理人的决策行为、提升农业职业经理人所在组织的绩效具有重要意义。

首先，关于合作社农业职业经理人的研究多集中在引入动因分析，且大多只停留在理论分析层面，没有通过实证研究分析出影响合作社引入农业职业经理人的具体因素。其次，已有文献只是对社员加入合作社进行了成本收益测算，在农业职业经理人的引入对合作社的成本收益核算方面的影响还没有进行研究。最后，关于合作社引入农业职业经理人的条件、理事长偏好、引入来源等决策行为的研究还比较欠缺。因此，从微观层面细致考察农业职业经理人的形成机制、分析其进入合作社等组织后的决策行为以及对组织绩效的影响就成为一个非常值得关注的课题。

第3章　农业职业经理人从业动机研究

我国农业正处于由传统农业向现代农业转型升级的重要时期，培养现代农业经营人才成为农业发展的关键。一方面，农业科学技术发展日新月异、农业生产经营方式加速转变、新型农业经营主体方兴未艾、农村土地流转速度及规模化水平不断提高，为了适应现代农业向产业化、科技化、集约化发展的经营需求，迫切需要一批既懂农业生产技术，又具备敏锐市场能力以及经营管理能力的现代化高素质农业经营人才（黄元斌，2015）；另一方面，工业化、城镇化带来的农村劳动力大量向城市转移，使种田种地后继乏人、土地大量撂荒，严重制约了农业的转型发展。国家一直高度重视农业人才培育工作，尤其是自21世纪以来连续出台了一系列关于支持乡村人才发展的政策和措施。2018年，中央一号文件提出实现乡村振兴战略，必须强化人才支撑，首次提出扶持培养一批农业职业经理人。在现代农业发展形势要求及国家政策鼓励下，农业职业经理人这一新兴职业应运而生并不断发展壮大。

然而，在农业职业经理人呈现旺盛生命力的同时，也面临不少问题。一方面，农村既懂技术，又会管理、善经营的人才十分稀缺，农业职业经理人主要来源为种养大户及村干部，来源单一；另一方面，相对于工商企业或产业组织，合作社、家庭农场在地理位置、利润水平等方面都不具有优势，对人才吸引力不足。因此，如何吸引有能力、有想法的农业人才到农业职业经理人队伍中去并留住他们稳定从业，已经成为各界关注的重点和热点问题。从已有研究来看，我国对农业职业经理人的研究还比较少，尤其是从微观层面实证研究农业职业经理人形成机制的研究还比较薄弱。

本章将在回顾国内外有关农业职业经理人相关理论的基础之上，结合马斯洛需求层次理论、择业动机理论以及综合激励理论等，基于成都市农业职业经理人的实地调查数据，对农业职业经理人从业动机及其影响因素进行分析，了解农业职业经理人的从业动机和利益导向，为政府客观把握和识别农业职业经理人的动机和需求、制定农业农村新型人才培养政策提供参考依据。

3.1 从业动机分析的理论基础

3.1.1 马斯洛需求层次理论

马斯洛需求层次理论是人本主义科学的理论之一，它是解释人格的重要理论，也是解释人类行为动因的重要理论。1954 年，美国社会心理学家亚伯拉罕·哈罗德·马斯洛在其《动机与个性》一书中指出，动机并非一般意义上促使人类行为发生的内在力量，而是人出生后一生成长发展所具备的内在潜力，动机具有先天性。在书中，他指出动机是由不同层次性质的需求所组成的，所以也叫作需求层次理论。人类需求由低级到高级分别为：生理需求（Psysiological Needs）、安全需求（Safety Needs）、爱与归属的需求（Love and Belonging Needs）、尊重需求（Esteem Needs）、自我实现的需求（Self－actulization Needs）。高级需求是在低级需求满足的过程中不断发展起来，而且需求层次越高，其完全存在的可能性越低。

农业职业经理人作为行为个体，也受到马斯洛需求层次理论的约束，每个农业职业经理人都受到不同需要的驱使，不同家庭收入或者不同来源群体的农业职业经理人可能存在不同层次的从业需要，因此，本章在设定农业职业经理人动机题项时，也按照需求层次理论设定了由低级到高级的不同层次的需求动机。

3.1.2 佛隆择业动机理论

1964 年，美国心理学家佛隆出版了一本关于个体选择某种职业的行为研究的书——《工作和激励》。在该书中，他认为个体择业动机的强烈与否取决于某种工作满足个人需求的价值大小以及心理预期的高低。个体职业的选择往往通过择业动机的大小来确定，用职业价值与概率的乘积来表示。工作越能满足自身需求，择业动机越强，个人对职业的心理预期越高，择业动机越强（万秀萍，

2013）。一般认为，不同的需求层次对应着不同的择业动机。一个在经济上无法维持日常生活需要的个体，他选择工作的首要动机应该是追求能够维持生活需要的物质报酬，所以求职者将会把薪酬待遇的高低作为职业选择的标准。而当日常生活需求得以满足，个体的需要也会向着更高层次需求转变，也会进一步地改变择业动机，可能会由追求物质报酬的择业动机转向追求个体发展、注重职业前景等动机。

与传统农民相比，农业职业经理人作为一门独立的职业，个体选择成为农业职业经理人的主动性更为突出，而这种主动性反映在农业职业经理人身上则是个体对这一职业的期望度，期望度越高，主动从事农业职业经理人的意愿越强，基于此，本章对各个动机题项设置了不同程度的分数，通过得分大小来判断农业职业经理人某类从业动机强度和偏好。

3.1.3 波特—劳勒综合激励理论

自20世纪以来，基于行为科学家对激励研究的不同角度和理解，形成了各种侧重点不同的激励理论，其中具有代表性的有内容型激励理论、过程性激励理论、行为修正型激励理论、综合性激励理论（胡永新，2008）。综合激励理论是由美国行为学家波特和劳勒在1968年提出的。在波特—劳勒综合激励理论中，激励过程被看作是外部刺激、个体内部条件、行为表现、行为结果四者相互作用的过程。它勾勒出努力、绩效、报酬、满足四者的内在联系。激励可以激发人潜在的行为，调动人的积极性和创造性（贾斌和吴敏，2014），以充分发挥人的智力效应，做出最大成绩。很显然，对个体的激励价值越高，其期望概率越高，则他完成作业的努力程度越大（韦雪清，2009）。同时，人们活动的结果既依赖于个人的努力程度，也依赖于个体的品质、能力以及个体对自己工作作用的知觉（胡洁，2012）。

农业职业经理人作为理性的职业群体，其同样适用于激励理论，农业职业经理人从业行为受到各类具体需要的刺激，当其动机需求得以满足，才能更大地激发出工作潜力、提升对组织的忠诚度、调动其从业的积极性以维持整个农业职业经理人人才队伍的发展和稳定，满足其动机需求的前提便是识别出农业职业经理人的从业动机。

3.2　数据来源及统计性描述分析

3.2.1　数据来源

本章采用数据主要为课题组 2017 年暑期的调研数据，调研地区包括崇州市、金堂县、蒲江县、邛崃市、青白江区 5 个区市县，涉及 39 个乡镇 125 个行政村（社区），回收样本 235 份。剔除无效答卷 10 份，最终确认 225 份有效问卷，问卷有效率达 95.74%。其中崇州市 47 份、金堂县 36 份、蒲江县 44 份、邛崃市 59 份、青白江区 39 份。

3.2.2　量表的编制

研究通过访谈法、问卷法进行数据收集，自行编制了农业职业经理人从业动机量表，量表的编制主要经过了以下两个过程：

查阅整理相关文献。首先查阅国内外相关文献，对职业动机相关研究成果进行分析，了解职业动机相关概念和理论。其次根据文献，搜索关于职业动机量表中的具体题项，关于职业动机量表的研究很多，本书通过对比分析后，参考了陆亦佳（2007）的职业动机因素结构调查量表，选取了其中 23 个题项，根据农业职业经理人自身素质，自行增加了"希望从事与三农相关的工作""为了照看家庭、希望就近就业"2 个题项，共计 25 个题项。再次在温江挑选了 10 位农业职业经理人对 25 个题项目进行一对一的深度访谈，在访谈基础上对题项进行优化和完善。最后确定 21 个题项进行大规模调查。

编制正式量表。根据访谈结果，根据选择重要性排序，删除农业职业经理人注重程度较低的 4 个题项，最后保留 21 个题项用于正式问卷的编制（见表 3 – 1）。所有的题项均采用李克特 5 级量表测度："1"为很不看重，"2"为较不看重，"3"为一般，"4"为较看重，"5"为很看重。

表 3-1　农业职业经理人从业动机量表

题目	很不看重	较不看重	一般	较看重	很看重
A1 较好的薪金待遇					
A2 医疗卫生、保健福利					
A3 工作环境舒适					
A4 职业的社会地位较高					
A5 为了照看家庭，希望就近就业					
A6 希望从事与“三农”相关的工作					
A7 能得到重用，有晋升的机会					
A8 与同事关系比较融洽					
A9 同事和领导的看法和压力					
A10 工作提供增长知识和技能的机会					
A11 单位声誉好坏					
A12 能够提供教育（培训）的机会					
A13 工作充实不单调、不常重复					
A14 工作符合自己的兴趣					
A15 工作能有所作为					
A16 我喜欢解决全新的问题					
A17 工作开展难易程度					
A18 工作能发挥自己的专长					
A19 能赢得他人、组织的重视					
A20 可以在周围群体中树立个人榜样，更好地影响他们					
A21 提升家族在当地的荣誉和威望					

3.2.3　调查样本的统计性描述分析

3.2.3.1　农业职业经理人个人特征

从个人特征方面来看（见表 3-2），男性农业职业经理人相对于女性农业职业经理人较多，为 181 人，占总数的 80.44%；从年龄结构来看，农业职业经理人平均年龄为 42 岁，年龄在（40，50］岁的农业职业经理人最多，其次是（30，40］岁，两个年龄段人数分别占总数的 51.56% 和 24.89%，表明农业职业经理人主要以青壮劳力为主；从人力资本方面来看，农业职业经理人文化程度呈现出正态分布特征，主要集中在高中及中专这一区间，所占比例为38.22%，总体来看，相较于传统农民，农业职业经理人具有较高的文化水平，高中及其以上占样本数的68.89%，约占总数的2/3，这也符合农业职业经理人对高素质人才需求的特征；从农耕经历来看，62.66%的农业职业经理人具有10年以上农耕经历。相较于农耕经历，管理经历（5，10］年的农业职业经理人为16.44%，10年以上的则仅为1.33%，表明农业职业经理人大多拥有丰富的农业生产经验，但是在管理经验上还相对较为缺乏。

表3-2 农业职业经理人基本情况

项目	类别	频数	所占比例（%）
性别	男	181	80.44
	女	44	19.56
年龄（岁）	（0，30］	27	12.00
	（30，40］	56	24.89
	（40，50］	116	51.56
	（50，80］	26	11.56
文化程度	初中及以下	70	31.11
	高中及中专	86	38.22
	大专及以上	69	30.67
农耕经历（年）	（0，10］	84	37.34
	（10，20］	66	29.33
	（20，30］	61	27.11
	（30，50］	14	6.22
管理经历（年）	（0，5］	185	82.22
	（5，10］	37	16.44
	（10，30］	3	1.33

从农业职业经理人的来源看（见图3-1），呈现出多渠道的特点，但以具有丰富农耕经验和一定经营管理经验的种养大户为主力军，种养大户在农业职业经理人的构成中占73.78%的比例，远远超过其他来源的农业职业经理人。相对于2016年的55.1%（董杰，2017），种养大户所占比例明显提高，表明种养大户从事农业职业经理人趋势明显，或将成为农业职业经理人最重要的来源渠道。另

外，返乡农民工和大学生所占比例有所提高。近年来，在鼓励大学生、农民工回乡创业创新的政策号召下，部分毕业大学生和农民工选择到农村就业，大学生以及返乡农民工也正在成为农业职业经理人的新生力量，虽然目前力量较为薄弱，分别占农业职业经理人队伍的 4.89% 和 7.11%，但从调查的情况来看，所有大学生与返乡农民工均对农业职业经理人这个职业未来五年的发展满怀信心，持有较为乐观的态度，且从事农业职业经理人意愿强烈。

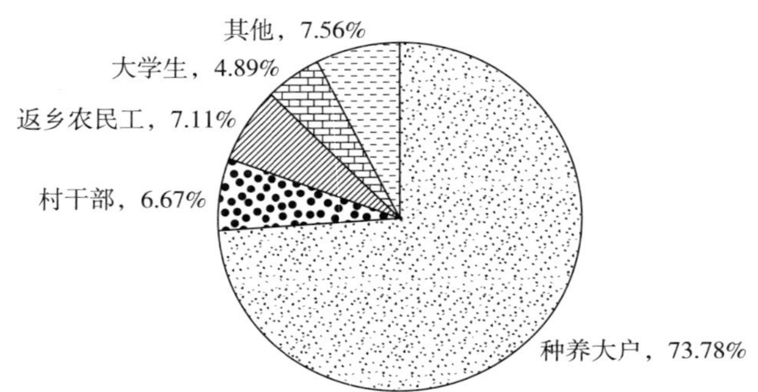

图 3－1　农业职业经理人来源构成

3.2.3.2　农业职业经理人从业平台

在 225 个调查样本中，47.56% 的农业职业经理人来源于家庭农场，44.00% 的农业职业经理人来源于合作社，可以看出作为农业经营体制的重要创新，合作社与家庭农场是吸纳农业职业经理人就业的重要载体，如表 3－3 所示。实践证明，规模化的农业组织是农业职业经理人从业的前提。农业公司作为现代企业的组成部分，内部治理相对成熟，对农业职业经理人的需求并不明显，合作社和家庭农场还处于成长期，将是农业职业经理人的主要就业组织。

表 3－3　农业职业经理人所在单位情况　　单位:%

从业平台	占比	经营产业	占比
合作社	44.00	种植业	29.33
家庭农场	47.56	养殖业	13.33
农业公司	8.44	果蔬等经济作物	55.56
		其他	1.78

农业职业经理人所经营的产业涵盖了种养业、经济作物栽培及农业社会服务业，这也与调研地区的自然社会环境有关，对于崇州市、邛崃市，有大面积平原地区，且土地流转规模大，适合水稻、小麦等粮油作物的规模集约化经营，因此适合种植业。而金堂县、蒲江县由于地势多为丘陵地带，因此大多适合种植猕猴桃、柑橘等经济作物。

3.2.3.3　农业职业经理人职业感知

农业职业经理人从业意愿的强度和对未来发展前景的判断在一定程度上影响着他们对工作的积极性，从而影响着农业职业经理人人才队伍的整体稳定和发展。从表3－4可以看出，绝大多数农业职业经理人具有强烈的从业意愿，愿意经营这份事业，少数因为对收入、风险的不确定而表现出较低的从业意愿，甚至部分农业职业经理人有退出农业职业经理人队伍的想法。相应地，对于农业职业经理人未来五年的发展，90%以上的人保持乐观的态度，认为在新型经营主体不断发展壮大、国家大力扶持培育新型职业农民、农业产业转型升级的大环境下，农业职业经理人大有可为，同时，也有少数人因为制度还不够完善、社会经历环境较差等对农业职业经理人未来发展抱有悲观态度。

表3－4　农业职业经理人从业意愿及前景判断　　单位:%

从业意愿	占比	对未来五年发展的判断	占比
很低	0.00	很不乐观	0.89
较低	0.44	不太乐观	0.89
一般	5.33	一般	6.22
较强	26.67	较乐观	40.44
很强	67.56	非常乐观	51.56

3.2.3.4　农业职业经理人资金扶持力度

资金问题成为目前困扰农业职业经理人扩大经营规模的重要制约因素，从表3－5可以看出，近80%的农业职业经理人认为政府财政资金支持力度弱，仅有不到20%的农业职业经理人认为政府财政资金充分发挥了扶持作用，经过细致调查，了解到造成农业职业经理人这种认知的不是政府完全无资金支持，而是扶持款项落实难、落实慢，资金要等很久才能到账。此外，由于农业职业经理人信贷担保能力弱，银行等金融机构对合作社、家庭农场等经营主体存在认知偏差，使农业职业经理人向银行贷款难度较大。

表 3-5 农业职业经理人资金扶持力度　　单位:%

政府财政资金支持力度	占比	银行贷款的难易度	占比
无支持	21.78	很不容易	36.00
很小	19.11	较不容易	27.11
较小	13.33	一般	23.56
一般	26.67	较容易	9.78
较大	12.89	很容易	3.56
很大	6.22		

3.3 农业职业经理人从业动机因子分析

3.3.1 项目分析

3.3.1.1 临界比值法

临界比值（CR）是将调查问卷得分总和按高低进行排序，得分前25%～33%者为高分组，得分后25%～33%者为低分组，计算高低两组被调查者每个题项得分的平均值，计算两者差异的显著性水平，即可得到该题项的CR值。通常用该方法来检验问卷的题项是否能够鉴别不同被调查者的反映程度，计算过程主要包括反向题项重新记分、计算量表总分、排序、按照临界分数分出高低两组以及进行t检验，由于本书不存在反向记分题项，因此只包含了后面4个过程。通常认为CR值未达到显著水平（即 $p>0.05$）的题项应予以删除。

3.3.1.2 相关系数法

因子分析是从众多的原始变量中重构少数几个具有代表意义因子变量的过程。其潜在的要求是原有变量之间要具有比较强的相关性。因此，因子分析前需要先进行相关分析，计算原始变量之间的相关系数矩阵。如果相关系数矩阵在进行统计检验时，一般认为相关系数大于0.3，区分度较好；低于0.3且未通过检

验，需要删除这些题项。

表 3－6 结果表明，量表所包含的 21 个题项的 t 值均在 0.01 的水平上显著（Sig. 值小于 0.01）；各题项项目得分与量表总分之间的相关系数集中在 0.303～0.565，均大于 0.3，且在 0.01 水平上显著，说明题项与整体样本的同质性不高，项目的区分度较好。

表 3－6　农业职业经理人从业动机量表项目分析

题项	t 值	Sig.（双侧）	项目得分与量表总分的相关系数
A1	4.664	0.000	0.312***
A2	6.546	0.000	0.385***
A3	4.995	0.000	0.390***
A4	7.168	0.000	0.486***
A5	9.671	0.000	0.512***
A6	7.616	0.000	0.469***
A7	8.939	0.000	0.517***
A8	7.862	0.000	0.463***
A9	6.212	0.000	0.379***
A10	8.894	0.000	0.508***
A11	8.890	0.000	0.546***
A12	9.734	0.000	0.550***
A13	8.359	0.000	0.545***
A14	6.775	0.000	0.451***
A15	9.839	0.000	0.565***
A16	7.771	0.000	0.432***
A17	4.091	0.000	0.303***
A18	8.845	0.000	0.485***
A19	10.338	0.000	0.562***
A20	8.957	0.000	0.515***
A21	10.326	0.000	0.565***

注：*** 表示在 1% 的水平上显著。

3.3.2 农业职业经理人从业动机分类

本书通过因素分析法对农业职业经理人从业动机类型进行研究。因子分析是从原始变量群中提取共性因子的统计方法。其基本思想是将关联性较高的变量归为一类，每一类变量实际上就代表了一个基本结构，即公共因子。其本质意义在于用关联紧密的几类因子反映整体的信息。

在对农业职业经理人从业动机进行因子分析前，一般需要通过 KMO 检验与 Bartlett（巴特利特球形检验）检验来判断是否适合进行因子分析。KMO 检验用于检查变量间的相关性和偏相关性，取值为 0 ~ 1。KMO 统计量越接近于 1，变量间的相关性越强，偏相关性越弱，表示项目间的共同因素越多，越适合进行因素分析。根据 KMO 值检验标准，KMO 值最好在 0.7 以上，0.5 以下则不宜进行因子分析。Bartlett 球形检验用于检验相关阵中各变量间的相关性，是否为单位阵，即检验各个变量是否各自独立，如果相关阵是单位阵，则各变量独立因子分析法无效。由 SPSS 检验结果显示 Sig. <0.05（即 $p<0.05$）时，说明各变量间具有相关性，因子分析有效。

如表 3 -7 所示，KMO 值为 0.859，达到了检验标准，表示适合进行因子分析；Bartlett 球形检验近似卡方值为 1465.798，检验显著，代表母群体的相关矩阵间有共同因素存在，适合进行因子分析。

表 3 -7 KMO 与 Bartlett 球形检验

检验类型	定义	数值
KMO 检验	区样足够度的 Kaiser - Meyer - Olkin 度量	0.859
Bartlett 球形检验	Bartlett 球形度检验近似卡方	1465.798
	df	210.000
	Sig.	0.000

通过 SPSS 20.0 软件，采用主成分分析法以及最大方差正交旋转法对 21 个项目进行了第一次因素分析。从碎石图看曲线在第六个因素后趋于平坦，因此选取 4 ~6 个因素较为合理。保留特征值大于 1 的因素，共有 5 个，这 5 个因子累计的解释变异量为 59.079%，如表 3 -8 所示。

表3-8　第一次因子分析旋转前后的整体解释变异数

成分	初始特征值			提取平方和载入			旋转平方和载入		
	合计	方差的%	累积%	合计	方差的%	累积%	合计	方差的%	累积%
1	5.715	28.213	28.213	5.715	27.213	27.213	2.780	14.239	14.239
2	2.095	10.977	38.190	2.095	9.977	37.190	2.528	13.037	27.276
3	1.394	7.836	45.826	1.394	6.636	43.826	2.003	11.537	38.813
4	1.273	7.061	52.886	1.273	6.061	49.886	1.962	10.345	49.158
5	1.208	6.753	58.639	1.208	5.753	55.639	1.873	9.921	59.079
6	0.927	4.889	62.528	—	—	—	—	—	—
7	0.840	4.001	64.529	—	—	—	—	—	—
8	0.799	3.805	68.335	—	—	—	—	—	—
9	0.745	3.546	71.880	—	—	—	—	—	—
10	0.698	3.322	75.202	—	—	—	—	—	—
11	0.613	2.921	78.123	—	—	—	—	—	—
12	0.589	2.805	80.928	—	—	—	—	—	—
13	0.549	2.614	83.543	—	—	—	—	—	—
14	0.533	2.537	86.079	—	—	—	—	—	—
15	0.514	2.448	88.527	—	—	—	—	—	—
16	0.470	2.238	90.765	—	—	—	—	—	—
17	0.442	2.104	92.869	—	—	—	—	—	—
18	0.419	1.998	94.867	—	—	—	—	—	—
19	0.393	1.874	96.740	—	—	—	—	—	—
20	0.358	1.707	98.447	—	—	—	—	—	—
21	0.326	1.553	100.000	—	—	—	—	—	—

根据因素分析结果，需要对其中与公共因素相关性不高的题项进行删除，是否需要进行删除取决于该题项的因素负荷值。负荷值越大，越能代表该题项反映的特征，反之，负荷值越小，该题项代表该因素特征的能力越弱（郭亚林，2014），因此需要进行删除。删除原则如下：第一，删除因子载荷量在0.5以下的题项；第二，删除在不同因素中，因子负荷值相近的题项。根据以上标准删除了不符合标准的A7、A8、A13，最终保留5个因子，如表3-9所示。

表 3-9　因素分析正交旋转矩阵

题项	成分 1	成分 2	成分 3	成分 4	成分 5
A20	0.699	—	—	—	—
A15	0.693	—	—	—	—
A19	0.681	—	—	—	—
A16	0.636	—	—	—	—
A17	—	0.823	—	—	—
A11	—	0.710	—	—	—
A10	—	0.590	—	—	—
A12	—	0.548	—	—	—
A14	—	—	0.819	—	—
A6	—	—	0.639	—	—
A5	—	—	0.576	—	—
A18	—	—	0.564	—	—
A4	—	—	—	0.722	—
A21	—	—	—	0.672	—
A9	—	—	—	0.661	—
A1	—	—	—	—	0.803
A2	—	—	—	—	0.801
A3	—	—	—	—	0.541

由表 3-9 可知，确定农业职业经理人从业动机为 5 种类型，根据每个因素所包含的题项的特征含义，每个因素命名结果如下：

因素一（V1）：包含可以在群体中树立榜样、更好地影响他人（A20），能有所作为（A15），能赢得他人组织重视（A19），喜欢解决全新问题（A16）4 个题项。这些项目主要反映了受试者从事农业职业经理人这份工作有实现价值的要求，因此将因素一命名为“成就实现”。

因素二（V2）：包含工作开展难易程度（A17）、单位声誉好坏（A11）、提供增长知识和技能的发展机会（A10）、提供受教育培训的机会（A12）4 个题项。这些项目在一定程度上影响着农业职业经理人未来的长远发展的需求，因此将该因素命名为“发展机会”。

因素三（V3）：希望从事与“三农”相关的工作（A14），工作符合自己兴趣（A6），为了照看家庭就近择业（A5），工作能发挥自己的专长（A18）4个题项，其中因子负荷较高的两个题项反映了工作符合自身兴趣，因此将该因素命名为“个人兴趣”。

因素四（V4）：职业社会地位较高（A4）、提升家族在当地的荣誉和威望（A21）以及同事领导看法压力（A9）3个题项。这些题项主要反映了农业职业经理人注重他人对自己职业好坏的看法，因此将该因素命名为“职业声望”。

因素五（V5）：包含较好的薪金待遇（A1），较好的医疗卫生、保健福利待遇（A2），工作环境舒适（A3）3个题项。这些项目主要反映了农业职业经理人对于工作所能带给其物质报酬及享受的需要，因此将该因素命名为“物质报酬”。

3.3.3　信度检验

为了进一步了解问卷量表的可靠性，对其进行信度检验，一般采用克朗巴哈α系数（Cronbach's Alpha）进行检验。根据学者Carmines与Zeller的观点，α系数最低接受值为0.6，大于0.7数据可信，大于0.8数据很可信。因此在进行农业职业经理人动机分析之前，先对量表进行信度检验。

如表3－10所示，农业职业经理人从业动机影响因素总量表的α值为0.788，各具体因子的α值为0.676～0.732，表明每一个因子所包含的项目具有较高的相关性，能够有效反映出该因子的共同特征，说明量表信度较好，不需要进行修改。

表3－10　农业职业经理人从业动机因素信度检验

从业动机影响因素	项目数	Cronbach's Alpha值
成就实现	4	0.718
发展机会	4	0.712
个人兴趣	4	0.676
职业声望	3	0.732
物质报酬	3	0.668
总计	18	0.788

3.4 农业职业经理人从业动机类型分析

前文对农业职业经理人从业动机类型进行了因子分析，结果显示“成就实现”“发展机会”“个人兴趣”“职业声望”“物质报酬”是农业职业经理人的主要从业动机类型，进一步表明人的动机具有多维性、复杂性。通过上述研究结果，对影响农业职业经理人从业动机的5个因素做进一步说明与解释。

3.4.1 成就实现因子

成就实现因子是6个动机因子中解释总变异量最大的一个，解释了样本总量的14.239%。马斯洛认为人有自我实现的需要，自我实现是个体需求层次中的最高层次。社会主义市场经济体系的建立大大增强了人的主体意识，使人们日益重视个人的全面发展（吴倬，2000）。人对自我实现的需求既是社会发展到一定阶段的结果，也是个体发展到一定程度的结果。经济的发展和科技的进步大大丰富和保障了我们的物质生活，有效而稳定的物质保障使个体对薪金、福利的关注度降低。经济形势的变化中，因子载荷最大的为题项A20（可以在群体中树立榜样，更好地影响他人）表明，尽管农业职业经理人大多数来源于农民，但作为农业职业经理人，他们已经基本树立起了管理者意识，并希望通过这种意识将自身良好的品行和能力传递给他人。

3.4.2 发展机会因子

发展机会因子解释了样本总量的13.037%。主要包括工作能提供教育培训机会，能增长自身知识。教育、自我学习等形式沉淀下来的知识是人力资本形成的一个重要前提。人力资本理论认为，人力资本这种“软资本”相较于物质、货币等“硬资本”来说，增值的潜力更大，尤其是在当今知识经济膨胀的年代，更需要通过自我学习、教育与培训等方式积累知识的人才队伍。农业职业经理人大多数为土生土长的农民，他们文化水平有限、受教育层次较低。在知识经济时代，对获得教育、培训等机会有着较高的看重率，说明农业职业经理人能够与时俱进，注重对自身知识和能力的更新升级，普遍期望克服职业短视性，而更加注重有利于自身长远发展的因素。随着我国人口数量红利的逐步消失，人力质量红利也必将成为新的时代特征。

3.4.3 个人兴趣因子

个人兴趣因子解释了样本总量的11.537%。“爱一行，干一行”，个人的兴趣爱好是其从事某份职业的重要影响因素。张婷婷和杨子珺（2013）对大学生的择业动机研究发现，大学生在选择工作时排在前三位的是自身职业发展前途、工作团队的氛围、个人专长兴趣。如果从业者对某一工作或某一类型的工作感兴趣的话，那么对其挖掘自身的潜力，推动工作向前是巨大的动力。

3.4.4 职业声望因子

职业声望因子解释了样本总量的10.345%，职业声望简单来说就是人们对职业的评价。郭亚林（2014）在对高学历人群择业动机研究表明，某项工作的社会地位高低、外界对其性质等方面的看法和评价等往往会成为影响硕士研究生在选择工作时首先考虑的因素。虽然职业不分贵贱，但是传统观念里，由于个人能力素质以及行业准入等原因，依然把农民视为社会地位较低下的职业。而农业职业经理人作为近年发展起来的新型农业经营者，善经营、会管理、懂生产，具备较高的综合素质，且在行业准入过程中受到一些条件的限制，加之政府政策的鼓励和提倡，使其受到较高的社会关注。

3.4.5 物质报酬因子

物质报酬因子解释了样本总量的9.921%。人之所以要选择不辞辛劳地工作，其中一个重要的原因就是工作能够获得维持个人及家庭日常生活所需要的报酬。虽然随着经济发展、社会进步，人们需求已经由温饱层面转向精神层面，但是较好的物质报酬仍然是从业者选择该工作的重要因素之一，尤其是上升到高层次的享受需求，更需要较好的物质报酬来做支撑。

3.5 农业职业经理人从业动机影响因素实证分析

在对农业职业经理人从业动机进行了分析的基础上，为进一步探讨农业职业经理人从业动机的影响因素，本章将采用多项 Logistic 模型，基于农业职业经理人个人特征、个人经历、职业感知、社会环境、家庭因素等方面对农业职业经理人从业动机进行回归分析，探究各个因素对农业职业经理人的从业动机偏向是否产生影响。

3.5.1 多项 Logistic 模型的确定

多项 Logistic 模型常用于描述被解释变量是离散型、三分类及以上变量的情况，并且被解释变量相互独立，没有序次程度关系。本书中的因变量分别为物质报酬、职业声望、个人兴趣、发展机会、成就实现 5 种动机类型。由于因变量属于多分类且无序的，故采取多项 Logistic 模型。模型的基本形式为：

$$\ln\frac{P(Y_5)}{P(Y_1)}=\alpha_1+\sum_{k=1}^{n}\beta_{1k}X_k+\mu$$

…

$$\ln\frac{P(Y_5)}{P(Y_1)}=\alpha_5+\sum_{k=1}^{n}\beta_{5k}X_k+\mu \qquad (3-1)$$

其中，P 表示倾向某种动机的概率，Y_1表示物质报酬动机，Y_2、Y_3、Y_4、Y_5分别表示职业声望动机、个人兴趣动机、发展机会动机、成就实现动机。X_k表示影响农业职业经理人从业动机的主要因素，β_{1k}、β_{5k}表示第 k 个影响因素的回归系数。此时，Y_1即为 Y_2、Y_3、Y_4、Y_5的参照组。

3.5.2 变量选取

因变量：回归方程的因变量由农业职业经理人主要从业动机构成，一般认为，因子分析后的因子得分可以判断每个项目的重要度，基于此，本书对农业职业经理人样本个体主要从业动机的判定取决于因子得分的大小，得分越大，该动机倾向越明显。最终，根据因子得分得出每种动机类型的农业职业经理人数量分别为：成就实现型48人、发展机会型46人、个人兴趣型45人、职业声望型45人、物质报酬型41人。

自变量：影响农业职业经理人从业动机的因素很多，本书根据相关文献和实地调查，选取农业职业经理人个体特征、个人经历、职业感知、社会环境以及家庭因素等14个因素为自变量，对农业职业经理人从业动机的影响因素进行分析。

个人特征。已有研究表明，人口学特征与人的个体行为具有较强的联系，个体行为因人口学差异而有所不同。本研究主要选取性别、年龄、主要身份、文化程度4个指标来分析农业职业经理人个体特征对其从业动机的影响，个体在社会中扮演的角色和分工的不同将会影响其从业动机。

个人经历。选择管理经历、农耕经历两个指标来分析农业职业经理人个人经历对其从业动机的影响。管理经历、农耕经历在一定程度上体现了农业职业经理人的工作能力，从而影响他们对农业职业经理人的认知以及从事这份职业的动机。

职业感知。选择农业职业经理人工作收入、农业职业经理人工作环境两项指标来分析农业职业经理人的职业感知对其从业动机的影响。工作收入越高、工作环境越好一方面可以吸引追求较好物质报酬的农业职业经理人，另一方面也为其他类型的职业经理人追求成长、追求事业成功等提供了较好的物质保障。

社会环境。选取政府财政资金对单位的支持力度、银行贷款难易程度、当地社会经济条件及基础、当地社会创业文化及氛围4项指标来分析外在环境对农业职业经理人从业动机的影响。政府、金融机构的扶持以及当地创业文化氛围反映了社会对合作社、家庭农场等新型经营主体的注重程度，从而影响其发展前景，而单位的发展前景又影响着农业职业经理人的从业动机。

家庭因素。已有研究表明，家庭环境也是影响个体行为的主要因素。针对农业职业经理人这一新型职业的特殊性，本书主要选取家庭年收入、家庭对从事农业职业经理人的支持力度两个指标来分析家庭因素对农业职业经理人从业动机的影响。家庭年收入的高低以及家人的支持力度在一定程度上能够解决农业职业经理人的后顾之忧并在遇到困难时获得家庭的资金支持与精神鼓舞，从而影响其从事农业职业经理人的动机。

根据上述讨论，关于变量的确定和赋值情况如表3-11所示。

表 3-11 模型变量说明

类型	变量	变量赋值
因变量	动机类型	物质报酬 =1；职业声望 =2；个人兴趣 =3；发展机会 =4；成就实现 =5
个人特征	性别	男 =1；女 =0
	年龄（岁）	(0，30] =1；(30，40] =2；(40，50] =3；(50，80] =4
	主要身份	
	种养大户	种养大户 =1；其他 =0
	村干部	村干部 =1；其他 =0
	返乡农民工	返乡农民工 =1；其他 =0
	大学生	大学生 =1；其他 =0
	普通农户等	普通农户等 =1；其他 =0
	文化程度	初中及以下 =1；高中及中专 =2；大专及以上 =3
个人经历	管理经历（年）	(0，5] =1；(5，10] =2；(10，15] =3；(15，30] =4
	农耕经历（年）	(0，10] =1；(10，20] =2；(20，30] =3；(30，50] =4
职业感知	农业职业经理人工作收入	很低 =1；较低 =2；中等 =3；较高 =4；很高 =5
	农业职业经理人工作环境	很差 =1；较差 =2；一般 =3；较好 =4；很好 =5
社会环境	政府财政资金对单位的支持力度	无支持 =1；很小 =2；较小 =3；一般 =4；较大 =5；很大 =6
	银行贷款难易程度	很不容易 =1；较不容易 =2；一般 =3；较容易 =4；很容易 =5
	当地社会经济条件及基础	很差 =1；较差 =2；一般 =3；较好 =4；很好 =5
	当地社会创业文化及氛围	很差 =1；较差 =2；一般 =3；较好 =4；很好 =5
家庭因素	家庭年收入（万元）	(0，10] =1；(10，20] =2；(20，30] =3；(30，40] =4；(40，+∞) =5
	家庭对从事农业职业经理人支持力度	很小 =1；较小 =2；一般 =3；较大 =4；很大 =5

3.5.3 模型估计

利用 SPSS 20.0 统计软件，对数据进行多项 Logistic 回归处理，在回归处理过程中，以动机类型中的“物质报酬”型为参照组，采用逐步向前回归的方法，最终得到的回归方程包含7个变量。通过表3-12可知，似然比检验的显著性水平小于0.001，说明至少有一个自变量系数不为零，模型有意义。接下来，依次代入未进入模型的变量，代入任何一个或多个变量，似然比检验的显著性水平都在增加，说明模型中变量的解释能力在减弱，因此保留7个变量在模型中。

表3-12 模型拟合信息

模型	模型拟合标准	似然比检验		
	-2倍对数似然值	卡方	df	显著水平
仅截距	678.203	59.553	28	0.000
最终	618.650			

3.5.4 模型检验

采用似然比对回归模型进行拟合优度检验，结果如表3-13所示。由结果可知，“性别”“年龄”“管理经历”“家庭支持力度”4个自变量似然比卡方值在0.1的水平上显著，“农业职业经理人工作环境”“银行贷款难易程度”“当地社会经济条件基础”3个自变量在0.05的水平上显著，说明7个自变量对因变量有影响，上述模型有一定的现实意义。

表3-13 似然比检验

效应	模型拟合标准	似然比检验		
	简化后模型的-2倍对数似然值	卡方	df	显著水平
截距	618.650	0.000	0	—
性别	622.875	4.224	4	0.076
年龄	624.934	6.284	4	0.079
管理经历	624.066	5.416	4	0.067
农业职业经理人工作环境	629.254	10.604	4	0.031
银行贷款难易程度	636.730	18.080	4	0.001
当地社会经济条件基础	629.660	11.009	4	0.026
家庭支持力度	625.428	6.778	4	0.084

3.5.5 农业职业经理人从业动机影响因素分析

上述7个变量的回归结果如表3－14所示，根据农业职业经理人从业动机影响因素的Logistic回归结果，可以得知：

表3－14 农业职业经理人从业动机的Logistic回归模型

类型	变量	B	Wald	显著水平	Exp（B）
模型一（成就实现/物质报酬）	性别	1.050	3.277	0.050	0.350
	年龄	0.443	2.542	0.111	1.557
	管理经历	0.890	1.992	0.158	2.436
	农业职业经理人工作环境	－0.169	0.498	0.480	0.845
	银行贷款难易程度	－0.361	2.449	0.118	0.697
	当地社会经济条件基础	－0.407	2.053	0.152	0.666
	家庭支持力度	0.772	5.105	0.024	2.165
模型二（职业声望/物质报酬）	性别	－0.626	1.267	0.260	0.534
	年龄	0.430	2.533	0.111	1.538
	管理经历	1.215	3.963	0.047	3.369
	农业职业经理人工作环境	－0.292	1.338	0.247	0.746
	银行贷款难易程度	0.390	3.638	0.051	1.477
	当地社会经济条件基础	－0.590	4.340	0.037	0.554
	家庭支持力度	0.100	0.125	0.724	1.106
模型三（发展机会/物质报酬）	性别	0.162	0.096	0.757	0.850
	年龄	0.543	3.724	0.044	1.720
	管理经历	0.533	0.645	0.422	1.705
	农业职业经理人工作环境	－0.060	0.058	0.810	0.942
	银行贷款难易程度	－0.193	0.749	0.387	0.824
	当地社会经济条件基础	－0.652	5.074	0.024	0.521
	家庭支持力度	0.262	0.750	0.387	1.300
模型四（个人兴趣/物质报酬）	性别	0.508	0.875	0.350	0.601
	年龄	0.077	0.084	0.772	1.080
	管理经历	0.559	0.734	0.391	1.749
	农业职业经理人工作环境	0.480	3.413	0.045	1.616
	银行贷款难易程度	0.310	2.286	0.131	1.363
	当地社会经济条件基础	－0.864	9.240	0.002	0.421
	家庭支持力度	0.309	0.982	0.322	1.363

注：参考类别是物质报酬，因为此参数冗余，所以将其设为零。

在个人特征方面。从模型一来看，性别在0.05的水平上显著，且系数为正，表明相对于物质报酬型动机，男性农业职业经理人更加偏向于成就实现型动机。这可能是因为农村里长期以来“男主外、女主内”的传统观念深入人心，使男性表现出更强的事业心和责任担当，这种无形的力量促使他们不能只顾当下的生计，而要将目光放得更长远，并能在工作中取得一定成绩。从模型三可以看出，年龄在0.05的水平上显著，且系数为正，表明年龄越大越倾向于发展机会。这可能是因为年龄越大的农业职业经理人虽然生产经验越丰富，但是其知识储备趋于落后，在面对科学技术日新月异的当前农业，迫切需要对知识进行更新升级，迎合现代农业发展需要，所以更加偏向于能够获得知识技能、教育培训的发展机会型动机。

在个人经历方面。从模型二来看，农业职业经理人的管理经历在0.05的水平上显著且系数为正。表明了相对于物质报酬型动机，农业职业经理人管理年限越长，越倾向于职业声望型动机，更加注重周围人对自己从业表现的看法和评价，有提升自我社会地位和家族声望的愿望，而较好的社会地位和家族声望也有利于其在农业管理过程中树立较高的威信，从而赢得话语权。

在职业感知方面。从模型四来看，工作环境在0.05的水平上显著且系数为正，表明相对于物质报酬型动机，有着良好工作环境的农业职业经理人越偏向于个人兴趣型动机，工作环境越差，越偏向于物质报酬型动机。这可能是因为较差的工作环境、工作氛围会增加农业职业经理人的负面情绪，为了减少较差工作环境带来的糟糕感，需要借助一种具体而实在的物质来进行心理上的平衡，所以就会更加注重薪酬待遇。

在社会环境方面。银行贷款难易程度在0.05的水平上呈边缘性显著且其系数为正，说明相对于物质报酬型动机，银行贷款越容易的农业职业经理人越偏向于成就实现型动机。这可能是因为在银行获得贷款越容易的农业职业经理人更有充足的资金扩大生产规模、引进新技术等，从而更有可能做出一番成绩。从模型二、模型三、模型四看当地社会经济条件基础分别在前两个模型中呈0.05水平显著，在后一个模型中呈0.01水平显著，且三个模型中系数均为负，这表明相对于物质报酬型动机，社会经济条件基础越好，农业职业经理人则越偏向于物质报酬型动机。这可能是因为一个地方的社会经济条件基础决定了该地区的工资待遇水平，经济基础越好工资待遇水平越高，作为理性经济人，其追求较高收入报酬的动机就会越强。

在家庭因素方面。从模型一来看，家庭对个人从事农业职业经理人的支持力度在 0.05 的水平上显著且系数为正，表明相对于物质报酬型动机，家庭支持力度越大，农业职业经理人越偏向于成就实现。这可能是因为家庭的大力支持，在一定程度上表明从业者承担的养家糊口的压力较小，让他们可以没有顾虑地去选择、去追求自己喜欢的事业，从而干出一番成绩。

3.6 本章小结

本章基于马斯洛需求层次理论和佛隆择业动机理论，选取了成都市 5 个区市县 225 名农业职业经理人作为研究对象，通过因子分析法提取出农业职业经理人的主要从业动机，并以得出的从业动机作为因变量，以农业职业经理人个体特征等作为自变量，通过多项 Logistic 模型进行回归分析，找出农业职业经理人从业动机的影响因素，基于上述分析，得出以下结论：

第一，农业职业经理人从业动机具有多维性、复杂性，其从业动机主要包括“成就实现”“发展机会”“职业声望”“个人兴趣”“物质报酬”5 种类型。5 种动机类型按照解释样本的总变异系数的大小进行排序有：成就实现 > 发展机会 > 个人兴趣 > 职业声望 > 物质报酬，说明成就实现型的从业动机是最受农业职业经理人注重的。

第二，农业职业经理人从业动机受到个人特征、个人经历、社会环境、职业感知、家庭因素等方面的影响。①在个人特征方面：年龄越大的农业职业经理人越偏向于发展机会型动机，更加注重能从工作中获得教育培训机会、增加知识技能；男性农业职业经理人相较于女性农业职业经理人更加偏向成就实现型从业动机，注重从工作中取得一番成绩、在周围群体中产生积极作用。②在个人经历方面：管理经历长的农业职业经理人偏向于职业声望型动机，注重职业的社会地位、家族在当地的声望。③在社会环境方面：社会经济条件基础越好，农业职业经理人则越偏向于物质报酬型动机；银行贷款越容易的农业职业经理人越偏向于成就实现型动机。④在职业感知方面：有着良好工作环境的农业职业经理人更加偏向于个人兴趣型动机。⑤在家庭因素方面：家庭支持力度越大，农业职业经理人越偏向于成就实现。

以上研究结论对农业职业经理人队伍的形成和稳定发展具有重要的政策启示，具体包括：

第一，强化政策资金扶持，改善农业职业经理人薪酬福利。农业职业经理人从业动机具有多层次，只有低层次需求得以满足，才能向高层次需求转变。结果表明，薪酬福利是农业职业经理人的主要从业动机，虽然不是农业职业经理人最为看重的，但是稳定而良好的物质保障是吸引和留住人才的基本条件。首先，从业单位提供农业职业经理人不低于市场平均水平的酬劳，并且不定期地对其薪酬待遇作出调整，增强农业职业经理人薪酬待遇在市场中的竞争力；其次，政府设立农业人才专项资金，比如对在创新创业、科技成果转化过程中的表现突出者给予专项奖励；再次，鼓励农业职业经理人参照城镇职工购买社会保险、医疗保险等，对于购买者政府给予一定的财政补助，可实行先购买后报销的程序，农业职业经理人通过购买凭证到政府相关部门按照规定比例报销；最后，对于在发展现代农业过程中有突出表现且有融资需求的农业职业经理人在银行贷款方面予以政策担保扶持、税收优惠等特别鼓励政策。

第二，加强文化精神层面建设，改善农业职业经理人工作生活环境。从模型三来看，良好的工作环境有利于激发农业职业经理人对工作的乐趣，增强其从事“三农”工作的意愿。农业的特殊性决定了生产环境改善的难度，可以从管理环境上予以改善，对农业职业经理人提供更多的人文关怀。首先，完善合作社、家庭农场等农业职业经理人从业载体的文化建设，营造良好的工作氛围，可以通过党支部共建的方式树立其发展理念，搭建起农业职业经理人交流平台，鼓励农业职业经理人进行资源共享、信息共享以及情感交流等；其次，妥善解决好外地农业职业经理人安家、子女入学问题，无家庭的后顾之忧，农业职业经理人才能将精力投放在农业事业上，也能在农业职业经理人这条职业道路上获得更多的家庭支持；最后，改善农业职业经理人的生活环境，加快统筹推进城乡一体化，将公共服务延伸至农村，确保农业职业经理人享受到与城镇居民相同的公共服务。

第三，加强政策宣传，提高农业职业经理人职业声望。职业声望和成就实现是农业职业经理人重要的从业动机。首先，政府相关管理部门要注重宣传农业职业经理人的典型事迹、创新和实干精神，提升农业职业经理人形象，宣传农业职业经理人工作的重要性，尤其是在我国实施乡村振兴战略以及农业现代化的过程中，存在诸多机遇，到农业农村去势必大有可为，使从业者和社会公众进一步了解该职业的功能，不断提高其职业声望和社会评价；其次，既要不拘一格降人才，也要适当提高选拔标准，完善农业职业经理人准入制度，将投机取巧者、浑水摸鱼者排除在农业职业经理人人才队伍之外，吸纳真正有能力、肯干事的人才，让农业职业经理人成为令人羡慕的职业；最后，重视农业职业经理人的宝贵意见和建议，对农业职业经理人给予高度信任，选举部分农业职业经理人代表参与到农业职业经理人队伍建设决策中去，树立其作为农业发展的主人翁心态，激发农业职业经理人成就一番事业的潜力。

第四，完善农业职业经理人培训制度。一方面，有针对性地开展农业技术服务，充分考虑不同文化水平、不同年龄、不同需求的农业职业经理人对知识技术的吸收理解程度，联合科研机构、龙头企业等科研团体有针对性地开展教育技术培训；另一方面，建立专家服务渠道，除了单向地对农业职业经理人进行知识技能输出，也要充分考虑农业职业经理人在日常生产经营中不定时遇到的问题，农业职业经理人可根据自身遇到的实际问题向专家进行咨询。

第4章　农业职业经理人创业创新行为研究

随着工业化、城镇化进程的不断加快，农业劳动力老龄化和农村“空心化”趋势日益明显，“谁来种田、怎样种田”成为社会各界关注的焦点和热点问题。农业职业经理人是近年来在我国产生和发展起来的一类新型职业农民，其主要依托农民合作社及其他实体（如企业、农场），运用现代经营管理理念和技术，专业从事规模化、集约化农业生产经营，是职业化的经营管理群体（董杰等，2020）。农业职业经理人的产生和发展不仅有效缓解了农业劳动力数量和素质双重下降所带来的农业粗放经营、增长后劲乏力等难题，对于加快农民的分工分业分化、培育和激发农村经济社会发展新动力均具有重要而深远的意义。

总体来看，农业职业经理人发展时间较短，各项工作的推进还处于摸索阶段，仍存在一些薄弱环节和不足之处，主要包括：一是农业职业经理人队伍知识结构还有待优化、创业创新能力亟待提升；二是工作内容仍停留在生产阶段，产后环节的加工、流通、营销等产业链延伸不够，增值有限；三是合作社等经营主体对农业职业经理人创业创新的平台支持作用还未充分发挥，孵化模式和利益联结机制有待完善；四是创业创新的外围环境有待优化，基础设施建设跟不上规模化生产经营需要，资金体系不健全、社会化服务不配套以及技术对接不顺畅等都在一定程度上抑制了农业职业经理人创业创新工作的推进。这些问题已经严重制约了农业职业经理人队伍的进一步提升壮大。

目前相关研究主要集中在农业职业经理人的界定、引入与培育、农业职业经理人作用的发挥机制等（谢琳等，2014；韩文龙和谢璐，2017；Zhang S 等，2020）。已经形成的共识是农业职业经理人在促进经营体系创新，优化合作社内部治理结构，解决农业发展中“谁来种田”和“怎样种田”问题等方面发挥了重要作用（谢琳等，2014；罗必良，2015；孙东升等，2017）。但以下几个问题仍存在争议：从绩效结果来看，大多数学者认为农业职业经理人的发展促进了合作社绩效提升、农民收入增加和政府政策目标实现（罗骏和贺意林，2017；肖端，2015），但也有学者注意到农业职业经理人发展成功的背后是政府的巨额财政补贴，一旦补贴取消，模式能否长效运行令人担忧（马彦丽，2019；尚旭东和韩洁，2016）。从激励机制来看，“固定收益＋分成收益”的利益分配较好地兼顾了农户、农业职业经理人和合作社等多主体的利益（申云和贾晋，2016）。但也有学者指出保障社员收益的目标考核与生存压力的现实挑战会使农业职业经理人扩大高效作物规模、降低粮食经营比重（尚旭东和韩洁，2016）。从创业创新的相关研究文献来看，以大学生或高职群体为主，内容集中在创业创新意愿、策略及影响因素方面，从高校、产业、政府等角度提出促进创业创新的措施（宋傅天，2018；张秀娥等，2017；匡远凤，2018；李邦熹等，2017）。已有研究较少关注农业职业经理人的创业创新行为。

农业职业经理人进行创业创新是政策驱动、还是自发行为？抑或是现有考核激励机制的倒逼？本章将重点探索影响农业职业经理人创业创新的主要因素。已有研究或将农业职业经理人作为一个整体进行研究，或聚焦于特定群体，如土地股份合作社经理人、烟农合作社经理人、家庭农场经理人等，而缺乏对农业职业经理人内部异质性群体的比较研究。因此，本书在考察农业职业经理人创业创新影响因素的同时，将进一步分析不同从业主体、不同经营规模的农业职业经理人创业创新的差异。基于此，本章利用对成都市农业职业经理人的问卷调查数据，采用 Probit 模型和计数模型，分析农业职业经理人创业创新行为及其影响因素，以期在促进农业职业经理人创业创新的路径上做出微探。

4.1 农业职业经理人创业创新的科学内涵

4.1.1 创业创新的内涵

创新这一词语起源于拉丁语，意思是更新、制造新的东西或改变旧的东西，是以新思维、新发明和新描述为特征的一种概念化过程。创新能力是指在前人发

现或发明的基础上，通过自身努力创造性地提出新的发现、发明或者改进改革新方案的能力。

著名的经济学家约瑟夫·阿洛伊斯·熊彼特最早提出创新理论。他认为，创新是经济发展的重要内在因素，是指建立一种新的生产函数，把一种从没有过的关于生产要素和生产条件的新组合引入生产体系。创新活动的载体是创业。创业是指发现某种信息、资源、机会或掌握某种技术，利用或借用相应的平台或载体，将其发现的信息、资源、机会或掌握的技术，以一定的方式和手段，转化并创造出更多的财富和价值，实现某种追求或目标的过程（张书军，2011），是需要创业者对自己拥有或通过努力能够拥有的资源，进行优化整合从而创造出更大经济或社会价值的过程（托合提·艾买提，2015）。创业者和创业家通过独特的方式捆绑资金、人力、程序、技术、材料、设备、包装、分销渠道和其他资源等，在组织中创造价值，在市场中创造价值。

创新与创业相辅相成。具备创新能力是创业的基础和前提，创业则是创新进行的载体，是创新活动的实践、延伸和升华，其过程本身就是应用创新。因此，可以将创业创新组合为一个整体概念进行阐释。

4.1.2　农业职业经理人创新创业的内涵

我国农民创业的属性多为生存型创业，73.6%的农民进行创业的第一目的是改善生活条件和增加收入；而农业职业经理人作为一种新型职业农民，与传统意义上的农民有一定的差异，调查中发现，对于物质报酬、个人情感、发展机会、个人在组织中的作用这四个方面，58.82%的农业职业经理人最看重的是发展机会，仅16.18%的农业职业经理人认为物质报酬是占第一位的。由此可见，农业职业经理人对个人从工作中获得的各种机会较为看重，也更希望工作富有挑战性，因此，在受访对象中，74.22%的农业职业经理人选择进行创业，扩大一定生产规模。

根据现实情况，本章将农业职业经理人创业创新界定为：依托所在组织和经营产业进行生产规模扩张、产业链条延伸或创新收入方式等新的经营管理行为。通过对部分高级农业职业经理人的访谈，结合其日常生产经营行为，具体将农业职业经理人创业创新行为分为研发或引进新品种、产品创新、物流配送、品牌建设、电子商务营销、休闲观光旅游、废弃物资源化利用7种类型。

4.2 农业职业经理人创业创新的现状及面临的问题

本章仍然采用2017年采集的农业职业经理人调研数据进行分析，但考虑到不同产业类型的经营差异，本章仅选择经营种植业的农业职业经理人进行研究，样本总量为184份。

4.2.1 农业职业经理人创业创新的主要途径及动向

熊彼特认为，“创新”是企业家利用新产品、新方法、新市场、新原料和新组织等来创造一种新的组合方式（王娜，2016）。创业行为是个体在能够开发与利用创业机会的基础上，参与了创业实践活动，其本质就是创业资源的获取和整合过程（闫华飞和胡蓓，2014；张玉利和赵都敏，2008）。结合前人对创业创新的内涵界定及调研的实际情况，本章将农业职业经理人创业创新界定为：依托所在组织和经营产业进行生产规模扩张、产业链条延伸或创新收入方式等新的经营管理行为。通过对部分高级农业职业经理人的访谈，结合其日常生产经营行为，本书将农业职业经理人创业创新行为具体分为研发或引进新品种、产品创新、物流配送、品牌建设、电子商务营销、休闲观光旅游、废弃物资源化利用和其他共8种类型。从图4－1可知，大多数农业职业经理人愿意拓展新业务，但从行为与

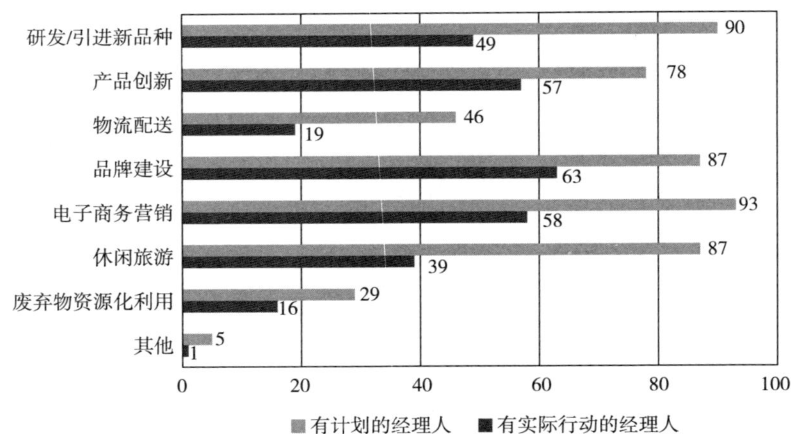

图4－1 农业职业经理人新业务计划拓展与实际开展对比

意愿对比来看，实际拓展的新业务与意愿存在较大差距，表明农业职业经理人创业创新时面临一些困难和“瓶颈”。

在创业意愿方面，我们将创业分为两类，即简单在原有产业的基础上扩大一定规模以及较为复杂的创新创业，如延长产业链、建设自有品牌等。两项的结果均表达出农业职业经理人强烈的创业意愿，愿意进行创业的都超过了70%，愿意进行较为复杂的创新而不只是扩大规模的甚至超过87%。在愿意进行较为复杂的创业行为的农业职业经理人中，问卷设置了你最愿意创业的三个方面，其中频数最多的三种依次是产品加工、品牌建设和电子商务的加入，如表4－1所示。

表4－1 农业职业经理人创业的意愿 单位:%

统计量	类别	频数	占比	统计量	类别	频数	占比
扩大现有产业规模	愿意	167	74.22	最愿意创业的三个方面	产品加工	106	47.11
	不愿意	58	25.78		品牌建设	92	40.89
进行除扩大规模外的其他创业	愿意	196	87.11		电子商务	82	36.44
	不愿意	29	12.89		休闲旅游	66	29.33
					其他	61	27.11

4.2.2 农业职业经理人创业创新面临的主要问题及成因

从制约农业职业经理人创业创新的影响因素来看，有174名农业职业经理人选择了“资金不足”，相对占比32.95%，其次是106名农业职业经理人选择了“缺乏技术”，相对占比20.08%。另外，“基础设施不完善”和“劳动力不足”也占了一定比例，这表明除了普遍的资金、技术问题，基础设施不完善以及农村可用劳动力缺乏越来越制约农业发展。从最需要的创业支持来看，选择“资金”的农业职业经理人最多，占比57.33%，其次是“技术”和“基础设施完善”分别占比14.67%和13.33%，这表明大多数农业职业经理人面临资金缺乏的困境；而从获取资金来源来看，180名农业职业经理人选择了“自有资金”（相对占比37.27%），其次是122名农业职业经理人选择了“银行贷款”，也有92名农业职业经理人希望通过政府补贴获取资金，但是超过60%的农业职业经理人认为银行贷款存在较大困难（见表4－2）。

表4－2　农业职业经理人创业创新面临困难统计　　单位：%

<table>
<tr><th>统计量</th><th>类别</th><th>样本数</th><th>占比</th><th>统计量</th><th>类别</th><th>样本数</th><th>占比</th></tr>
<tr><td rowspan="7">制约创新的因素</td><td>资金不足</td><td>174</td><td>32.95</td><td rowspan="6">最需要哪方面的支持</td><td>资金</td><td>129</td><td>57.33</td></tr>
<tr><td>技术缺乏</td><td>106</td><td>20.08</td><td>技术</td><td>33</td><td>14.67</td></tr>
<tr><td>劳动力不足</td><td>54</td><td>10.23</td><td>基础设施完善</td><td>30</td><td>13.33</td></tr>
<tr><td>当地创业氛围不佳</td><td>19</td><td>3.60</td><td>市场环境改善</td><td>11</td><td>4.89</td></tr>
<tr><td>创业手续过于繁琐</td><td>39</td><td>7.39</td><td>市场营销</td><td>21</td><td>9.33</td></tr>
<tr><td>基础设施不完善</td><td>93</td><td>17.61</td><td>其他</td><td>1</td><td>0.44</td></tr>
<tr><td>市场环境不佳</td><td>43</td><td>8.14</td><td></td><td></td><td></td><td></td></tr>
<tr><td rowspan="5">资金来源</td><td>自由资金</td><td>180</td><td>37.27</td><td rowspan="5">银行贷款难易度</td><td>很不容易</td><td>81</td><td>36.00</td></tr>
<tr><td>银行贷款</td><td>122</td><td>25.26</td><td>较不容易</td><td>61</td><td>27.11</td></tr>
<tr><td>政府补贴</td><td>92</td><td>19.05</td><td>一般</td><td>53</td><td>23.56</td></tr>
<tr><td>股权融资</td><td>29</td><td>6.00</td><td>较容易</td><td>22</td><td>9.78</td></tr>
<tr><td>个人投资者及其他</td><td>60</td><td>12.42</td><td>很容易</td><td>8</td><td>3.56</td></tr>
</table>

结合前人研究和课题组的实地调查结果，进一步对农业职业经理人创业创新面临困难的成因进行分析。一是农业职业经理人知识结构欠缺较多，对工作的要求（如政策了解、传统经验、管理技术）较高，难以匹配；二是针对农民的培训水平往往较低，针对农业职业经理人的培训则往往过于理论化，理论与实践结合的重担落在农业职业经理人身上，市场意识较弱，创新意愿与创新能力不协调；三是由于农业职业经理人与合作社、社员间的风险分担不成熟，社员的权利往往能得到很好的保障，却加大了农业职业经理人肩上的压力（如最低保障金），多重不确定性风险（市场风险、自然风险等）叠加，易使农业职业经理人，尤其是资金储备较少的农业职业经理人难以迈出第一步；四是农田基础设施、农产品产后处理及粗加工、合作社内部运行机制的成熟度等都是对农业职业经理人创业的考验。

4.3　创业创新行为研究模型及变量确定

4.3.1　创业创新意愿与力度研究模型

农业职业经理人的创业创新行为是一个复杂的决策过程，可将该过程分为两个阶段进行识别，即创业创新意愿和创业创新推进力度。意愿是指农业职业经理人是否愿意开展创业创新活动。推进力度体现的是开展了创业创新的农业职业经理人具体开展了多少项创业创新活动。

4.3.1.1　创业创新意愿——Probit 模型

创业创新意愿的因变量选择农业职业经理人是否愿意在已有基础上开展创业创新活动，属于 0 ~ 1 的变量，故采取 Probit 模型。模型的基本形式为：

$$y_w^* = \beta'_w X_{wi} + \varepsilon_{wi},\ i = 1,\ 2,\ 3,\ \cdots,\ n \tag{4-1}$$

其中，y_w 表示农业职业经理人创业创新意愿，β'_w 表示参数向量，X_{wi}表示创业创新意愿影响因素，$\varepsilon_{wi} \sim N(0,\ \sigma^2 I)$，即观测样本相互独立且具有正态误差。

4.3.1.2　创业创新力度——Poisson 模型

假设农业职业经理人的创业创新活动之间是同质的，因此才能用个数加总表示；创业创新活动的数量越多，创业创新力度越大，越有利于促进农业职业经理人所在组织的发展。被解释变量选择其创业创新的活动个数，为计数变量，本章选择计数模型（Count Model）来进行分析。计数模型通常有泊松模型和负二项模型两种，如果样本中含零较多时，还要进行零膨胀检验和处理。

泊松分布的密度函数和回归模型基本形式分别为：

$$\Pr(Y = y_l) = p(y_l) = \frac{e^{-\lambda}\lambda^{y_l}}{y_l!} \tag{4-2}$$

$$\ln(\lambda_i) = X_{li}\beta_l = \sum_{k=0}^{k} \beta_{lk} x_{lik} \tag{4-3}$$

其中，y_l 表示创业创新活动个数，λ_i 表示泊松分布的期望值，也是方差。X_{li}表示创业创新力度影响因素，β_l 表示待估参数。

该模型假设 y_{li} 的条件均值等于条件方差，当观测数据 y_{li} 分布过于离散时，将难以满足该假设。此时，就适宜采取对观测数据 y_{li} 分布要求松散的负二项模型。通常用似然比检验来判断究竟采用哪一种形式，如果 P > 1.96，说明存在过度离散情况，选择负二项模型比泊松模型效果好（Hilbe J. M.，2014）。通常用 Vuong 检验来判断观测数据 y_{li} 是否存在零膨胀，如果统计性显著，说明存在零膨胀情况，就必须采用零膨胀泊松模型或者零膨胀负二项模型进行处理（Vuong Q. H.，1989）。

4.3.2 创业创新行为及影响因素变量设定

基于对部分农业职业经理人工作内容和范畴的深度访谈，并参考已有关于创业创新工作影响因素的研究，本章将农业职业经理人创业创新的影响因素归结为四个方面：农业职业经理人个体特征、所在组织特征、经营产业特征和创业创新环境特征，考虑到意愿和力度分属创业创新行为的两个不同阶段，所以两个模型的变量不完全一样。具体变量选取及描述性统计如表 4－3 所示。

表 4－3 模型变量说明及统计性描述

变量名称	符号	变量定义	最小值	最大值	均值/比例	标准差
被解释变量						
创业创新意愿	willing	有意愿 =1；没有 =0	0	1	87.00%	0.338
创业创新行为	behavior	创业创新活动个数	0	7	1.658	1.466
解释变量						
个体特征变量						
性别	gender	男 =1；女 =0	0	1	82.10%	0.385
农耕经历	farming	年	0	40	17.522	10.02
文化程度	educate	小学及以下 =1；初中 =2；高中 =3；大学 =4；硕士及以上 =5	1	5	2.924	0.859
主要身份：						
村干部	vil_ cadre	村干部 =1；其他 =0	0	1	7.10%	0.257
返乡农民工	mig_ worker	返乡农民工 =1；其他 =0	0	1	6.50%	0.248
种植大户	large_ hou	种植大户 =1；其他 =0	0	1	72.30%	0.449
风险态度	risk	风险规避 =1；风险中立 =2；风险喜好 =3	1	3	2.190	0.726

续表

变量名称	符号	变量定义	最小值	最大值	均值/比例	标准差
家庭收入	income	万元	5	45	28. 261	12. 641
任职年限	tenure	年	1	20	3. 995	2. 446
是否有中高级职称	job_ title	有 =1；没有 =0	0	1	22. 30%	0. 417
组织特征变量						
组织类型：						
合作社	coo_ tive	合作社 =1；其他 =0	0	1	45. 10%	0. 499
家庭农场	fam_ farm	家庭农场 =1；其他 =0	0	1	46. 20%	0. 500
农业企业	agr_ ente	农业企业 =1；其他 =0	0	1	8. 70%	0. 283
组织机构建设	org_ stru	五级	1	5	2. 929	1. 097
组织制度建设	org_ inst	五级	1	5	3. 049	1. 098
基础设施建设	inf_ ture	五级	2	5	3. 924	0. 878
与竞争者的实力比较	com_ ability	五级	1	5	3. 620	0. 968
产业特征变量						
经营规模	scale	亩（取对数）	0. 301	3. 653	2. 244	0. 616
产业产值	out_ value	万元（取对数）	0	3. 079	1. 843	0. 568
单位成本	unit_ cost	千元/亩	0. 075	90	8. 657	18. 207
单位利润	unit_ prof	千元/亩	-2. 5	90	4. 965	10. 898
环境特征变量						
政策认知程度	pol_ perc	五级	1	5	2. 696	0. 972
文化环境	cul_ envi	五级	1	5	3. 620	0. 939
资金支持体系	fin_ envi	五级	1	5	3. 060	1. 141
自有资金	sel_ funds	自有资金 =1；其他 =0	0	1	80. 40%	0. 398
融资贷款	loan	融资贷款 =1；其他 =0	0	1	70. 10%	0. 459
政府补贴	gov_ subs	政府补贴 =1；其他 =0	0	1	41. 80%	0. 495
自有技术	own_ tech	自有技术 =1；其他 =0	0	1	20. 70%	0. 406
付费技术	paid_ tech	付费技术 =1；其他 =0	0	1	53. 80%	0. 50
公益性技术	free_ tech	公益技术 =1；其他 =0	0	1	50. 50%	0. 501

4.4 农业职业经理人创业创新行为影响因素分析

4.4.1 模型估计

本章利用 Stata/SE16.0 进行计量分析。结果显示：Probit 模型对数似然比为 -33.424，Wald 统计量在 1% 的水平上显著，说明模型总体拟合效果较好，如表 4-4 第 2 列所示。负二项模型对数似然比为 0.000，小于 1.96，$Prob \geq chibar^2 = 0.500$，表明不存在过离散分布情况，即泊松模型要优于负二项模型。再对泊松回归模型进行零膨胀检验，Vuong 检验值为 $Pr > z = 0.500$，不显著，说明不存在零膨胀。最终选择泊松回归模型进行分析，如表 4-4 第 4 列所示。由于调研数据为截面数据，为防止异方差，模型均采用稳健标准误回归。

表 4-4 农业职业经理人创业创新意愿及行为模型回归结果

创业创新意愿模型（Probit）		创业创新行为模型（Poisson）	
变量	系数（标准误）	变量	系数（标准误）
个体特征变量		个体特征变量	
gender	-2.015*** (0.634)	educate	-0.293*** (0.084)
educate	0.091 (0.241)	risk	0.179** (0.077)
risk	0.139 (0.240)	farming	-0.017*** (0.006)
vil_ cadre	-1.048* (0.636)	vil_ cadre	0.184 (0.254)
mig_ worker	-1.214** (0.590)	mig_ worker	0.872*** (0.176)
income	0.046*** (0.016)	income	0.014** (0.006)
组织特征变量		tenure	0.050*** (0.017)
inf_ ture	-0.475** (0.218)	job_ title	0.338*** (0.130)
org_ inst	-1.026*** (0.267)	组织特征变量	
com_ ability	0.455** (0.191)	org_ stru	-0.133** (0.056)
产业特征变量		inf_ ture	0.113* (0.060)
scale	1.837*** (0.433)	com_ ability	0.161** (0.073)
unit_ cost	-0.071*** (0.020)	产业特征变量	
unit_ prof	0.278*** (0.091)	scale	-0.527*** (0.139)

续表

创业创新意愿模型（Probit）		创业创新行为模型（Poisson）	
变量	系数（标准误）	变量	系数（标准误）
环境特征变量		out_ value	0.321 * （0.165）
pol_ perc	0.291（0.231）	unit_ cost	-0.007 * （0.004）
cul_ envi	0.298（0.245）	环境特征变量	
fin_ envi	0.105（0.244）	pol_ perc	0.107（0.076）
loan	0.736 ** （0.338）	cul_ envi	0.121 * （0.067）
gov_ subs	0.988 ** （0.389）	fin_ envi	0.156 ** （0.070）
paid_ tech	1.462 *** （0.556）	own_ tech	-0.341 ** （0.143）
free_ tech	-0.071（0.487）	free_ tech	-0.054（0.116）
常数项	-1.545（2.224）	常数项	-0.734（0.628）
样本量	184	样本量	160
Waldchi^2（19）	44.25 ***	Waldchi^2（19）	142.12 ***
伪 R^2	0.531	伪 R^2	0.132
伪对数似然比	-33.424	伪对数似然比	-230.191

注：***、** 和 * 分别表示在 1%、5% 和 10% 的水平上显著。

4.4.2　结果分析

4.4.2.1　农业职业经理人创业创新意愿的影响因素分析

从个体特征来看，与男性相比，女性农业职业经理人创业创新的意愿更低，原因除了女性要承担更多家务劳动、社会舆论的误解以及市场竞争不规范等，还有农业生产经营本身对从业者的身体素质有更高要求。与种植大户相比，村干部和返乡农民工身份的农业职业经理人创业创新意愿更弱，因为种植大户具备规模优势，在业务拓展时成本更低。与蔡颖和赵宁（2014）对大学生创业意愿的研究结果相反，家庭收入对经理人创业创新意愿有显著的正影响，与大学生“穷则思变”的动机不同，农业产业周期长、投资大的特质决定了以农业为基础的创业创新需要大量资金支持，能从家庭获得资金支持可以缓解经理人的资金约束。

从组织特征来看，组织的规章制度资料越详尽，农业职业经理人的创业创新意愿越弱，规章制度通过章程等对农业职业经理人的权责分配、利益关系、对外合作等进行规范，详尽的规章制度虽然有利于农业职业经理人和组织之间的关系明晰化，但同时也对农业职业经理人的行为限制更严格，降低了农业职业经理人的经营灵活性，导致其创业创新意愿不强。组织实力越强，创业创新意愿也越强，因为实力越强的组织能为农业职业经理人提供更好的市场条件，更能激发其创业创新的意愿。

从产业特征来看，产业规模和盈利对创业创新意愿有显著正影响；产业成本对创业创新意愿有显著负影响。农业职业经理人经营产业的成本越低、利润越高，产业盈利能力就越强，能为农业职业经理人创业创新积累资金；同时，产业规模越大，越容易获得正规金融支持，也与政府规模经营的政策目标相契合，容易获得政策支持。

从环境特征来看，与自筹资金相比，能获取贷款和政府补贴的农业职业经理人创业创新意愿更强，因为通过银行贷款能获取的资金更多，对创业创新支持更大；同时，能取得贷款的农业职业经理人往往信誉更高、社会资本更广，能获取更多资源。与自我摸索相比，依托付费技术的农业职业经理人创业创新意愿更强，因为付费技术提供的关键技术、特色技术和盈利性技术能给农业职业经理人带来更多预期收益。

4.4.2.2　农业职业经理人创业创新行为的影响因素分析

从个体特征来看，越偏好风险的农业职业经理人创业创新类型越多，因为这些农业职业经理人更具胆识、更有冒险精神、更能抓住市场机会。文化水平对创业创新行为有显著负影响，因为文化程度越高的农业职业经理人越有可能将产业做精做深，不太可能走贪大求全的发展路径；家庭收入对创业创新行为有显著正影响，因为家庭收入越高，能提供的资金支持越大。与种植大户相比，返乡农民工身份的农业职业经理人创业创新类型更多，因为外出务工使他们见识更广、思路更开阔、更加敢想敢为。任职年限对创业创新行为有显著正影响，因为任职时间越长，对单位环境也就越熟悉，越能积累经营管理经验和社会资本。有中高级职称的农业职业经理人创业创新的类型越多，能评上职称的农业职业经理人能力越强，且他们往往在相关协会或单位兼职，拥有更多社会资本。

从组织特征来看，基础设施建设情况和竞争实力对农业职业经理人创业创新行为有显著正影响，机构设置完整情况有显著负影响。因为完善的道路交通等基础设施能够为机械化规模化经营提供便利，节省创业创新成本。实力越强的组织拥有更好的基础和更多的资源，因此农业职业经理人创业创新的类型越多。组织机构建设越完整对创业创新行为越不利，可能的原因是设置的部分机构并不能提高组织运行效率反而增加了运行成本，因此不利于农业职业经理人进行创业创新。

从产业特征来看，经营规模对创业创新行为有显著负影响，因为规模越大涉及越多利益相关者的利益诉求，同时，规模越大风险也越大，农业职业经理人在决策时会产生更多顾虑。单位成本对创业创新有显著负影响、产业产值对其有显著正影响，因为经营产业是农业职业经理人农业经营能力的综合体现，能将成本控制得更低、产值经营越高的农业职业经理人综合素质越强，在农业创业创新中越具优势。

从环境特征来看，地区创业创新氛围和资金支持体系对创业创新行为有显著正影响，因为宏观文化氛围对农业职业经理人创业创新起着基础导向作用，良好的融资环境能够显著降低农业职业经理人创业创新的资金约束。与付费技术相比，依靠自有技术的农业职业经理人创业创新类型更少，因为技术创新需要投入大量智力与资源，个人探索与专业技术供给机构相比在智力支持和资源整合等方面都不具备优势。

4.4.3　进一步讨论

上述分析中发现经营规模对农业职业经理人创业创新意愿有显著正影响，但对行为却存在显著负影响，考虑到农业职业经理人群体内部异质性，本章进一步考察了不同组织类型和不同产业规模的农业职业经理人创业创新行为差异。在不同组织类型子模型中，由于来自农业公司的样本过少（16 个），本章只对比了合作社与家庭农场的农业职业经理人。在不同规模子模型中，本章将规模处于中位数水平以下的划分为小规模，反之为大规模，如表 4 – 5 所示。

表 4 – 5　不同组织和规模农业经理人创业创新行为模型回归结果

变量	合作社	家庭农场	小规模	大规模
个体特征变量				
educate	−0.380** (0.150)	−0.155 (0.112)	−0.198 (0.138)	−0.407*** (0.133)
risk	0.149 (0.167)	0.184* (0.100)	0.136 (0.102)	0.218 (0.138)

续表

变量	合作社	家庭农场	小规模	大规模
farming	-0.028** (0.011)	-0.013 (0.009)	-0.019** (0.008)	-0.012 (0.009)
vil_ cadre	0.113 (0.305)	0.047 (0.445)	-0.039 (0.289)	0.543* (0.328)
mig_ worker	0.484 (0.296)	1.110*** (0.321)	0.791** (0.333)	0.956*** (0.210)
income	0.009 (0.010)	0.019* (0.011)	0.023*** (0.009)	0.016 (0.010)
tenure	0.076 (0.055)	0.065*** (0.022)	0.069** (0.029)	0.093** (0.040)
job_ title	0.205 (0.288)	0.355** (0.164)	0.504*** (0.184)	0.274 (0.230)
组织特征变量				
org_ stru	0.032 (0.101)	-0.173** (0.084)	-0.140 (0.101)	-0.058 (0.081)
inf_ ture	0.176 (0.127)	0.152* (0.078)	0.103 (0.075)	0.153 (0.100)
com_ ability	0.081 (0.127)	0.149 (0.105)	0.178 (0.111)	0.166 (0.107)
产业特征变量				
scale	-0.249 (0.266)	-0.823*** (0.231)	—	—
out_ value	0.469* (0.283)	0.208 (0.220)	-0.336** (0.170)	0.378** (0.190)
unit_ cost	-0.005 (0.016)	-0.010** (0.004)	-0.003 (0.003)	-0.059 (0.046)
环境特征变量				
政策认知程度	0.255** (0.107)	0.174 (0.110)	0.102 (0.112)	0.092 (0.119)
pol_ perc	0.307** (0.147)	0.108 (0.098)	-0.078 (0.093)	0.225** (0.109)

续表

变量	合作社	家庭农场	小规模	大规模
cul_ envi	0.189* (0.113)	0.103 (0.114)	0.039 (0.120)	0.289*** (0.092)
fin_ envi	-0.177 (0.294)	-0.379** (0.190)	-0.316 (0.208)	-0.286 (0.209)
own_ tech	0.081 (0.230)	0.040 (0.156)	-0.201 (0.222)	-0.114 (0.168)
常数项	-2.922** (1.285)	-0.571 (0.928)	0.094 (1.079)	-3.418*** (1.080)
样本量	69	75	71	89
Wald chi^2 (19)	72.90***	111.37***	64.87***	116.27***
伪 R^2	0.125	0.150	0.123	0.161
伪对数似然比	-91.543	-112.467	-106.461	-118.005

注：***、**和*分别表示在1%、5%和10%的水平上显著。

4.4.3.1　不同组织的农业职业经理人创业创新影响因素差异分析

总体而言，个体特征、组织特征和产业特征对合作社农业职业社经理人影响不明显，但对家庭农场农业职业经理人有显著影响；反之，环境特征变量对合作社农业职业经理人有显著影响，但对家庭农场农业职业经理人的影响不显著。表明家庭农场农业职业经理人的创业创新主要是基于农业职业经理人个人阅历的自发行为，同时规模过大和组织建设过于复杂对家庭农场农业职业经理人创业创新有阻碍作用。而合作社农业职业经理人主要受政策因素驱动，尤其是对政策的认知、宏观氛围的引导和资金支持体系对其创业创新影响更明显。一方面，家庭农场组织结构和管理简单，总体上农场农业职业经理人进行创业创新的自主权较高，对获得的收益有明确的预期。但合作社农业职业经理人和组织存在委托代理关系，只能获得创业创新总收益的一部分，在缺乏良好激励机制的情况下，其创业创新的内在动力不足。另一方面，基于农民合作社在组织带动农户、利益分享照顾小农以及发展规模经营等方面的特殊优势，其发展受更多的政策支持，自然在这种政策激励的情境下，合作社农业职业经理人会借助政策优势进行创业创新。

4.4.3.2 不同规模的农业职业经理人创业创新影响因素差异分析

个体特征对小规模农业职业经理人的影响较为显著；环境特征对大规模农业职业经理人的影响更显著。具体而言，农耕经历、家庭收入和是否拥有中高级职称对小规模农业职业经理人有显著影响，但对大规模农业职业经理人影响不显著；文化程度、文化环境、资金支持体系对大规模农业职业经理人有显著影响，但对小规模农业职业经理人影响不显著。表明小规模农业职业经理人的创业创新行为更多受自身资源禀赋和职业经历的影响，而大规模农业职业经理人则主要受环境因素的影响，受政府鼓励规模化经营的政策驱动。进一步分析，小规模生产经营灵活、风险相对较低，对资金、政策支持的需求也不如大规模经营强烈，因此，其创业创新更多受个体特征的影响。大规模农业生产经营在技术水平、生产组织、风险管控等方面有更高的要求，而从创业创新类型比对也发现，大规模农业职业经理人选择产品创新、品牌建设和研发引进新品种的概率更高，这些创业类型都需要更多资金支持，更高的技术含量，因此，农业职业经理人对技术、资金、政策等方面的需求更强烈。

4.5 本章小结

本章基于成都市 184 份农业职业经理人的调研数据，运用 Probit 模型和 Poisson 模型分别分析了影响农业职业经理人创业创新意愿和创业创新力度的主要因素，为促进农业职业经理人创业创新、推进农业职业经理人队伍培育和充分发挥农业职业经理人在农业产业经营中的引领示范作用提供了实证依据。

研究结果表明：①从整体来看，农业职业经理人创业创新意愿较为强烈，大多数农业职业经理人在实践中开展了创业创新业务，其中电子商务营销、品牌建设等业务是农业职业经理人创业创新意愿强烈且付诸行动最多的类型。②个体特征和环境因素是影响农业职业经理人创业创新的主要原因，即农业职业经理人创业创新是个体自发行为和政府政策驱动的综合结果。具体来看，个体特征中农业职业经理人身份、家庭收入是主要影响因素；而融资政策、技术支持是政策驱动的主要因素，但经营主体的规章制度建设及机构设置对农业职业经理人创业创新有显著负影响，主体发展不规范和制度设计不实际是背后的重要原因。③进一步

分析发现，在不同组织形式、不同规模条件下，农业职业经理人创业创新存在显著差异。合作社与大规模农业职业经理人群体创业创新行为主要受政策驱动，农场与小规模农业职业经理人则更多的是受个体资源禀赋与职业经历的影响。政府政策对合作社的支持与规模经营的政策导向是合作社和大规模农业职业经理人进行创业创新的重要原因。

基于以上结论，提出如下政策建议：

第一，进一步优化农业创新创业政策支持导向和重点。现有关于农业创新创业的支持重点仍停留在传统生产端的产业支持、技术培训等内容上，但研究已经证明农业职业经理人更需要在品牌建设、电子商务和产品创新领域开拓创新。因此，今后政策导向应结合农村三产融合与新产业新业态发展的大背景，更注重对电子商务、农旅融合等关键产业的支持。此外，地方政府还可以结合本地农情，注重创业意愿与本地产业的结合，出台支持创业主体创新创业的目录清单，引导农业创业创新活动的开展。

第二，进一步提升农业职业经理人的发展平台。应进一步提升农业职业经理人的综合素质，提高其创业创新的内在动力和能力。一方面，应重视农业职业经理人的培训教育工作，除了每年开展相关的短期培训之外，还应鼓励涉农院校设立面向农业职业经理人的学历教育，就创业创新设立专门的课程，建立创业创新辅导团队，不断优化农业职业经理人的知识结构；另一方面，建立区域农业职业经理人交流平台，通过行业协会内部交流、组织外出考察学习等形式，促进农业职业经理人拓展社会资本，增强资源整合能力。此外，应进一步出台合作社、家庭农场等组织引入农业职业经理人的指导意见，鼓励其优化内部治理结构，稳固农业职业经理人创业创新的组织基础。

第三，分类指导农业职业经理人创业创新活动。现阶段，对于小规模经营以及家庭农场的农业职业经理人，应鼓励其依托生产基地开展休闲观光等产业，支持其配套开展科普教育、亲子活动等业务，实现小而精的经营。对于大规模经营或合作社、企业的农业职业经理人，应鼓励其在高新技术的引进，农村实用性技术的开发，能够辐射更多范围的电子商务平台的搭建，在产品创新、品牌建设等方面创新创业，应集中给予资金、政策的支持。同时，在农业职业经理人的创新成果认定、创业带动效果评估等方面，给予大规模经营群体以更多的精神奖励，这将起到积极的推动作用。

第四，优化农业职业经理人创业创新外围环境。在现有农业职业经理人支持政策基础上，进一步完善农业职业经理人创业创新的资金支持体系，尤其是融资贷款支持环节，要落实农业职业经理人持证贷款等政策措施，鼓励金融机构创新金融产品，适当放松对农业职业经理人的贷款抵押物限制。做好农业职业经理人的技术对接工作，促进其与科研院校的技术对接，完善技术对接的后续服务，为农业职业经理人创业创新提供技术保证。同时，健全农业职业经理人医疗社保制度，解除其创业创新的后顾之忧。积极营造促进创业创新的文化氛围，激发农业职业经理人创业创新活力。

第5章 合作社聘用农业职业经理人的决策行为分析

自2007年我国颁布实施《农民专业合作社法》以来，农民合作社的数量不断增加，截至2020年11月底，全国农民合作社数量达224.1万家。合作社初步构建了成员大会—理事会—监事会的治理结构，采用民主管理的形式，解决了农产品“卖难”等问题，成为我国农业经济发展中一种新的组织形式和连接“小农户”与“大市场”的组织平台（郑丹和王伟，2011）。然而，在数量增加的同时，合作社的经营质量却普遍不高（张晓山，2009；陈江华等，2015）。一方面，“空壳社”“挂牌社”等本身存在；另一方面，“领办人”综合素质不高、内部管理机制不健全、社会服务体系支撑力度不够、高度分散的小农户整合难等矛盾和问题客观存在。另外，从农业发展外部环境来看，随着“互联网+”时代的到来和农业一二三产业的逐步融合，合作社还面临着业务范畴不断增多、经营手段要求变革、与其他市场主体同台竞技压力增大等严峻形势，合作社的发展亟待从量的扩张向质的提升转变。因此，合作社要提高经营管理质量，拥有职业化的经理人成为必然选择。

但从现实情况来看，尽管很多农民合作社已经引入了现代企业制度，设置了理事会、监事会、会员大会等机构，但其并未同步引入职业经理人制度。欧亚（2014）、李志荣（2011）、程波（2015）指出，合作社缺乏引入职业经理人的意识，经济实力不强、引入成本较高；还有一些研究指出培育与考核方式不全面，当地有经验的干部和技术熟练的官员担任职业经理人会带来寻租等问题（程巍，2011；Sultan，2011）。颜永才和陆文娟（2015）提出合作社是否引入职业经理人受到宏观环境、合作社本身和职业经理人等层面的综合影响。

本章基于农民合作社视角，研究合作社在什么条件下会聘用农业职业经理人。同时，由于聘用农业职业经理人对合作社来讲是一把“双刃剑”，聘用能否带来预期的效果一方面取决于需求方合作社的因素，另一方面也取决于供给方农业职业经理人的因素。因此，本章还将基于农业职业经理人供需双向视角，对合作社聘用农业职业经理人的决策行为进行剖析，系统探讨合作社引入农业职业经理人的相关问题，希望能对合作社建立农业职业经理人制度、完善合作社内部治理结构、提高合作社收益具有一定的借鉴意义。

5.1 合作社聘用农业职业经理人的决策理论基础

5.1.1 成本收益理论

成本收益理论是与市场经济相对应的产物。在市场经济条件下，如果企业的所有者不能亲自经营企业，就会找人代理，这时委托人购买的是代理人的服务与管理才能，但由于代理人具体管理着企业，掌握着比委托人更多的信息，从而有条件凭借这个优势来获得更多的私人利益，由此造成委托人的损失。在公司治理中，理想设计与实际结果之间存在事实上的“代理成本”。为了更好地追求与维护自身利益，就必须考虑如何激励、制约代理人的问题，从而尽量降低因经营者追求私利行为给企业造成的损失，达到提高企业效益的目的。这就是委托代理关系中为什么必须考虑成本与效益的根本原因。从纯经济学角度来看，收益大于成本的预期是人们行为的基本出发点，因而是人类社会的首要理性原则。

成本收益理论对于合作社引用农业职业经理人提供了较为恰当的理论依据。因为合作社聘用农业职业经理人的出发点是提高合作社收益。同时聘用农业职业经理人不可避免地要支付一定的报酬，当合作社为农业职业经理人支付的报酬小于合作社因为聘请农业职业经理人带来的边际收益时，则合作社聘用农业职业经理人是有效率的。基于此，本章进行合作社引入农业职业经理人的成本收益分析，进一步从成本收益角度探讨合作社引入农业职业经理人的利弊。

5.1.2 委托代理理论

委托代理理论是指一个或多个行为主体根据一种明示或隐含的契约，指定、

雇用另一些行为主体为其服务，同时授予后者一定的决策权利，并根据后者提供的服务数量和质量对其支付相应的报酬。授权者就是委托人，被授权者就是代理人。委托代理关系起源于“专业化”的存在。当存在“专业化”时就可能出现一种关系，在这种关系中，代理人由于相对优势而代表委托人行动。现代意义的委托代理的概念最早是由罗斯提出的，如果当事人双方其中代理人一方代表委托人一方的利益行使某些决策权，则代理关系就随之产生。

在合作社治理结构中，合作社是委托方，农业职业经理人则为代理人。由于我国农业生产正向集约化、规模化、智能化转型。农业生产经营的“专业化”逐渐凸显，合作社引用“能生产、懂经营、会管理”的农业职业经理人必要性加强。合作社聘用农业职业经理人考核过程虽然没有企业聘用职业经理人的复杂，农业职业经理人的日常工作也没有企业职业经理人繁杂，但农业市场的脆弱性和特殊性使得合作社聘用相关专业人才负责合作社日常经营也较为重要。

5.1.3 合作经济理论

一般情况下，“合作经济”指“合作社经济”。在马列主义经典著作中，在我国《宪法》和《共同纲领》的条文规定中，都称“合作社经济”。合作经济制度是社会主义制度的重要形式之一，合作制是劳动群众联合起来，通过互助合作，发展生产力，反对剥削，谋求共同富裕。

现阶段我国城市化增长率相比前两年有所下滑，随着我国人口红利的逐渐消失和即将面临跨越的“中等收入陷阱”，有相当一部分农民工“返潮”。四川属于劳工输出大省，有相当多的村子都是“空心村”，土地大量闲置。同时，除三州之外，四川大部分地区属于亚热带湿润或半湿润气候，适宜柠檬、柑橘、枇杷等水果的生长，为四川的合作社经济提供了得天独厚的条件。农民工在外打工积累了一定的管理经验以及提升了市场嗅觉的敏锐度，回乡创立合作社进行农产品规模经营。此外，四川省对于合作社、家庭农场等新型农业经营主体给予大量的政策支持。因此，合作经济理论不仅为提升农业资源的合理利用，实现土地、资本、劳动等生产要素投入的最优组合提供了理论依据，而且还对实现农民增收，加速推进现代农业进程具有一定的现实意义。

5.1.4 择业动机理论

合作社的差异造成了农业职业经理人对择业动机的比较。通常情况下，农业职业经理人对择业动机评估主要取决于职业效价，即农业职业经理人的价值观和对于合作社的职业要素评估。经过调研发现，成都市农业职业经理人的价值观差别较大，取决于农业职业经理人的学历、职务等个体因素；男性农业职业经理人和女性农业职业经理人之间也存在一定的差异。对于职业要素的评估，则取决于所服务的合作社区位因素及工作环境、农业职业经理人与理事长、社员的关系以及工资待遇等要素的评估。因此，择业动机理论是从农业职业经理人供给的角度提出了合作社引用农业职业经理人的参考条件，为本章的实证分析提供了理论基础。

5.2 合作社引入农业职业经理人概况

5.2.1 研究区域概况及数据来源

成都位于四川中部地区，属于四川盆地盆底平原，是成都平原的腹心地带，土质肥沃、气候温和、灌溉条件良好，适合种植多种作物，为农业生产提供了得天独厚的条件，成都因此成为全省乃至全国重要的优势农业生产区。近年来，成都市创新农业经营体系，培育新型经营主体，推进城乡统筹综合改革，取得了显著的成效。截至 2016 年 9 月，成都市登记注册农民专业合作社 7960 家。农业职业经理人制度是成都的一项重要农业制度创新，发端于 2010 年崇州探索的“土地股份合作社 + 职业经理人 + 社会化服务体系”模式，在不断推进中形成了从选拔、培训、颁证到考核的农业职业经理人全程培育、管理制度，也出台了一系列扶持支持政策措施。

本章采用数据来源于 2016 年课题组对合作社的调研数据。调研涉及成都市下辖 6 个县区（市）（见表 5 - 1），其中崇州市、金堂县、蒲江县、邛崃市四个国家级或省级农业职业经理人试点县，同时选取龙泉驿和青白江区两个特色农产品产区。调研共计 42 个乡镇、230 家合作社，调研对象以理事长、副理事长为主。通过实地调研收集了样本地区农民合作社负责人基本情况、合作社基本情况、对于聘请农业职业经理人的认知及意愿、政策诉求等方面的信息。

表 5－1　样本地区分布　　单位：份，%

区县名称	龙泉驿区	青白江区	金堂县	蒲江县	邛崃市	崇州市
地形	丘陵	平原	丘陵	丘陵	平原	平原
样本数量	37	50	42	28	30	43
比例	16	22	18	12	13	19

5.2.2　农民合作社的基本特征

5.2.2.1　合作社的理事长特征

对合作社理事长人口学特征（性别、年龄结构、文化程度、是否兼任其他职务）进行分析发现（见表 5－2），合作社理事长多为男性，占比为 77.4%。从年龄结构来看，超过一半的理事长年龄集中在（41，55］岁，说明理事长多以壮年为主；从文化结构来看，具有初中、高中或中专文化水平的合作社理事长较多，分别占比为 39.9% 和 49.5%，本科学历以上的理事长所占比例只有 8.0%，说明理事长整体文化程度依然不高；合作社理事长兼任村组干部的现象比较普遍，超过一半的理事长兼任村组干部。

表 5－2　合作社理事长人口学特征

<table>
<tr><th>性别</th><th>比重（%）</th><th>年龄结构（岁）</th><th>比重（%）</th><th>文化程度</th><th>比重（%）</th><th>是否兼任</th><th>比重（%）</th></tr>
<tr><td rowspan="2">男</td><td rowspan="2">77.4</td><td>（0，25］</td><td>10.8</td><td>小学及以下</td><td>2.6</td><td>仅为合作社负责人</td><td>26.0</td></tr>
<tr><td>（25，40］</td><td>20.3</td><td>初中</td><td>39.9</td><td>兼任管理村组干部</td><td>58.9</td></tr>
<tr><td rowspan="2">女</td><td rowspan="2">23.6</td><td>（40，55］</td><td>50.6</td><td>高中或中专</td><td>49.5</td><td rowspan="2">兼任公司负责人</td><td rowspan="2">14.1</td></tr>
<tr><td>（55，80］</td><td>13.3</td><td>本科及以上</td><td>8.0</td></tr>
</table>

5.2.2.2　合作社的经营特征及治理结构

从表 5－3 中可以看出合作社土地规模在（500，1000］亩的最多，说明该地区合作社经营土地规模普遍较大；有超过一般的合作社注册资本在 100 万元以上，说明该地区合作社注册资本较大，前期投入较多。

合作社的开放程度和经营水平是相辅相成的，经营水平越高，则开放程度越高。本章选取合作社是否拥有农产品品牌，是否注册网站，是否为省级合作社，是否创办企业或工厂来说明合作社的开放程度。用是否建有加工厂或者企业来衡量合作社产业延伸状况。如表5－4所示，拥有农产品和网站的合作社并不多，分别只占23.4%和19.3%。说明大部分合作社的开放程度并不高。但是有近一半的合作社是省级合作社，说明合作社虽然没有注册相配套的农产品品牌和网站，但是获得认可的合作社较多。只有15.4%的合作社创办了企业或者加工厂，说明大部分合作社对其产业链条延伸没有意愿或有困难。

表5－3　合作社经营规模特征

土地规模亩	所占比例（%）	注册资本（万元）	所占比例（%）
（0，100]	22.5	（0，50]	17.4
（100，500]	36.3	（50，100]	24.7
（500，1000]	40.5	（100，300]	32.9
（1000，+∞]	2.7	（300，+∞]	25.0

表5－4　合作社开放程度和产业延伸状况　　单位:%

	是否拥有农产品品牌	注册网站	省级合作社	创办企业或工厂
是	23.40	19.30	45.20	15.40
否	76.60	80.70	54.80	84.65

在230个样本中（见表5－5），合作社社员人数大都集中在（100，500]户，所占比例为51.1%，有超过一半的合作社人数在100户以上，说明该地区合作社规模较大，人员结构较为庞大。60岁以上老年社员所占比例的大小说明了合作社社员老龄化程度。在样本中，依然有35.3%的合作社60岁以上老年社员超过了三成，说明了合作社老龄化现象日渐凸显。在合作社理事会人数中，有38.4%的合作社理事会人数保持在4人或5人；总体来看，合作社每年召开理事会次数并不多，有40.3%的合作社每年召开理事会不超过三次。说明合作社组织规模虽然较大，但依然存在诸如社员老龄化、组织治理结构不合理等问题。

表5－5　合作社治理结构特征

社员人数（户）	比重（%）	60岁以上（人）	比重（%）	理事会人数（人）	比重（%）	每年理事会次数（次）	比重（%）
（0，50]	18.9	（0，10]	45.3	（0，3]	24.8	（0，3]	40.3
（50，100]	24.7	（10，30]	28.9	（3，5]	38.4	（3，5]	32.4
（100，500]	51.1	（30，50]	27.8	（5，10]	23.6	（5，10]	22.4
（500，+∞]	5.3	（50，+∞]	5.5	（10，+∞]	13.2	（10，+∞]	5.9

5.2.3 合作社聘用农业职业经理人的基本情况

5.2.3.1 合作社的聘用需求和聘用行为

在230家样本合作社中，有聘请农业职业经理人需求的合作社为195家，占总样本量的84.8%；已经聘请到农业职业经理人的合作社188家，占总样本量的81.7%。这两个比重可以反映出：一方面，调查地区农业职业经理人需求和供给水平均较高；另一方面，合作社对农业职业经理人的聘用需求在一定程度上仍然没有得到满足，如表5-6所示。

表5-6 合作社聘请农业职业经理人需求情况 单位：家,%

	有聘用需求	已经聘用	聘用缺口	无聘用需求	样本总数
数量	195	188	7	35	230
占比	84.8	81.7	3.0	15.2	

在已经聘用了农业职业经理人的合作社里，农业职业经理人来自种植大户、返乡农民工所占比例分别为39.2%和23.7%，说明合作社更加偏爱种植大户和返乡农民工作为农业职业经理人。因为种植大户和返乡农民工有一定的生产和管理经验，有利于合作社的日常经营；从农业职业经理人的贡献度来看，有78.9%的合作社认为农业职业经理人对于合作社的贡献很大或较大，说明农业职业经理人的引入，对于合作社的生产经营的帮助较为明显。从支付年薪情况来看，整体呈正态分布，支付年薪集中在（10，20］万元，（0，5］万元和（50，+∞］万元的很少；横向对比来看，有69.1%农业职业经理人的工资待遇水平大于或等于理事会成员，甚至有10.3%的农业职业经理人的工资待遇比理事长还高。总体来看，农业职业经人的薪酬水平较高，如表5-7所示。

表5-7 合作社聘请农业职业经理人的情况

聘请类型	所占比例（%）	对合作社的贡献	所占比例（%）	支付年薪（万元）	所占比例（%）	工资待遇水平	所占比例（%）
种植大户	39.2	贡献很大	40.2	（0，5］	9.3	比理事长高	10.3
大学毕业生	11.4	贡献较大	38.7	（5，10］	38.7	同理事长	23.6
返乡农民工	23.7	贡献一般	8.7	（10，20］	37.7	同理事会成员	35.2
退伍军人	9.6	贡献不大	7.1	（20，50］	7.1	同一般管理人员	23.9
农技推广人员	9.3	没有贡献	5.3	（50，+∞］	7.2	比一般管理人员低	7.0

5.2.3.2　合作社对聘用农业职业经理人的认知

合作社希望聘用农业职业经理人的年龄集中在（25，45］岁，表明合作社希望引入相对年轻，同时又有一定的生产管理经验的人来担任农业职业经理人；从期望的聘请方式来看，外部聘请和内部晋升的比例分别为37.9%和34.7%，村上任命占比为27.4%，说明相比于村上任命，合作社更希望掌握聘用农业职业经理人的主动权，如表5－8所示。

表5－8　合作社希望聘请农业职业经理人的年龄和方式

希望聘请的年龄（岁）	所占比例（%）	希望的聘请方式	所占比例（%）
（0，25］	9.3	村上任命	27.4
（25，35］	32.5	内部晋升	34.7
（35，45］	43.2	外部聘请	37.9
（46，55］	15.0		

合作社最希望农业职业经理人解决的问题依次为生产技术、融资、销售渠道和社员管理。说明合作社对生产技术、融资等技术需求较为明显；在希望支付给农业职业经理人的薪酬方式中，风险共担和“基本薪水＋绩效”这两种方式是合作社偏爱的支付方式，如表5－9所示。

表5－9　合作社希望农业职业经理人解决的问题和支付方式　　单位：%

最希望职业经理人解决的问题	所占比例	希望支付的方式	所占比例
生产技术	39.2	固定薪水	16.8
融资	24.5	基本薪水＋绩效	28.7
社员管理	16.4	包干制	21.9
销售渠道	19.9	风险共担	32.6

从表面上看，合作社聘请农业职业经理人的需求不大。本章为了探究真实的聘请意愿，针对不打算聘请农业职业经理人的合作社设计了问题，以识别不打算聘请农业职业经理人的深层原因，调查显示在不聘请农业职业经理人的合作社中，有28.6%的合作社是因为支出成本太高，20.2%的合作社因为找不到合适的人选而未聘请农业职业经理人。所以这两类合作社存在潜在的聘用需求，如表5－10所示。

表 5－10　合作社是否打算聘请农业职业经理人和不聘请的原因　　单位：%

是否打算聘请	所占比例	不打算聘请的原因	所占比例
是	16.7	事务不多，不需要	39.3
		支出成本太高	28.6
否	83.3	找不到合适人选	20.2
		合作社内部组织完善，足以应对经营管理	11.9

5.3　合作社引入农业职业经理人成本收益分析

成本收益分析是一种量入为出的经济性理念，它要求对未来行动有预期目标，并对预期目标的概率有所把握。从事经济活动的主体，从追求利润最大化出发，力图用最小的成本获取最大的收益。在经济活动中，人们之所以要进行成本收益分析，就是要以最少的投入获得最大的收益。

合作社在生产经营成本主要包括土地成本和生产成本，生产成本又包括人工成本和物质与服务成本（见图 5－1）；而合作社的收入分为生产经营收入、政府补贴和其他收入。

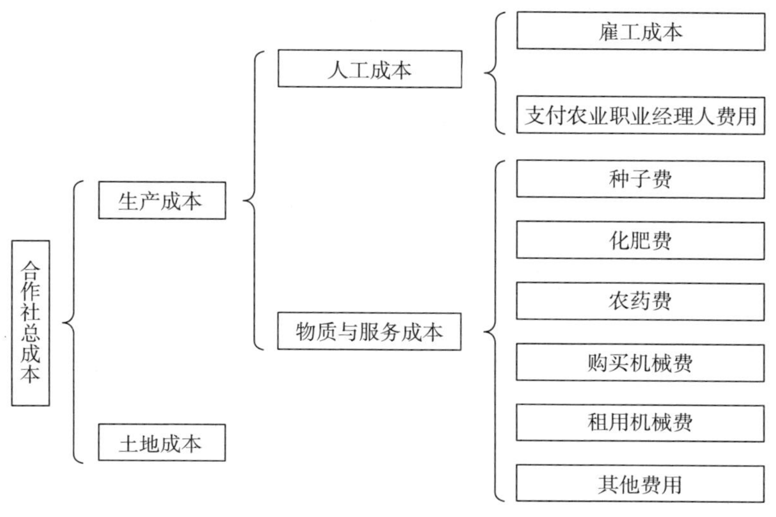

图 5－1　合作社成本分布

5.3.1 合作社引入农业职业经理人成本对比

5.3.1.1 总成本对比

农业职业经理人的引入，由于较新的生产方式和经营理念的运用，合作社的总成本在一定程度上会降低。总成本中，农业职业经理人的引入对于合作社土地成本的影响不大，差异主要是在生产成本和人工成本上。本章根据调研数据将农业职业经理人的引入对于合作社2015年的总成本影响进行分析。

从表5－11中可以看出，农业职业经理人的引入对合作社土地成本的影响不大，主要体现在生产成本和人工成本上。引入了农业职业经理人的合作社和未引入合作社的单位生产成本为354元和523元，引入农业职业经理人的合作社生产成本比未引入农业职业经理人的生产成本少69元。在人工成本方面，由于引入了农业职业经理人，合作社要为农业职业经理人支付薪金，所以引入了农业职业经理人的单位人工成本比未引入农业职业经理人的单位人工成本多54元。综合来看，农业职业经理人的引入会降低合作社的生产成本。

表5－11 合作社总成本对比 单位：元/亩

	土地成本	生产成本	人工成本
引入农业职业经理人	535	354	324
未引入农业职业经理人	550	423	220

5.3.1.2 具体生产成本对比

（1）物质与服务成本。

物质与服务成本包括种子、农药、化肥的费用，购买、租用机械的费用和其他费用。本章将引入农业职业经理人的合作社和未引入农业职业经理人的合作社的具体成本进行对比（见表5－12）。可以看出，在引入和未引入的合作社中，种子、化肥、农药成本相差不大，主要是购买机械和租用机械成本上的差别。说明合作社在引入农业职业经理人之后，在购买机械和租用机械时有了较为精细的预算。此外，农业职业经理人在购买和租用机械时会多方比较，力求最优的机械购买和服务的价格。

表 5－12 物质与服务成本 单位：元/亩

物质与服务成本	种子	化肥	农药	购买机械	租用机械
引入农业职业经理人	43	57	54	80	120
未引入农业职业经理人	45	63	52	120	143

（2）人工成本。

由于合作社不同于家庭农场，没有家庭雇工折价，所以合作社的人工成本就只包括雇工成本和农业职业经理人的支付费用（见表 5－13）。可以看出，引入和未引入农业职业经理人对于合作社的雇工成本影响不大，主要是引入了农业职业经理人的合作社要支付给农业职业经理人一定的薪酬。所以引入了农业职业经理人的合作社要比未引入农业职业经理人的合作社的人工成本高。

表 5－13 人工成本 单位：元/亩

人工成本	雇工成本	农业职业经理人支出
引入农业职业经理人	224	100
未引入农业职业经理人	220	0

5.3.2 合作社引入农业职业经理人收益对比

5.3.2.1 总收益对比

由于合作社的收益是由作物收入、政府补贴和其他收入组成，本书根据调研数据，将引入和未引入农业职业经理人的合作社收益进行对比：从表 5－14 中可以看出，引入农业职业经理人的合作社和未引入农业职业经理人的合作社作物亩产值相差不大，政府补贴也基本相同。在其他收入上，引入农业职业经理人的合作社要比未引入农业职业经理人的合作社的单位收益高 41 元。所以从总体来看，引入农业职业经理人的合作社的总收益要比未引入农业职业经理人的合作社的总收益高。

表 5－14 合作社总收益对比 单位：元/亩

	作物收入	政府补贴	其他收入
引入农业职业经理人	1150	134	95
未引入农业职业经理人	1130	132	54

5.3.2.2 具体收益和利润对比

合作社的具体收益是由作物总产值、单位面积总产值两个指标来衡量，利润是由净利润指标来衡量。从表5-15可以看出，引入农业职业经理人的合作社比未引入农业职业经理人的总产值、单位面积产值、净利润均高，说明引入农业职业经理人能在一定程度上提高合作社的收益和利润。

表5-15 具体收益情况对比 单位：元，元/亩

	作物总产值	单位面积产值	净利润
引入农业职业经理人	1529940	1150	166
未引入农业职业经理人	1468530	1130	143

5.3.3 不同类别的合作社引入农业职业经理人成本收益分析

合作社聘用农业职业经理人，由于要支付农业职业经理人的薪酬，所以合作社引入农业职业经理人是否值得，哪种类型的合作社引用农业职业经理人才对合作社有利等问题还需要深入研究。为了探究以上问题，本章分别从合作社土地规模、合作社注册资本、合作社性质及合作社所在地形这四个维度进行阐述。

5.3.3.1 不同土地经营规模的合作社成本收益对比

不同土地规模的合作社引入和未引入农业职业经理人的成本和收益不同。土地规模在（0，100］亩的合作社，引入农业职业经理人要比未引入农业职业经理人的成本高，收益相差不大，所以未引入农业职业经理人的合作社要比引入农业职业经理人的合作社净利润高；在（100，500］亩的合作社中，引入农业职业经理人的合作社的成本要比未引入的高，同时收益也比未引入的高，所以两者的利润相差不大；在（500，1000］亩的样本中，所有的合作社全部聘请了农业职业经理人。说明这类土地规模的合作社聘请农业职业经理人的意愿较强烈，农业职业经理人对合作社作用较大。在1000亩以上的大型合作社里，聘请农业职业经理人对于合作社利润增长的促进作用较为明显，如表5-16所示。

表5-16 不同土地规模的合作社净利润对比 单位：亩，万元

土地规模	（0，100］		（100，500］		（500，1000］		（1000，+∞）	
聘请农业职业经理人情况	是	否	是	否	是	否	是	否
总成本	39.7	31.4	52.3	40.3	69.5	—	194.9	214.3
总收益	51.2	48.3	75.5	56.4	113.7	—	264.3	258.8
净利润	11.5	16.9	17.2	16.1	44.2	—	69.4	44.5

综上所述，不同土地规模的合作社引入农业职业经理人对于合作社成本收益的影响不同，从而导致利润有差异。当合作社规模较小时，合作社引入农业职业经理人对于提高合作社利润作用不大，当合作规模较大时，农业职业经理人的引入能显著提高合作社的利润。

5.3.3.2　不同资金实力的合作社成本收益对比

注册资本在 50 万元以下的合作社，引入农业职业经理人的净利润为负，但未引入农业职业经理人的合作社为 3.9 万元，说明该类合作社不宜引入农业职业经理人。在注册资本超过 50 万元的合作社里，引入农业职业经理人会增加合作社的利润，而且注册资本越多，由农业职业经理人带来的利润的差距就越明显，如表 5－17 所示。

表 5－17　不同注册资本的合作社净利润对比　　单位：万元

注册资本	(0，50]		(50，100]		(100，300]		(300，+∞)	
聘请农业职业经理人情况	是	否	是	否	是	否	是	否
总成本	35.3	29.5	65.3	61.2	99.3	99.4	199.2	203.4
总收益	34.2	33.4	86.5	77.2	127.8	113.1	230.3	222.2
净利润	－0.9	3.9	21.2	16.0	28.5	13.7	31.1	18.8

5.3.3.3　不同性质的合作社成本收益对比

从表 5－18 可以看出，由于样本中所有土地股份合作社都聘用了农业职业经理人，这也是因为土地股份合作社在成立之初就聘请了农业职业经理人。可以看出，引入农业职业经理人的土地股份合作社的净利润为 39.3 万元。而对于专业合作社来说，引入农业职业经理人的合作社净利润为 32.8 万元，未引入农业职业业经理人的专业合作社的净利润为 19.1 万元，总体来说，专业合作社引入农业职业经理人能提高合作社的利润。土地股份合作社由于全部引入农业职业经理人，缺乏对照组，所以不能判断土地股份合作社引入农业职业经理人的作用。

表 5－18　不同性质的合作社净利润对比　　单位：万元

合作社性质	土地股份合作社		专业合作社	
聘请农业职业经理人情况	是	否	是	否
总成本	104.4	—	145.5	146.3
总收益	144.3	—	178.3	165.4
净利润	39.3	—	32.8	19.1

5.3.3.4　不同地形的合作社成本收益对比

如表5－19所示，在平原地区和丘陵地区的合作社是否引入农业职业经理人所造成的最终的利润也有差别。在平原地区，大部分合作社经营粮油类作物，经营规模较大，所以合作社引入农业职业经理人可以带来新的管理经验和发挥较大的企业家才能作用，从而提高合作社利润。在丘陵地区，合作社一般经营水果等经济作物，专业性比较强，经营面积又相对较小，农业职业经理人企业家才能发挥的作用不是很大。因此，相对于丘陵地区，平原地区的合作社引入农业职业经理人所带来的作用更大一些。

表5－19　不同地形合作社净利润对比　　　　单位：万元

合作社性质	平原		丘陵	
聘请农业职业经理人情况	是	否	是	否
总成本	88.6	89.6	53.2	49.6
总收益	122.3	102.2	88.3	85.2
净利润	33.7	12.6	35.1	35.6

5.4　合作社引入农业职业经理人决策行为分析

5.4.1　合作社引入农业职业经理人的影响因素

5.4.1.1　外部环境因素

（1）农村劳动力的流失。

中国正处在由二元经济结构向一元经济结构的转变之中（李秉龙和薛兴利，2015）。由于工农之间的收入水平存在明显的差距，农业剩余劳动力必然出现向工业部门流动的趋势。大量的农村劳动力向城市转移，导致农村处于人口老龄化、空心化等状态。农村劳动力缺乏，有经验、有能力的农民更是少之又少。对于合作社聘请到懂技术、善经营、会管理农业综合人才带来了一定的困难。

（2）相关政策因素。

合作社的经济与社会的双重属性决定了合作社受政策环境的影响因素较大。

近年来，四川省和成都市相继出台相关政策培育和扶持新型农业经营主体，培育农业职业经理人。分别从养老、医疗、保险等社会保障制度等方面对农业职业经理人进行扶持和补贴。建立完善的农业职业经理人准入认定、继续教育、考核选拔和退出机制。2015年中央一号文件明确提出合作社要引入农业职业经理人制度。因此，相关政策因素对于合作社引入农业职业经理人影响因素显著。

（3）相关法律法规。

虽然我国在2007年颁布了《合作社法》，完善了与合作社相关的法律法规，但依然存在一些法律真空地带，诸如合作社划分不明晰，合作社监管力度不够，给套牌社、空壳社有机可乘。同时，其他法律法规或政府政策实施也制约着合作社的发展（颜永才和陆文娟，2015）。

5.4.1.2 合作社因素

（1）理事长因素。

合作社理事长是合作社的法人，通常也是合作社发起者和组织者，合作社带头人的能力和经验能明显提高绩效（黄祖辉等，2011；彭傲天，2015）。随着现代农业分工分化加剧，“专业化”的存在出现了委托代理关系，于是合作社聘请农业职业经理人作为代理人来负责合作社日常的生产经营（王强，2015）。从合作社角度来看，合作社理事长经营管理能力越弱，对于农业职业经理人的需求越强烈。另外，从供给角度分析，合作社理事长的能力、人脉、社会关系将影响农业职业经理人的应聘。农业职业经理人会根据理事长的个人能力和合作社经营状况有选择地应聘上岗。

（2）经营规模和治理结构。

合作社的经营规模取决于合作社经营的土地规模和社员人数。合作社经营规模越大，合作社发展成熟的可能性也越大（颜永才和陆文娟，2015）。但是，较大的经营规模对日常的生产管理带来了难度，农业职业经理人的引入可以提高其管理质量。由于合作社具有共同体属性和企业属性的双重属性，合作社的生产经营和治理手段偏向于企业结构（吴彬和徐旭初，2013），合作社应该像企业一样，引入农业职业经理人。而且随着合作社治理结构的完善，合作社日常管理工作将被农业职业经理人取代（应瑞瑶，2002）。因此，合作社的治理结构也影响合作社引入农业职业经理人。

（3）开放程度和后续产业链条。

合作社拥有农产品品牌、注册自己的网站可以提升合作社经营平台，提升合作社声誉。在“互联网 +”农业的大环境下，合作社运用大数据、云服务等信息化技术经营将对提高合作社知名度、拓展合作社品牌、提高利润有较大的帮助。所以，引入有一定科技水平的农业职业经理人可以帮助合作社打开知名度，改变合作社的经营理念。此外，合作社建立相关的企业或工厂，延伸后续产业链也可能增加引入农业职业经理人的需求。此外，合作社的企业文化、声誉和区位因素也会影响合作社对农业职业经理人的引入。

5.4.1.3 农业职业经理人因素

农业职业经理人作为合作社经营的代理人，和合作社之间的作用是相互的。合作社会根据农业职业经理人的个人素养、企业家能力、从业意愿来选择引入农业职业经理人。而农业职业经理人也会结合自己的个人偏好、收入预期、合作社的竞争力等因素做出是否到合作社上岗的决策。因此，农业职业经理人的个体特征、预期收入的判断以及对于合作社的认知也影响合作社引入农业职业经理人的决策的因素。

5.4.2 合作社引入农业职业经理人决策行为实证分析

5.4.2.1 理论分析与计量模型设计

（1）理论分析。

参考经济学中需求的基本定义，本章将合作社的聘用需求界定为在一定的薪酬水平下，农民专业合作社有能力聘用农业职业经理人的意愿。这一意愿必然受到农业职业经理人市场供求状况的双重影响，即不仅要考虑农业职业经理人供给是否充足，也要考虑合作社自身的情况，比如管理需求、经济实力等。

从农业职业经理人市场来看，合作社和农业职业经理人各自面临一个二项决策问题，即合作社需要决定是否聘请农业职业经理人，而农业职业经理人需要做出是否到该合作社上岗的决策。那么，合作社和农业职业经理人的相互作用产生四种结果，即“有需求，有供给”“有需求，无供给”“无需求，有供给”“无需求，无供给”。如果分别用虚拟变量 y_D 和 y_S 来表示以上两种决策行为，且设定 $y_D=1$ 表示合作社有聘请农业职业经理人的需求，而 $y_D=0$ 表示合作社无聘请农业职业经理人的需求，$y_S=1$ 表示农业职业经理人愿意到合作社上岗，$y_S=0$ 表示农业职业经理人不愿意到合作社上岗。那么四种结果可以简单表示为：（1，1）、（1，0）、（0，1）、（0，0）。通常，现实中只能观察到（1，1）这种结果，即合作社已经聘用到农业职业经理人的行为，可用 P 表示，且设定 $P=1$ 表示聘用，P =0 表示未聘用。其余三种情况现实中无法直接观测到。

用 y_D^* 和y_S^* 分别表示农业职业经理人聘用需求和农业职业经理人供给的隐藏变量，其表达式如下：

$$y_D^* = X_D\beta_D + \varepsilon_D \quad y_S^* = X_S\beta_S + \varepsilon_S \tag{5-1}$$

其中，X_D 和 X_S 表示影响需求和供给的外生变量，β_D 和 β_S 表示待估参数向量；假设误差项 ε_D 和 ε_S 服从联合正态分布，记为 ε_D，ε_S ~ BVN（0，0，1，1，ρ），ρ 是 ε_D 和 ε_S 的相关系数。y_D^* 和 y_S^* 是不可观测的，它们与 y_D 和 y_S 的关系由以下规则确立：

$$y_D = \begin{cases} 1，如果\ y_D^* > 0 \\ 0，如果\ y_D^* \leqslant 0 \end{cases} \qquad y_S = \begin{cases} 1，如果\ y_S^* > 0 \\ 0，如果\ y_S^* \leqslant 0 \end{cases} \tag{5-2}$$

在确定模型的具体形式时，通常会先考虑单变量二元 Probit 模型。由于实际调查数据提供的信息不充分，农业职业经理人市场的需求和供给通常直接观测不到，只能观测到合作社是否聘用了农业职业经理人。这是在假定合作社均有聘用农业职业经理人的需求，认为合作社聘用与否只受农业职业经理人是否愿意上岗的影响，因此，单变量模型忽视了对合作社本身需求的识别。为了进一步区分需求和供给效应，Poirier（1980）和 Kochar（1997）提出了包括需求者和供给者的双变量联立方程模型，但对需求效应也只是部分可观察。为了充分考虑需求效应对供需市场的影响，在部分可识别双变量基础上，学者建立了需求可识别双变量模型，在该模型中需求方程是完全可观测的（黄祖辉等，2009；黄惠春，2014）。

（2）模型构建。

基于上述理论分析，本部分采用需求可识别双变量 Probit 模型，构建农业职业经理人的需求函数 y_D 和供给函数 y_S 如下：

$$y_{Di}^* = X_{Di}\beta_D + \varepsilon_{Di}；\ y_{Di} = \begin{cases} 1, & \text{if} \quad y_{Di}^* > 0 \\ 0, & \text{if} \quad y_{Di}^* \leqslant 0 \end{cases} \tag{5-3}$$

$$y_{Si}^* = X_{Si}\beta_S + \varepsilon_{Si}；\ y_{Si} = \begin{cases} 1, & \text{if} \quad y_{Si}^* > 0 \\ 0, & \text{if} \quad y_{Si}^* \leqslant 0 \end{cases} \tag{5-4}$$

式（5-3）和式（5-4）中，X_{Di}和 X_{Si}表示影响合作社 i 对农业职业经理人需求和供给的可观测特征变量，ε_{Di}、ε_{Si}表示误差项，i =1，2，3，…，n。y_{Di}^*在 $y_{Di}^* =1$ 时才可以观测。需求可识别双变量 Probit 模型分布函数在形式上可表示为：

$$Pr(y_D = 1) = Pr(y_{Di}^* > 0) = Pr(\varepsilon_{Di} > -X_{Di}\beta_D) \tag{5-5}$$

$$\Pr(y_S=1 \mid y_D=1)=\Pr(y_{Si}^*>0)=\Pr(\varepsilon_{Si}>-X_{Si}\beta_S) \tag{5-6}$$

采用极大似然法对式（5－5）和式（5－6）进行联合估计，其对数似然函数如下：

$$\begin{aligned}\ln L = \sum_{i=1}^{N} \{ & y_{Di}^* y_{Si}^* \ln F(X_{Di}\beta_D, X_{Si}\beta_S;\rho) + y_{Di}^*(1-y_{Si}^*)\ln[\Phi(X_{Di}\beta_D;\rho) - \\ & F(X_{Di}\beta_D, X_{Si}\beta_S;\rho)] + (1-y_{Di}^*)\ln\Phi(X_{Di}\beta_D)\}\end{aligned} \tag{5-7}$$

其中，$\Phi(\cdot)$表示一元累积正态分布函数，$F(\cdot)$表示二元累积正态分布函数。

5.4.2.2 变量选取

（1）因变量。

要准确识别合作社聘请农业职业经理人的需求，需要考虑一些实际情况。一般来讲，有聘用需求的合作社有两类：一类是已经聘用到农业职业经理人的合作社；另一类是未聘用到但拥有潜在或者隐藏需求的合作社。后一种又可以分为两种，一种是有经济实力，但由于信息不对称，找不到合适的农业职业经理人选；另一种是对农业职业经理人有需求，但主观上认为支出成本太高、有聘用风险、交易成本等原因而未聘用。对具有潜在需求的合作社加以识别，不仅可以弥补宏观定性分析的不足，还可以为进一步出台农业职业经理人相关政策提供针对性强的建议。因此，我们在调查问卷设计时，充分考虑了以下两方面：一方面，确保样本的完备分类，尤其关注合作社没有聘用农业职业经理人需求的原因；另一方面，考虑合作社的整体实力对农业职业经理人需求满足的影响。

根据上述分类，逐步进行需求识别。第一步询问“①：您所在合作社是否打算聘请农业职业经理人”，选择“是”的合作社肯定存在聘请需求，反之则有下一步问题进一步确认。第二步询问“②：如果没有聘请打算，是什么原因”，剔除当前阶段无提升管理需求的合作社，将有需求但是存在信息不对称、主观认为支出成本高两种情况下的隐藏需求识别出来。具体步骤如表5－20所示。

表5－20 合作社聘用农业职业经理人需求的直接识别

问题	问题选项	考察重点
①	a. 是；b. 否	针对全部样本合作性，区分有需求（选a）和无需求（选b）的合作社
②	a. 事务不多、不需要；b. 支出成本太高；c. 找不到合适人选；d. 合作社内部组织结构完善，足以应对经营管理	针对上一步选择b的无需求的样本合作社，排除无效需求（选a和d）的合作社、识别有潜在需求（选b和c）的合作社

经过识别，没有打算聘用的 35 个合作社中，选择 b 和 c 的合作社有 11 家，说明还有 31.4% 的具有潜在需求的合作社没有被挖掘出来。在此基础上确定需求方程的因变量，有聘用需求取值为 1，反之取值为 0。

供给方程因变量的设置，以是否已经聘请到农业职业经理人为因变量。从第一个问题得到的有聘用意愿的合作社中，进一步找出实际上已经上岗的农业职业经理人。已聘用到农业职业经理人的合作社取值为 1，反之取值 0。

（2）自变量。

在合作社聘用农业职业经理人需求方面，首先，考察合作社负责人的性别、年龄、受教育程度等人口学特征变量。其次，考察合作社的组织特征和经济实力因素，包括合作社成立时长、注册资本、经营规模、社员人数等。再次，负责人对农业职业经理人制度的认知、合作社内部治理结构也是影响其是否聘请农业职业经理人的因素，用负责人是否了解农业职业经理人制度、理事会成员人数和 2015 年开理事会的次数三个指标表示。最后，合作社的开放度也是影响聘请农业职业经理人的因素，用合作社是否拥有品牌、是否建有网站来表示，有注册品牌和建有自己的网站说明合作社的运营水平和对外开放程度也更高。

在职业经理人供给方面，农业职业经理人除了要考察合作社负责人的特征、合作社的组织特征、内部治理结构等因素外，合作社的声誉以及薪酬水平也是农业职业经理人判断合作社的良好指标。如果是省里认定的示范合作社，其必然具有吸引力；薪资水平如果等同或高于理事长的合作社，对农业职业经理人的吸引力更大。这里用合作社支付给农业职业经理人的薪水的相对值而非绝对数作为衡量指标，避免了“不患寡而患不均”思维模式下可能存在的误差；以理事长为参考，也在一定程度上说明对农业职业经理人的重视程度。

（3）识别变量。

本章采用是否建有加工厂或者企业变量来识别合作社因为延伸产业链后端而产生的管理需求，后端产业链对农业职业经理人是不可观察的，因而在其供给决策中并不重要，本章采用合作社距县城的距离来识别供给方程。显然，该变量独立于影响合作社聘用农业职业经理人需求的因素，可以认为距离越远，农业职业经理人越不愿意选择该合作社上岗。具体的因变量的名称及统计性描述如表 5－21 所示。

表 5-21　解释变量的名称与解释

变量名称		定义及说明	均值	方差
Sex	性别	男 =1；女 =0	0. 85	0. 36
Age	年龄（年）	实际值	44. 31	10. 31
EDU	文化程度	小学及以下 =1；初中 =2；高中及中专 =3；大专及本科 =4；研究生及以上 =5	3. 02	0. 86
Part	是否兼有其他身份	是 =1；否 =0	0. 73	0. 45
Years	成立时长（年）	实际值	3. 98	2. 31
Fund	注册资本（万元）	(0，20］ =1；(20，50］ =2；(50，100］ =3；(100，300］ =4；(300，+∞） =5	2. 98	1. 44
Size	经营规模（亩）	实际值	1097. 00	1495. 00
Member	合作社社员（户）	(0，50]=1；(50，100]=2；(100，200]=3；(200，500]=4；(500，+∞)=5	2. 53	1. 45
ROM	60 岁以上社员占比（%）	实际值	23. 20	21. 99
Perception	是否了解农业职业经理人制度	是 =1；否 =0	0. 87	0. 34
NBM	理事会人数	实际值	6. 07	5. 73
MT	召开理事会次数	实际值	4. 89	4. 82
Brand	是否拥有农产品品牌	是 =1；否 =0	0. 43	0. 50
Homepage	是否注册合作社网站	是 =1；否 =0	0. 26	0. 44
Factory	是否创办相关工厂或企业	是 =1；否 =0	0. 14	0. 35
Reputation	是否为省级合作社	是 =1；否 =0	0. 22	0. 42
Wage	工资待遇	高于或等于理事长 =1；低于理事长 =0	0. 58	0. 49
Distance	距离县城的距离	实际值	18. 18	14. 53

5.4.2.3　估计结果及讨论

（1）估计结果。

本章利用 Stata/SE12.0 统计软件，分别对合作社是否打算聘请农业职业经理人、是否已聘请到农业职业经理人的双变量 Probit 模型进行估计，结果如表 5-22 所示。

表 5－22　需求可识别双变量 Probit 模型的估计结果

变量	需求方程			供给方程		
	系数	标准误	P > z	系数	标准误	P > z
Sex	0. 302	0. 337	0. 371	0. 484 *	0. 291	0. 097
Age	0. 032 **	0. 013	0. 011	0. 028 **	0. 012	0. 018
EDU	－0. 354 *	0. 190	0. 062	－0. 096	0. 171	0. 575
Part	0. 072	0. 277	0. 794	0. 625 **	0. 252	0. 013
Year	－0. 078	0. 053	0. 143	－0. 030	0. 051	0. 552
Fund	－0. 008	0. 093	0. 936	0. 081	0. 080	0. 307
Size	0. 001 **	0. 000	0. 025	0. 001	0. 000	0. 302
Member	－0. 105	0. 109	0. 335	－0. 061	0. 110	0. 580
ROM	0. 013 *	0. 007	0. 060	0. 018 **	0. 008	0. 038
Perception	1. 550 ***	0. 285	0. 000	1. 965 ***	0. 279	0. 000
NBM	－0. 017	0. 028	0. 560	0. 051 **	0. 024	0. 035
MT	0. 065 *	0. 034	0. 059	0. 024	0. 023	0. 295
Brand	－0. 008	0. 239	0. 975	0. 027	0. 254	0. 914
Homepage	－0. 705 **	0. 279	0. 012	－0. 122	0. 285	0. 667
Factory	－0. 093	0. 275	0. 735	—	—	—
Reputation	—	—	—	－0. 059	0. 272	0. 829
Wage	—	—	—	－0. 133	0. 174	0. 443
Distance	—	—	—	－0. 013 **	0. 005	0. 014
常数	－0. 400	0. 962	0. 678	－2. 674	0. 924	0. 004
rho	0. 912	0. 080	0. 001	—	—	—
Loglikelihood = －115. 354						
Obs = 230						

注：*** 、** 和 * 分别表示在 1% 、5% 、和 10% 的水平上显著。

（2）结果讨论。

从需求方程的估计结果来看，首先，合作社负责人的年龄在 5% 水平上具有显著正影响，说明负责人年龄越大，越有聘请农业职业经理人的需求；而受教育程度则在 10% 的水平上产生负影响，说明负责人受教育程度越高，该合作社越不愿意聘请农业职业经理人。其次，合作社的经营规模对合作社是否聘用农业职业经理人有显著影响，合作社规模越大，越有聘请农业职业经理人的需求。再次，负责人对农业职业经理人的认知在1%的水平上具有显著正影响，说明合作社负责人越了解农业职业经理人制度，越倾向于聘请农业职业经理人。最后，合作社去年召开理事会的次数在10%的水平上显著，说明合作社的内部管理越民主，越有聘请农业职业经理人的需求。而是否建有自己的网站则在5%的水平上产生负影响，这与我们的预期相反，说明合作社通过网络途径宣传自己、营销产品的效果与合作社对农业职业经理人的需求之间存在一定的替代关系，但这有待于下一步深入研究。

从供给方程的一个回归元来看，Rho在1%的水平上显著，表明需求方程显著影响供给方程，具体含义可解释为，虽然农业职业经理人在择业决策上受政策引导的影响，但是从追求收入最大化和拥有一个开放、民主的就业环境来看，其实际决策还是建立在合作社对其有需求的基础之上。

从供给方程的估计结果来看，首先，负责人的人口学特征多个变量都较显著。合作社负责人的性别、年龄、村干部等兼职身份对合作社是否聘用到农业职业经理人具有显著正影响，说明负责人为男性、年纪偏大、村干部等兼职身份的合作社对农业职业经理人的吸引力更强。其次，60岁以上社员占比在5%的水平上具有显著正影响，说明相较工作中的伙伴因素，农业职业经理人更看重自己发挥价值的空间。同样，合作社负责人的认知在1%的显著水平上对农业职业经理人的聘用产生重要影响，说明负责人认知水平越高的合作社，聘用成功的概率越高。合作社理事会人数在5%的水平上显著，说明农业职业经理人看重合作社的内部组织机构设置。最后，合作社距离县城的距离对职业经理的决策产生显著的负影响，表明合作社距离越远，合作社聘用到农业职业经理人的概率越低。

5.4.2.4　进一步讨论

为了进一步验证计量结果、更为清晰地展示合作社聘用农业职业经理人的决定因素，我们进一步比较了单方程Probit模型、Tobit模型以及需求可识别Probit双变量模型的估计结果。

单方程Probit模型、Tobit模型的估计结果如表5-23所示。在Probit模型中，合作社负责人的年龄、是否兼职、60岁以上成员占比、对农业职业经理人的认知以及理事会成员数量等变量通过了显著性检验，且均为正影响。在Tobit模型中，合作社负责人的年龄、是否兼职、60岁以上成员占比、对农业职业经理人的认知以及上一年召开理事会的次数等变量通过了显著性检验，其均为正影响。在这些通过显著性检验的变量中，我们无法判断哪些变量影响需求，哪些变量影响供给。例如，如果负责人是否兼业显著正向影响合作社对农业职业经理人的聘请，就会得出负责人为兼业身份的合作社更有聘请农业职业经理人的需求，但根据双变量模型结果，兼业身份只是影响农业职业经理人的选择，并不影响合作社的意愿。又如，合作社理事会召开次数，到底是影响合作社对农业职业经理人的需求，还是影响农业职业经理人选择合作社的行为，这些问题在单方程模型中都无法得到妥善解决。

表5-23 Probit模型与Tobit模型统计结果

变量	Probit模型			Tobit模型		
	系数	标准误	P > z	系数	标准误	P > t
Sex	0.389	0.296	0.188	0.048	0.084	0.564
Age	0.029 **	0.013	0.026	0.007 **	0.003	0.035
Edu	-0.102	0.173	0.554	-0.009	0.036	0.803
Part	0.548 **	0.269	0.042	0.117 *	0.069	0.092
Year	-0.039	0.052	0.450	0.002	0.014	0.899
Fund	0.072	0.083	0.389	0.009	0.018	0.637
Side	0.001	0.000	0.316	0.001	0.000	0.500
Member	-0.047	0.110	0.669	0.001	0.022	0.968
ROM	0.016 *	0.009	0.062	0.003 **	0.001	0.025
Perception	1.965 ***	0.288	0.000	0.710 ***	0.120	0.000
NBM	0.054 **	0.026	0.038	0.006	0.004	0.100
MT	0.037	0.026	0.161	0.009 *	0.005	0.068
Brand	0.054	0.268	0.841	0.004	0.058	0.939
Homepage	-0.148	0.303	0.626	-0.002	0.072	0.977
Factory	-0.329	0.343	0.337	-0.082	0.084	0.328
Reputation	-0.139	0.336	0.678	-0.067	0.070	0.335
Wage	-0.170	0.228	0.457	-0.013	0.053	0.801
Distance	-0.009	0.008	0.244	-0.001	0.002	0.532
_cons	-2.569	0.943	0.006	-0.365	0.248	0.142
Log likelihood	-70.306			-127.079		
Pseudo R^2	0.357			0.288		
Prob > chi^2	0.000			0.000		
obs	230			230		

注：***、**和*分别表示在1%、5%、和10%的水平上显著。

通过比较 Probit 模型、Tobit 模型以及需求可识别双变量 Probit 模型的估计结果（见表5－24）。可以得出以下结论：第一，三个模型的结果均显示合作社负责人的年龄越大，该合作社提升管理水平的需要越迫切，也就越愿意聘请农业职业经理人。第二，合作社社员的年龄结构也是影响合作社聘请农业职业经理人的重要因素，这一因素往往被忽视。60 岁以上社员占比较大的合作社越倾向于聘请农业职业经理人，这与合作社转型的现实情况比较吻合。合作社社员的年龄越大，合作社要推广新技术、应用新手段的阻力也越大，合作社的经营管理效率的提升更要依赖管理层。第三，合作社负责人对农业职业经理人的认知会显著影响聘请农业职业经理人的决策行为（回归系数均较高）。说明合作社负责人对农业职业经理人制度的了解程度是决定引入农业职业经理人的关键。

表5－24　Probit 模型、Tobit 模型与需求可识别双变量 Probit 模型统计结果

变量	Probit 模型	Tobit 模型	需求可识别双变量 Probit 模型	
			需求方程	供给方程
Sex				+
Age	+	+	+	+
EDU			−	
Part	+	+		+
Size			+	
ROM	+	+	+	+
Perception	+	+	+	+
NBM	+			+
MT		+	+	
Homepage			−	
Distance				−

5.5　本章小结

基于以上分析，本章有以下几点发现：

第一，由成本收益分析可知，农业职业经理人的引入在一定程度上能减少合

作社的物质和服务成本。从异质性分析结果来看，经营规模较小的合作社引入农业职业经理人对于合作社利润提高不明显，规模较大的合作社引入农业职业经理人能显著提高合作社利润；相对于丘陵地区，平原地区的合作社引入农业职业经理人所带来的作用更大一些。

第二，从合作社聘用农业职业经理人的影响因素来看：①在农业职业经理人市场发育较为成熟的成都地区，农民专业合作社对农业职业经理人的聘用需求得到了较高水平的满足，但是也看到还有一部分合作社潜在的聘用需求没有得到满足，主要是因为信息不对称未找到合适人选或者认为支出成本高、有聘用风险。②影响农民专业合作社对农业职业经理人聘用需求的因素有来自供给方面的，如负责人为男性、年龄较大且有兼职身份的合作社对农业职业经理人更具吸引力，离城区较近的合作社更具有吸引力；也有来自需求方面的，如合作社负责人的年龄、受教育程度以及对农业职业经理人制度的认知。

基于以上结论，提出以下建议：

第一，实行适度规模经营，理性引入农业职业经理人。合作社在一定程度上解决农村由于劳动力外出而造成的土地撂荒的问题。但是在整合土地、集约化经营的同时，还要注意适度规模经营，要根据当地耕地资源条件、社会物质条件及管理水平相适应的土地规模来组建合作社。因为合作社的生产是规模报酬递减的，所以农业职业经理人作为企业家才能要素的投入也应该适度。合作社也不能盲目引入农业职业经理人，应该根据合作社的经营规模、组织结构、经营管理水平来决定是否聘用农业职业经理人。

第二，加大合作社负责人任职门槛，完善合作社组织治理结构。基于上述结论，发现合作社负责人对于合作社引用农业职业经理人有较强的关联。因此，要提升合作社负责人的任职门槛，严格把控合作社申报、创立环节。在避免“挂牌社”等现象出现的同时给予有一定经验的农业人才和真正热爱农业的有志之士发展的平台。完善合作社的组织治理结构，规范理事会、监事会的制度。同时，也要对合作社负责人进行培训，不仅要培训农业技能和经营之道，还要普及农业职业经理人的相关知识，让他们深入了解农业职业经理人的作用及意义，从而决定是否真正存在聘用需求。

第三，打通农业职业经理人供需渠道，健全农业人才市场。政府管理部门可建立完备的农业职业经理人信息库，定期举办两者的对接会或交流会，并鼓励跨区域合作、协作，减少双方找寻的成本和时间，提高彼此的满意度；还可引导和支持合作社将办公区设在乡镇以及靠近城区的位置以吸引农业职业经理人，通过在土地审批、租金减免等方面的优惠政策，形成合作社发展的积聚区。创立和完善农业人才市场，形成成熟的农业人才供需平台。

第四，重视社员老龄化问题，优化农业职业经理人培训。人口老龄化是今后制约我国发展的因素之一，农业劳动力的老龄化更影响到我国农业向现代农业转型的进程。因此，政府部门应当高度重视合作社转型中出现的社员老龄化问题，鼓励合作社为社员买养老保险；鼓励合作社引入农业职业经理人制度，有目的、有针对性地对农业职业经理人进行培训，让农业职业经理人在合作社不仅为生产经营提供帮助，同时也便于和合作社负责人、社员之间进行沟通交流，团结合作社内部成员，发展壮大合作社。

第6章　聘用农业职业经理人能否改善农民合作社绩效

目前农业职业经理人从业的主要平台和载体是农民合作社，农民合作社属于互助型经济组织，为了在市场中竞争和生存，尽管很多合作社已经引入了现代企业制度，但其内部治理结构、利益分配模式等与企业（或营利部门）仍有很大区别。合作社引入农业职业经理人后，相较于企业而言会带来合作社更为复杂的委托代理成本问题（Feng L 和 Hendrikse G W.，2011）。现实调研也发现农业职业经理人的经营业绩存在很大差异，有的会为合作社带来较大盈利，有的则只能依靠政策补助勉强度日。那么我们不禁要问，农业职业经理人的聘用到底能否改善合作社的绩效呢?

从已有的国内外相关文献来看，合作社经营绩效的提升一直是合作社领域的研究重点、难点和焦点问题。学界普遍认为企业家才能是突破合作社发展“瓶颈”的有效途径之一（彭莹莹和苑鹏，2014；黄祖辉等，2011；胡平波，2013），但主要体现在社长和理事会层面的研究，并未涉及农业职业经理人企业家才能。

本章借鉴公司治理委托代理理论、人力资本专用性理论，基于成都市230家合作社为单位样本的微观调查数据，构建“反事实”研究框架，试图精准识别农业职业经理人聘用与农民合作社绩效之间的因果效应，从而回答聘用农业职业经理人能否有效改善农民合作社绩效这一重要问题。本章的边际贡献体现在：①构建“反事实”框架，实证分析了引入农业职业经理人对合作社绩效的作用，为回答合作社引入农业职业经理人能否提高其绩效问题给出了直接证据。②具体探讨了不同绩效的提升与农业职业经理人引入的关系，这有利于剖析由于合作社与社员之间的盈余分配方式多种多样，各种绩效之间相冲突的现实问题。本章从合作社企业家才能角度出发，揭示合作社引入农业职业经理人对经济绩效、社员收入绩效、交易绩效、社会绩效和生态绩效等类别绩效的作用，回答和验证了合作社绩效改进“悖论”问题。

6.1 理论分析与研究假设

萨缪尔森将职业经理人的产生形容为“新工业国中的经理革命”，他将这群人定义为经过特殊专业训练拥有卓越公司经营和管理的技术人才群体。企业家创立了企业，但企业的成长和持续发展却依赖于一支职业化的企业管理队伍（张维迎，2003）。农民合作社作为一个兼具企业属性的经济组织，为了更好地适应农业现代化的要求，弥补现代管理技术的缺失，吸引专业人才参与和管理将成为必然趋势。发展“企业合作社”始终是中国合作社发展的基本方向（应瑞瑶等，2017）。

虽然影响合作社绩效的因素各异，但是学者认为企业家才能等人力资本才是影响合作社绩效的根本原因（Franken J R 和 Cook M L.，2015；周应恒和王爱芝，2011；万俊毅和敖嘉焯，2014）。相比于资金技术等要素，合作社企业家才能依然是合作社更加稀缺的人力资源，且合作社企业家才能形成是一个缓慢的过程（周应恒和王爱芝，2011），即使农村有一些具有企业家才能的人，也因为中国传统社会的制度环境鼓励人才流向官僚阶层，导致具有企业家才能的人大多进入官僚阶层无心从事农业经营（谢冬水和黄少安，2011）。在合作社发展初期，合作社的领办人担任理事长发挥企业家才能，虽然领办人会在一定程度上带动合作社发展（戈锦文等，2015），但是这种“狼羊同穴”的合作模式必然会引起成员利益冲突，造成“精英俘获”现象（崔宝玉和陈强，2011；梁剑峰和李静，2015）。随着合作社的深入发展，外聘农业职业经理人在一定程度上能避免合作社由“内部人”控制下所造成的治理失范等问题（谢琳等，2014）。现有研究在探讨合作社的企业家才能时，大多通过对合作社理事长、领办人的企业家才能发挥进行研究，并且证明企业家才能对合作社绩效有积极作用（黄祖辉等，2011；冀县卿，2009；彭莹莹和苑鹏，2014），但较少有文献从农业职业经理人企业家才能角度对合作社绩效进行研究，针对合作社与农业职业经理人的委托关系的文献集中在对于四川省崇州市“农业共营制”的研究，并认为农业职业理人可以降低合作社的运行成本和交易成本（郭晓鸣和董欢，2014；罗必良，2016；申云和贾晋，2016）。罗必良（2017）对“农业共营制”进行了深入研究，指出合作社引入农业职业经理人避免了其陷入“内部人”控制的困境，并且形成了农户经营权细分与企业家人力资本的迂回交易装置，达成了“企业家能力”与其经营规模的匹配，实现了产权细分与分工深化的紧密结合。因此，本章基于上述理论分析和成都地区合作社实际情况提出以下假设：

假设 1：合作社聘请农业职业经理人有利于总绩效的提升。

农民专业合作社既是社员（惠顾者）拥有并控制的组织，也是追求利益最大化的企业，兼具合作共同体和企业的双重属性。因此在评价合作社绩效时，不仅要考察合作社盈利的经济绩效，同时也要考虑社员增收、带动农户数等类别绩效。赵佳荣（2010）借鉴企业的“三重盈余”绩效，认为经济绩效、社会绩效和生态绩效是合作社总绩效的有机组成部分，需要同时满足经济繁荣、环境保护和社会福利三个方面的平衡发展的需求。事实上，合作社目标多维也决定了其丰富的绩效内涵以及评价的多重性，既要强调经济绩效，还要突出社员增收绩效、交易绩效以及社会绩效。然而，在实地调查中，合作社的盈利与服务目的之间存在内在冲突和矛盾，特别是在当今激烈竞争的市场环境中，盈利成为第一需要（应瑞瑶，2004）。就目前我国合作社发展情况来看，单纯评价农业职业经理人对于合作社总绩效的影响是不全面的。因为合作社的多维性目标是难以兼具合意性与合宜性的症结所在，也是其面临诸多质疑的主要原因（崔宝玉、简鹏和刘丽珍，2017；崔宝玉、徐英婷和简鹏，2016）。合作社在绩效改进过程中存在多种“悖论”，例如固定资产规模和理事长承担社会职务对合作社的经济绩效、社员收入绩效、交易绩效和社会绩效的作用效果存在较大的差异（崔宝玉、简鹏和刘丽珍，2017）。此外，合作社社员与合作社盈余分配方式的不同也可能造成合作社各类别绩效的冲突（邓宏图、王巍和韩婷，2014）。因此，本章提出以下假设：

假设 2：合作社聘请农业职业经理人对于各类别绩效提升效果不同。

6.2 聘用农业职业经理人与合作社绩效的因果关系研究设计

6.2.1 模型设计

基于前文的理论研究与假设，我们认为合作社绩效的提升与农业职业经理人的引入有关，然而，合作社的绩效并不仅与农业职业经理人的企业家才能相关，合作社理事长禀赋特征、合作社规模和资本、合作社治理结构也是影响合作社绩效的因素。因此本章建立以下模型：

$$y_{ij} = \alpha + \beta D_{ij} + \gamma C_{ij} + county + \varepsilon_{ij} \tag{6-1}$$

其中，i 和 j 表示合作社个体和对应的绩效类型，D 表示合作社是否聘用了农业职业经理人，C 表示合作社的控制变量矩阵，county 表示合作社所在的区县，ε 表示随机干扰项。

6.2.2 估计方法：基于"反事实框架"的 PSM 处理效应

一般而言，合作社的绩效与很多因素有关。剔除其他因素的影响，单独判断合作社引入农业职业经理人后对其绩效的贡献往往比较困难。通常的做法是将引入或未引入农业职业经理人的合作社均纳入关于合作社绩效的多元回归模型中，控制其他可观测变量进行分析。然而，一般多元回归分析是一种 ATE 估计，其做法假定控制足够的共线后可以消除基准差异，并假定接受处理者的因果效应与未接受者相同。然而 OLS 估计通常无法克服自选择问题。此外，OLS 估计将处理组和控制组无法比较的对象纳入分析，如果两组对象差异的基准线差异太大，则 OLS 估计会很不准确。因此学者提出了"反事实框架"（Rosenbaum P R 和 Rubin D B.，1983），以虚拟变量 $D_i = \{0, 1\}$ 表示个体 i 是否参与了此项目，即 1 为参与，而 0 为未参与。通常称 D_i 为"处理变量"，反映个体 i 是否得到了"处理"。记其未来收入或其他感兴趣的结果为 y_i。对于个体 i，其未来收入 y_i 可能有两种状态，取决于是否参与此项目，即：

$$y_i=(1-D_i)y_{0i}+D_iy_{1i}=y_{0i}+(y_{1i}-y_{0i})D_i \quad (6-2)$$

其中，$(y_{1i}-y_{0i})$表示个体 i 参加项目的因果效应或处理效应，其期望值 $E(y_{1i}-y_{0i})$为平均因果效应（ATE）。然而，对于政策制定者而言，实际参与者的平均处理效应（ATT）更为重要，其表达式为：

$$ATT\equiv E(y_{1i}-y_{0i}\mid D_i=1) \quad (6-3)$$

基于上述思想，本章将聘请了农业职业经理人的合作社归为处理组，将未聘请农业职业经理人的合作社归为控制组，从合作社理事长禀赋特征、合作社规模和资本、治理结构等配对指标 x_i 进行匹配。通过 PSM 处理，找到属于控制组的合作社 0i 和处理组合作社 1i 的可测变量尽可能匹配，即 $x_{0i}=x_{1i}$。在对处理组和控制组之间的个体进行匹配时，需要度量个体间的距离，倾向匹配得分法不仅是一维变量，而且介于［0，1］，在度量时具有良好的性质。本章根据处理组变量和控制组变量的匹配得分，采用 Logit 回归实现，并计算出参与者平均处理效应（ATT）值，表达为：

$$ATT\equiv E(y_{1ij}-y_{0ij}\mid D_{ij}=1) \quad (6-4)$$

其中，y_{1ij}表示聘用农业职业经理人的合作社 1i 的第 j 种绩效，y_{0ij}表示匹配后未聘用农业职业经理人 0i 的第 j 种绩效。通过以上处理，回答了处理组合作社若没有聘请农业职业经理人的不可观测的绩效的“反事实”问题。进一步通过 ATT 的判断，可以看出处理组合作社由于聘请农业职业经理人对于合作社绩效的差异。

6.2.3　模型内生性讨论及处理方法

虽然本章基准模型使用 PSM 处理效应估计在一定程度上避免了“选择偏差”问题。但是 PSM 法存在较大的缺陷。因为其可靠性很大程度上依赖于“可观测值选择性”假设。即只能控制可见的混杂因素，当不可观测的混杂因素对于估计产生偏误时，仍会带来“隐性偏差”，匹配所得的结果难以信服。目前来看，虽然没有任何一个方法能足够满足基于反事实框架的 PSM 估计，但是敏感性检验的结果还是进一步保证了匹配结果的可靠性。当敏感性检验的结果中得到了较大的结果时，即显著异于零时，我们必须重新考虑数据的选取以及 PSM 的实施过程中出现的问题。此外，由 Carneiro 等（2001）系列研究所形成的基于边际处理效应（MTE）的半参数分析框架是能够有效解决模型因为不可观测因素所导致的选择偏差以及异质性所导致的内生性。

基于以上分析，本章分别在基准回归模型框架下进行敏感性检验和边际处理效应来判断和处理模型可能存在的内生性问题。

6.3　合作社绩效测算与变量确定

6.3.1　合作社绩效的测算

关于合作社绩效评价和测算，国内外学者做了大量的研究。国外不同学派主要从合作社分配效率和市场机构的限制和改善入手（Sexton R J.，1986；Fulton M.，1995；Borgen S O，2004）。自2007年《合作社法》颁布以来，国内学者对合作社绩效评价做了大量的研究。但是大都只分析了合作社的总绩效或经济绩效，对于“类别”绩效系统性的研究还较少。崔宝玉等（2017）将合作社绩效分为经济绩效、社员增收绩效、交易绩效和社会绩效来反映合作社的双重属性和多维目标，并探析了各类绩效间是否存在绩效改进的“悖论”。基于此，本章为了深层次探讨在农业职业经理人的作用下不同“类别”绩效的变化，结合“三重盈余”绩效评估法和借鉴崔宝玉等（2017）的权重和赋值，运用功效系数法统一纲量①，将合作社总绩效划分为经济绩效、社员收入绩效、交易绩效、社会绩效和生态绩效5个部分并分别探讨。指标层如表6－1所示。

表6－1　合作社绩效测算表

绩效类型	测量指标	计算公式
经济绩效（E）	合作社经营收入（E1）	$E = E1 \times 0.4 + E2 \times 0.6$
	合作社经营利润（E2）	
社员收入绩效（I）	合作社社员平均收入（I1）	$I = I1 \times 0.5 + I2 \times 0.5$
	社员与普通村民收入比（I2）	
交易绩效（T）	标准化生产规模占比（T1）	$T = T1 \times 0.6 + T2 \times 0.4$
	直接供应超市或加工企业所占比例（T2）	

① 功效系数法的计算公式：$A_{ij} = \frac{X_{ij} - X_{ij}}{X_{mj} - X_{sj}} \times 50 + 50$；其中，$X_{mj}$表示所在项最大值，$X_{sj}$表示所在项的最小值。

续表

绩效类型	测量指标	计算公式
社会绩效（S）	带动农户数（S1）	S = S1 × 0.4 + S2 × 0.6
	提供就业岗位数（S2）	
生态绩效（B）	生态认证级别（B1）	B = B1 × 0.6 + B2 × 0.4
	是否采用保护性耕作（B2）	
总绩效（P）		P = E × 0.4 + I × 0.3 + T × 0.1 + S × 0.1 + B × 0.1

6.3.2　变量的确定

本章数据来自课题组于2016年暑期对成都地区6区县市合作社的问卷调查数据，有效问卷230份。从统计性描述可以看出，107家合作社聘用了农业职业经理人的合作社，123家合作社未聘用农业职业经理人①。与未聘请农业职业经理人的合作社相比，聘请了农业职业经理人的合作社社长年龄较大、学历更低、任职时长更长，并都通过了统计学检验。此外，聘请了农业职业经理人的合作社的注册资本和社员数量显著大于未聘请农业职业经理人的合作社，如表6-2所示。

表6-2　变量的统计性描述

变量	变量含义及赋值	聘用（T）N = 107		未聘用（C）N = 123		差异（T-C）
		均值	标准差	均值	标准差	
合作社总绩效		59.517	5.772	58.753	5.518	0.764
经济绩效		57.489	10.490	56.941	10.242	0.548
社员收入绩效		60.808	4.598	61.084	4.307	-0.276
交易绩效		47.570	9.351	48.333	10.474	-0.763
社会绩效		69.657	14.690	64.607	13.924	5.050***
生态绩效		65.561	13.208	63.577	12.21	1.984

① 在实地调研中发现，合作社存在理事长兼任职业经理人的现象，这种情况依然由合作社理事长发挥企业家才能，实际上经营权与代理权并未分离，为了不干扰处理效应，本章只将全职聘用定义为合作社聘用了农业职业经理人，理事长兼任农业职业经理人依然看作未聘用农业职业经理人。

续表

变量	变量含义及赋值	聘用（T）N＝107		未聘用（C）N＝123		差异（T－C）
		均值	标准差	均值	标准差	
社长性别	男＝1，女＝0	0.850	0.358	0.854	0.355	－0.004
社长年龄	当年年龄	46.879	11.077	42.024	9.036	4.855***
社长学历	小学及以下＝1；初中＝2；高中＝3；大学及以上＝4	2.850	0.856	3.163	0.843	－0.313***
任职时长	当年任职时长	4.150	2.677	3.276	1.803	0.874***
注册资本（万元）	(0，50]＝1；(50，100]＝2；(100，500]＝3；(500，＋∞]＝4	3.187	1.442	2.837	1.387	0.350*
土地规模（亩）	(0，100]＝1；(100，500]＝2；(500，1000]＝3；(1000，＋∞]＝4	2.750	1.130	2.610	1.180	0.140
是否办工厂	是＝1；否＝0	0.131	0.339	0.179	0.385	－0.048
合作社性质	土地股份合作社＝1；专业合作社＝2	1.439	0.499	1.276	0.449	0.163***
创立形式	大户牵头＝1；企业牵头＝2；供销社牵头＝3；村干部牵头＝4；其他＝5	—	—	—	—	—
经营类型	粮油作物类＝1；经济作物类＝0	—	—	—	—	—
社员数量（户）	(0，50]＝1；(50，200]＝2；(200，500]＝3；(500，＋∞]＝4	2.785	1.486	2.317	1.381	0.468**
年理事会次数	实际值	5.280	5.399	4.236	4.383	1.044
最需要的技术	生产技术＝1；融资＝2；社员管理＝3；销售渠道＝4；其他＝5	—	—	—	—	—

注：***、**和*表示估计结果在1%、5%和10%的水平上组间显著差异（双侧）。

6.4　聘用农业职业经理人对合作社绩效的影响实证分析

6.4.1　PSM 估计结果

为了确保匹配的有效性，需要倾向匹配得分满足共同支撑假设和平衡性假设。共同支撑假设检验方法有 ROC 曲线、经验密度函数图和共同支撑条形图。本章给出共同支撑条形图（见图 6－1），显示了倾向匹配得分的共同取值范围，可以看出，绝大多数的观测值均在取值范围内，说明样本损失较少。

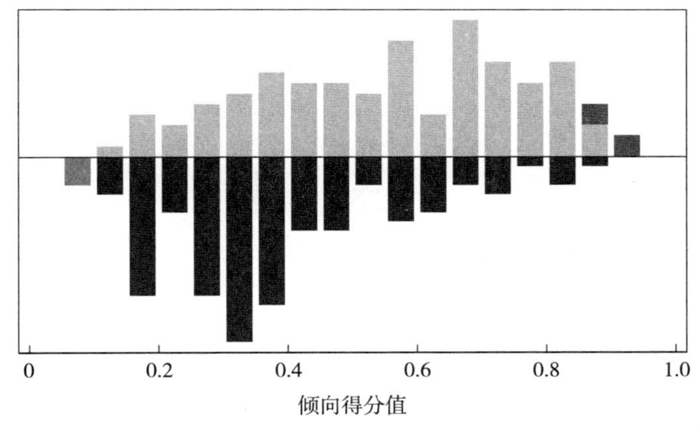

图 6－1　倾向得分的共同取值范围

注：纵轴表示样本量，横轴为通过 Logit 回归得到的倾向得分（取值为 0～1）。

PSM 另一个假设是要满足平衡性检验，表 6－3 中可以看出，匹配后全部控制变量偏差明显减小，其绝对值均低于 10%，说明总体匹配效果较好。同时匹配后的 t 统计量均不显著，说明匹配后的匹配变量在处理组和对照组之间并不存在显著的差异。而从总体拟合优度模型可以看出（见表 6－4），匹配后，Pseudo－R^2

值显著降低，LR 统计量不再显著，这表明匹配结果能较好地平衡两组样本的控制变量分布，平行假设得以验证。

表 6－3 匹配前后控制变量平衡性检验结果

变量	类型	均值		标准化偏差	标准化偏差变化	T 值
		实验组	控制组			
社长性别	匹配前	0.850	0.854	－0.9	－779.7	－0.07
	匹配后	0.853	0.881	－7.9		－0.59
社长年龄	匹配前	46.879	42.024	48.0	98.3	3.66
	匹配后	46.078	45.998	0.8		0.05
社长学历	匹配前	2.851	3.163	－36.7	83.1	－2.78
	匹配后	2.922	2.975	－6.2		－0.45
任职时长	匹配前	4.150	3.276	38.3	88.1	2.93
	匹配后	4.177	4.072	4.6		0.31
注册资本	匹配前	3.187	2.837	24.7	76.7	1.87
	匹配后	3.128	3.209	－5.8		－0.41
土地规模	匹配前	2.748	2.610	12.0	66.2	0.90
	匹配后	2.726	2.679	4.0		0.30
是否办工厂	匹配前	0.131	0.179	－13.2	47.9	－1.00
	匹配后	0.137	0.112	6.9		0.54
合作社性质	匹配前	1.439	1.276	34.3	93.3	2.61
	匹配后	1.412	1.423	－2.3		－0.16
创立形式	匹配前	2.374	2.398	－1.6	－131.8	－0.12
	匹配后	2.373	2.429	－3.8		－0.27
经营类型	匹配前	2.237	2.610	－33.8	98.7	－2.56
	匹配后	2.265	2.260	0.4		0.03
社员数量	匹配前	2.785	2.317	32.6	84.1	2.47
	匹配后	2.726	2.800	－5.2		－0.36
理事会次数	匹配前	5.280	4.236	21.2	71.8	1.62
	匹配后	5.333	5.039	6.0		0.39
最需要的支持	匹配前	2.953	2.610	33.9	87.6	2.56
	匹配后	2.902	2.945	－4.2		－0.31

表6-4　匹配前后模型总体拟合优度检验

类型	Pseudo - R^2	LR 统计量	P 值
匹配前	0.144	45.85	0.000
匹配后	0.007	1.88	1.000

基于倾向匹配得分，本章分别计算出结果变量为总绩效、经济绩效、社员收入绩效、交易绩效、社会绩效与生态绩效的 ATT。匹配方法分别用最近邻匹配、半径匹配和核匹配这三种方法得到的匹配结果如表6-5所示。

从表6-5中可以看出，对于总绩效来说，最近邻匹配和核匹配方式都在5%的水平下显著。说明控制并匹配了其他变量后，利用“反事实”框架得到聘用了职业经理人的合作社比未聘用农业职业经理人的绩效高7.4%~8.2%，表明了聘请农业职业经理人可以使合作社总绩效提升约8%。验证了假设1的成立，说明了从各种维度综合考虑，合作社引入农业职业经理人对合作社总绩效提升有显著的作用。

表6-5　PSM处理效应估计结果

结果变量	匹配方法	ATT	bootstrap 标准误	T 值
总绩效	最近邻匹配	0.082**	0.033	2.485
	半径匹配	0.074*	0.038	1.947
	核匹配	0.077**	0.031	2.484
经济效益	最近邻匹配	0.112**	0.053	2.113
	半径匹配	0.094**	0.042	2.238
	核匹配	0.121**	0.039	3.103
社员收入绩效	最近邻匹配	0.035	0.046	0.761
	半径匹配	0.044	0.073	0.603
	核匹配	0.032	0.057	0.561
交易绩效	最近邻匹配	-0.556	1.822	-0.305
	半径匹配	-0.612	1.528	-0.401
	核匹配	-0.583	1.623	-0.359
社会绩效	最近邻匹配	0.169**	0.083	2.036
	半径匹配	0.182*	0.098	1.857
	核匹配	0.164*	0.085	1.929

续表

结果变量	匹配方法	ATT	bootstrap 标准误	T 值
生态绩效	最近邻匹配	0.084 *	0.051	1.647
	半径匹配	0.094 *	0.049	1.918
	核匹配	0.088 **	0.043	2.047

注：***、** 和 * 分别表示在 0.01、0.05 和 0.1 的水平上显著；半斤匹配卡尺范围为 0.01。

为了探讨合作社绩效改进的“悖论”问题，同时也为了验证本章的假设 2，本章继续将合作社经济绩效、社员收入绩效、交易绩效、社会绩效和生态绩效五种分类别绩效作为结果变量做了分析：

农业职业经理人的聘用能够显著提高合作社的经济绩效。结果显示，聘用农业职业经理人对合作社经济绩效的提高效果较为明显，平均经济绩效提高了约 10%。这一结果验证了农业职业经理人介入合作社使合作社内部分工更加精细，内部治理结构更加完善，农业职业经理人可充分发挥在市场把握、社会关系、销售渠道等方面的优势，降低生产成本和内外部交易费用，从而使合作社经营利润增加，进而提高经济绩效。

农业职业经理人的聘用对于社员的收入提高并不显著。结果表明引入农业职业经理人有利于合作社的经济绩效，而对于社员收入的提升却没有帮助。这需要细致考察农业职业经理人的定位及其与合作社的利益机制：第一，合作社聘用农业职业经理人的初衷是提升合作社的经营管理水平。因此，农业职业经理人在权衡工作的优先序时首先考虑最有利于组织的决策。但在市场竞争中，合作社和社员的利益诉求并不完全一致，这导致对组织经济绩效和社员收入影响的不一致。第二，农业职业经理人与合作社的利益分配和风险承担机制不完善。大部分合作社与农业职业经理人实行了“固定收入 + 分成”的利益机制，农业职业经理人薪酬与土地产出率或者投入产出比挂钩，并未和社员收入挂钩，这也是导致对社员收入提高影响不显著的原因。

农业职业经理人的聘用对合作社交易绩效影响也不显著。说明农业职业经理人的聘用对于合作社标准化程度与规模化销售的影响并不大。原因可能是：标准化的推行、与超市和加工企业等外部市场主体的对接工作最终决策权并不取决于农业职业经理人。理事长或者理事会权力过大，农业职业经理人的剩余决策权就会被压缩，能动性的发挥就会受到影响，也就不难理解合作社交易绩效与农业职业经理人的介入关系并不大。

聘用农业职业经理人会显著影响合作社的社会绩效。聘用农业职业经理人会使合作社社会绩效提升 16.4% ~18.2%，在 10% 的水平下显著。说明农业职业经理人的参与对于带动周边农户以及提供一些就业岗位有较为积极的作用，这意味着农业职业经理人的引入有利于更好地发挥合作社的社会化服务功能。其原因为：一是农业职业经理人作为高素质农民群体中的领军人才，被引入后通过提升合作社的组织能力和服务质量，开拓市场渠道和降低协调成本，能够辐射带动更多的农户加入社会化大生产的队伍中来。二是农业职业经理人的引入有利于推进合作社紧跟市场需求和产业升级的新趋向，优化已有业务或者拓展新业务，创造就业岗位，带动农村留守人员再就业。例如，雇用农村留守老人、妇女等人员在合作社内部打零工，以日薪方式签订工资合同。这也从一个侧面说明农业职业经理人在促进小农户与现代农业有机衔接、盘活农村剩余劳动力资源等方面具有积极的促进作用。

农业职业经理人的引入对于合作社生态绩效有显著的作用。实证结果说明了引入农业职业经理人对合作社生态绩效有显著的提升，农业职业经理人负责合作社生产经营时，更注重生态环境保护和可持续发展。据我们调研，成都市农业职业经理人在岗前培训和资格考试时，都会接受食品质量安全、生态环境保护和可持续发展等方面的知识培训，他们普遍具有较高的绿色发展和生态环保理念。而在乡村振兴战略实施中，生态宜居是乡村建设的重要内容，显然农业职业经理人已经成为促进农村生产生活生态和谐发展的重要力量。

6.4.2　稳健性检验

6.4.2.1　敏感性检验

为了弥补 PSM 匹配方法缺陷，本章使用 Rbounds 方法将结果变量为各类绩效的 PSM 匹配做敏感性分析（见表 6－6）。其中，Gamma 值为未观测因素引起微分分配的对数概率；“sig ±”分别表示上限和下限的显著水平；Gamma 值从 0 ~2 的上下限的显著水平均接近于 0，说明处理效应对于潜在因素的影响不敏感，PSM 匹配后的处理效应较为稳健。

表 6-6 PSM 敏感性分析结果

Gamma 值	总绩效		经济绩效		社员收入绩效		交易绩效		社会绩效		生态绩效	
	sig +	sig -	sig +	sig -	sig +	sig -	sig +	sig -	sig +	sig -	sig +	sig -
1.00	0	0	0	0	0	0	0	0	0	0	0	0
1.01	0	0	0	0	0	0	0	0	0	0	0	0
1.02	0	0	0	0	0	0	0	0	0	0	0	0
1.03	0	0	0	0	0	0	0	0	0	0	0	0
1.04	0	0	0	0	0	0	0	0	0	0	0	0
1.05	0	0	0	0	0	0	0	0	0	0	0	0
⋮	⋮											
1.95	1.10E-14	0	1.10E-14	0	7.90E-15	0	6.30E-15	0	1.10E-14	0	7.30E-15	0
1.96	1.30E-14	0	1.30E-14	0	9.20E-15	0	7.30E-15	0	1.30E-14	0	8.50E-15	0
1.97	1.50E-14	0	1.50E-14	0	1.10E-14	0	8.50E-15	0	1.50E-14	0	9.90E-15	0
1.98	1.80E-14	0	1.70E-14	0	1.20E-14	0	1.00E-14	0	1.80E-14	0	1.20E-14	0
1.99	2.10E-14	0	2.00E-14	0	1.40E-14	0	1.20E-14	0	2.00E-14	0	1.30E-14	0
2.00	2.40E-14	0	2.30E-14	0	1.70E-14	0	1.30E-14	0	2.40E-14	0	1.60E-14	0

注：囿于篇幅，表中省略了部分 Gamma 值的结果。

6.4.2.2 边际处理效应

由于本章数据来自实地调研的合作社层面的微观数据，存在未被观测到的异质性，即使在所有可以被观测到的方面都相同的合作社仍然会做出不同农业职业经理人聘用决策、获得不同的绩效处理效应。通常解决选择和数据缺失问题的方法大多没有考虑异质性，一般都假设不同的对象具有同质性。但 Carneiro 等(2001) 研究所形成的边际处理效应（MTE）方法认为，人们会根据比较优势原理对是否参与某项政策或倡议进行抉择。只有当参与这项政策或倡议所带来的收益大于为此付出的机会成本，该个体才会有积极性参与该项政策或倡议。这些人根据未被观测到的自身特征（比如个人能力、个人态度等）选择接受（拒绝）

参与某项政策或倡议。而边际处理效应（MTE），是指处于接受或不接受某项政策或倡议的临界状态的人在最终选择接受该项政策或倡议时的平均收益（成本），这样就避免了估计偏差。

基于以上原理，合作社同样会考虑只有聘用农业职业经理人给合作社带来的绩效大于为此付出的机会成本时，才会做出聘请农业职业经理人的决策。因此本章利用边际处理效应（MTE）作为合作社引入农业职业经理人处理效应的稳健性检验，如表 6－7 所示，每种绩效的可观测异质性检验和基本异质性检验都通过了检验，说明不仅可观测的特征变量存在异质性，而且不可观测的个体特征也存在异质性。鉴于此，我们使用 MTE 这种方法在这里是适当的，而且也是更加合适和有效的选择。具体来看，总绩效的 ATT 值为 0.079，并且在 1% 的水平上显著，说明聘请了农业职业经理人的合作社的总绩效上升 7.9%，也在前文估计的 7.4%～8.2%，因此说明估计结果较为稳健。同样地，经济绩效、社会绩效和生态绩效估计结果也在前文估计区间内或相接近，并且都通过了不同程度的显著性检验，进一步说明估计结果较为稳健。

表 6－7　边际处理效应（MTE）估计结果

结果变量	ATT	标准误	可观测异质性检验 P	基本异质性检验 P
总绩效	0.079***	0.024	0.000	0.000
经济绩效	0.084**	0.033	0.000	0.000
社员收入绩效	0.058	0.483	0.000	0.000
交易绩效	－0.439	1.550	0.000	0.000
社会绩效	0.157*	0.094	0.000	0.000
生态绩效	0.089**	0.044	0.000	0.000

注：***、**和*分别表示在 0.01、0.05 和 0.1 的水平上显著。

6.5　聘用农业职业经理人对合作社绩效影响的异质性分析

前文探讨了合作社聘请了农业职业经理人的总绩效与不同绩效之间的因果关

系。那么合作社异质性是否也会造成农业职业经理人对其绩效影响的差异？基于此，本章分别从合作社土地规模、社员数量、经营作物类型、合作社性质以及社长文化程度进行分组估计来探讨农业职业经理人引入对于合作社总绩效的影响差异。

如表 6－8 所示，聘用农业职业经理人更加有利于土地规模较大、社员数量较多的合作社绩效提升。说明当合作社经营规模、社员规模扩大到一定程度时，由于边际报酬递减规律，单纯扩张农地规模带来的收益被稀释，此时企业家才能作为一种稀缺的要素，能有效地提升合作社绩效。此结论也反推了并不是所有合作社聘请农业职业经理人均有显著效果，合作社也要考虑适度经营的边界，发挥农业适度规模引领作用。

表 6－8　分组讨论合作社聘用农业职业经理人对于总绩效的影响

变量		ATT	标准误	T 值
土地规模	大于 500 亩	0.133**	0.066	2.015
	小于等于 500 亩	0.078*	0.051	1.529
合作社社员规模	200 户以上	0.116**	0.056	2.071
	200 户及以下	0.063	0.066	0.955
经营类型	粮油作物	0.093*	0.051	1.824
	经济作物	0.082*	0.044	1.864
合作社性质	土地股份合作社	0.098**	0.047	2.085
	专业合作社	0.067*	0.030	1.453
社长教育程度	高中以上	0.066	0.049	1.347
	高中以下	0.087	0.057	1.526

注：由于分组后样本量降低，因此采用一对一有放回匹配，且允许并列；***、**和*分别表示在 1%、5%和 10%的水平上显著。

无论是经营粮食作物还是经济作物，合作社聘请农业职业经理人都将有益于合作社绩效提升。对于粮食合作社而言，由于其经营规模较大，相对集约化的生产经营方式对于合作社提出了更高的管理需求，因此，引入农业职业经理人可以降低生产管理成本和市场交易成本。而对于以种植果蔬等经济作物为主的合作社而言，其面临的市场波动和风险更大。农业职业经理人除了能提供一些生产技术指导外，也要能对市场行情精准判断。虽然农业职业经理人在不同经营类型的合作社发挥企业家才能的侧重点可能不同，但都对合作社的绩效提升有利。

聘用农业职业经理人对土地股份合作社、专业合作社的绩效均有影响，但对土地股份合作社影响更大。土地股份合作社是生产性合作社，社员将土地入股形成一种集约化经营方式，大部分社员并不参与日常生产经营，农业职业经理人不仅要具体制订生产计划任务，还要亲自参与田间管理、指导社员或者产业工人、协助市场对接等业务，此类合作社的管理缺口较大。而专业合作社是服务性合作社，通常是社员自主生产，合作社提供农资、销售、技术等服务，其经营管理的内容主要集中在为社员服务上。相比于土地股份合作社，专业合作社的农业职业经理人在生产管理环节的业务类型和强度均有所减少，因此，聘用农业职业经理人对其绩效提升力度也有轻微下降。

6.6 本章小结

合作社引入农业职业经理人是合作社内部治理结构优化的一个重要转折，也是合作社规模增大、市场竞争以及逐步壮大的必然结果。但实际上合作社引入农业职业经理人能否改善合作社的绩效以及改进何种类型绩效还需要验证。本章基于2016年成都市6区县市230家合作社管理层的调研数据，基于“反事实”框架分析了合作社引入农业职业经理人对于绩效的影响。研究结果表明：第一，合作社引入农业职业经理人后总体上能够显著提升合作社的绩效。虽然在委托代理成本框架下，农业职业经理人的设置会增加合作社的协调成本和切走一部分“蛋糕”，进而减少绩效的问题，但是本章研究结果认为农业职业经理人企业家才能的发挥对组织的贡献远大于岗位增设的成本，从而带来合作社总绩效的提升。第二，不同类型绩效分析结果表明，合作社引入农业职业经理人显著提升经济绩效、社会绩效和生态绩效，但对于社员收入绩效、交易绩效的提升不明显。不同绩效影响差异的原因主要是当前对农业职业经理人的职责定位、利益导向以及权利范畴引起的，这些迫切要求进一步完善合作社农业职业经理人规章制度和激励约束机制。第三，异质性分析结果表明，农业职业经理人的引入对土地规模和社员规模大的合作社绩效提升更明显，而在不同产业类别、不同经营方式的合作社之间影响差异较小。这表明农业职业经理人的引入还需要综合考虑合作社的土地规模和社员人数等条件。

由此得出以下政策启示：第一，鼓励大型合作社引入农业职业经理人，并完善相应的管理制度。鼓励规模大、社员多的合作社引入农业职业经理人，强化对其引入工作的培训和指导，并建议地方农业管理部门探索形成“合作社职业经理人岗位职责及管理办法”，明晰农业职业经理人的职能定位、利益模式和权利义务等，紧密社长、农业职业经理人与社员的利益联结关系，为合作社的发展提供一般性指导。第二，将农业职业经理人作为乡村振兴的一支重要人才队伍进行培育。要从人才振兴的战略高度认识农业职业经理人的作用，将农业职业经理人队伍建设纳入当地农业农村现代化推进的重要内容之中；通过建档立卡、跟踪培训、系统培育等系列措施，不断提升农业职业经理人从业的能力和水平；对吸纳农村劳动力就业、辐射带动农户作用明显、积极促进绿色化生产的合作社及农业职业经理人给予奖励，激发农业职业经理人带动小农户、盘活农村资源要素的工作热情和主观能动性。第三，不断优化农业职业经理人从业的外部环境。国家层面应尽快完善农业职业经理人资格认定办法，保证农业职业经理人市场的充分供给，有效满足合作社对农业职业经理人的需求；建立农业职业经理人人才资源信息库，及时公开农业职业经理人经历、特长、业绩、信用等信息，搭建合作社和农业职业经理人对接的信息平台；逐步推进农业产前、产中、产后各环节所需生产资料、劳务、运输等服务的打包供应，实现服务的常态化和获取的便捷化，解除农业职业经理人的后顾之忧。

第 7 章　农业职业经理人权力对其所在组织绩效的影响研究

第 5 章和第 6 章基于合作社的视角，研究了合作社聘用农业职业经理人的条件、聘用决策的影响因素以及聘用是否影响合作社的绩效。本章和第 8 章将基于农业职业经理人视角，进一步延伸至产业组织内部，探讨农业职业经理人主要通过哪些途径、如何影响组织绩效?

农业职业经理人的决策行为集中表现为其在该组织拥有的权力。国内外有关职业经理人权力和组织绩效的研究主要集中在公司，研究农业产业组织，尤其是家庭农场、农民合作社两类组织与农业职业经理人拥有的权力之间的关系研究还比较少。本章将借鉴相对较成熟的企业职业经理人权力理论和企业绩效理论，对国内外相关学者的观点和研究进行总结梳理，并利用成都市新型农业生产经营主体以及农业职业经理人的实地调查数据，重点研究：①农业职业经理人权力如何测度？不同类型的农业职业经理人的权力是否存在差异？②农业职业经理人的权力是否会影响其所在组织的绩效？如是，对其所在组织绩效的影响有多大？通过这些研究，为提高新型农业生产经营主体的绩效和生产效率，实现新型农业生产经营主体数量与质量双增长提供前瞻性的理论探索。

7.1　核心概念及理论基础

7.1.1　农业职业经理人权力界定

权力普遍存在于我们社会网络关系中，权力具有多样的生产性和旺盛的生命力。自由主义把权力看作是统治阶级施加于个人的权威，马克思主义则认为权力建立在经济压迫之上，强调权力的压迫（袁荃和夏琼，2011）。Finkelstein（1992）把经理人的权力看作是经理人薪酬的直接体现，是影响企业薪酬委员会制定薪酬决策的因素，他认为经理人的职责就是处理企业内部和外部的不确定性，并且将经理人权力划分为：所有制权力、专家权力、组织权力和声誉权力。

权力可以看作是农业职业经理人实现自身多层次需求的能力，农业职业经理人的权力大小主要由其掌握的资源多寡所决定，不同的农业职业经理人自身禀赋、所处社会环境不一样，手握的资源和优化配置资源的能力也不一样，因此，农业职业经理人的权力具有很强的个人色彩，其权力大小的差异也很明显。但是农业职业经理人应区别于构建了完善的现代企业制度的公司 CEO，公司 CEO 和公司股东不仅构建了契约合作关系，而且有完善的制度实现 CEO 和股东的权力平衡，而农业职业经理人则不然，其权力往往没有明确的制度进行限制，也很难进行监督，特别是在农民合作社、家庭农场，有的农业职业经理人兼任了合作社社长、农场主等职务，这对于有效监督限制其权力极为不便和不利。

本章在借鉴 Finkelstein（1992）、权小锋和吴世农（2010）关于经理人权力的研究的基础上，从组织权力、专家权力、所有制权力和声誉权力 4 个维度划分农业职业经理人权力，并用是否兼任社长/农场主（组织一把手）、是否为村干部、是否有农经师/畜牧师/农技师等高级职称、任职时长是否超过所有农业职业经理人任职中位数、是否出资（土地）、出资（土地）是否为组织内前五、是否为大学专科以上学历、是否在组织外兼职共 8 个因素对管理者权力进行界定。

7.1.2 理论基础

7.1.2.1 委托代理理论

20 世纪 30 年代，美国经济学家伯利和米恩斯发现：企业的实际所有者也是企业的实际经营管理者，而这种情况的存在有很大的弊端，所以他们主张由专门的管理人员经营企业，企业实际所有者保留剩余索取权，分离企业的“所有权”和“经营权”，这就是最初的“委托代理理论”，这一理论是建立在信息不对称之上的。委托代理理论是制度经济学契约理论的主要内容之一，主要研究的委托代理关系是指一个或多个行为主体根据一种明示或隐含的契约，指定、雇用另一些行为主体为其服务，同时授予后者一定的决策权利，并根据后者提供的服务数量和质量对其支付相应的报酬。授权者就是委托人，被授权者就是代理人。委托

代理关系起源于“专业化”的存在。当存在“专业化”时就可能出现一种关系，在这种关系中，代理人由于相对优势而代表委托人行动。

委托代理理论认为，在公司所有权和经营权相互分离的情况下，经理人员作为追求个人效用最大化的理性人，具有有限理性和自利性，存在机会主义和道德风险，为了防止代理人的“败德行为”和“逆向选择”，就需要一个有效的监督机制。一般情况下，经理人的机会主义行为和股东的利益是背道而驰的，或者说经理人是在损害股东利益公司价值的基础上实现其个人福利的，股东利益的这种受损就是经济学家们常说的“代理成本”（黄荣冬，2007）。

就现实情况来看，农民合作社、家庭农场及涉农企业等新型农业生产经营主体是委托人，农业职业经理人是代理人。随着近些年我国农业蓬勃发展，农业生产规模化、集约化、专业化、现代化水平越来越高，传统小农的思维和技能越来越跟不上现代农业的步伐，从而催生出大量的新型农业生产经营主体。而这些经营主体在面临农业供给侧结构性改革、劳动力成本上升、自身规模扩大等现实时，往往很难处理好与农户、政府、企业及社会组织等的关系，也很难协调优化资源配置集中精力发展生产，进而引入高素质的农业经营管理专业人才——农业职业经理人就显得十分必要。又由于农业职业经理人个人的目标函数和其被聘组织的目标函数不完全一致，可能会利用所有权和经营权分离中信息不对称的缺陷去谋取个人私利，因此需要对农业职业经理人的决策行为进行规范和约束。

7.1.2.2 控制权理论

控制权理论属于资本结构理论的三大分支之一。在十九、二十世纪资本相对稀缺、劳动力相对丰富的时候，为了扩大再生产，往往是资本大量雇用劳动力（包括管理人员），这也是必然选择，所有公司法律的出发点就是资本雇用劳动、资本权利大于劳动权利、资本支配高于劳动支配。从理论上来讲，公司的控制权应该是出资人——股东，但是，随着技术进步和市场扩张，现代大公司成为经济上优胜的组织形式之后，资本所有者对于操作公司的日常经营甚至长期发展就显得力不从心了，优秀职业经理人取代资本家而成为企业的实际控制者（黄荣冬，2007）。

管理成为一门高度专业化的职业，管理的职业化带来更高的生产力、更低的成本、更多的收入和利润，符合资本所有者的根本利益。分工必须分利，管理层不仅拥有公司的支配权，而且收入足以同资本所有者并驾齐驱。当管理者拥有公司控制权时，并没有使管理者一直选择最优资本结构的机制存在，所以即使存在使得公司价值最大化的最优资本结构，管理者为了自身利益，并不一定会选择最优资本结构。在没有受到接管威胁或其他治理机制的约束时，经理尽量避免债务融资，以降低企业经营的财务风险，享受不受约束的控制权收益；但当受到接管威胁时，经理会采取增加负债比率、降低公司价值的办法抵御恶意接管（汤海溶，2008）。

我国的农民合作社、家庭农场等新型农业生产经营主体的绝大部分成员是农民，而农民群体相较于农业职业经理人在日常管理工作等方面明显处于弱势地位，更重要的是，这些农业生产经营组织普遍存在所有人缺位的情况，使农业职业经理人成为实际的控制人。农业职业经理人的约束主要是成员对其业绩的考核，由于新型农业生产经营主体业绩受经营风险、政策导向及不确定事件的影响，事实上很难分清其业绩与农业职业经理人的努力是否直接相关，所以对农业职业经理人的考核往往没有实际效果。

7.2 农业职业经理人及其所在组织基本情况

7.2.1 调研样本及分布

本章所用数据来源于课题组2017年的农业职业经理人调研数据，有效问卷225份。对农业职业经理人工作开展情况的统计结果显示，44%在农民合作社就职（其中63.63%在专业合作社），47.56%在家庭农场就职，其余的在涉农企业等单位，这表明农业职业经理人主要在农民合作社和家庭农场从业，如表7－1所示。

表7－1 调查样本地区分布 单位:%

地区 经营主体	崇州	蒲江	邛崃	金堂	青白江	合计	比重
合作社	34	13	26	16	10	99	44.00
家庭农场	11	29	26	16	25	107	47.56
企业及其他	2	3	6	4	4	19	8.44
合计	47	45	58	36	39	225	100
比重	20.89	19.56	26.22	16.00	17.33	100	

7.2.2　农业职业经理人所在组织基本情况

由表 7-2 可知，农业职业经理人所在的组织 73.78% 成立时间不超过 4 年，成立时间超过 6 年的占比不到 10.67%，这说明农业职业经理人所在组织总体成立时间不长，大多数仍旧处在起步发展阶段；从组织的基础设施建设情况来看，约 70% 的组织基础设施建设落后，只有 7.11% 的组织基础设施条件很好，这表明目前基础设施仍旧是制约农民合作社、家庭农场等新型生产经营主体发展的主要因素；从组织带动就业人数来看，68.89% 的组织带动就业人数在（0，20］人，其次是（20，40］人的组织占比为 14.22%，但也有 8.44% 的组织带动就业人数超过 80 人，可以看出农业职业经理人所在组织的就业带动能力并不低，甚至很高。

表 7-2　农业职业经理人所在组织基本情况统计

统计量	类别	样本数	占比（%）	统计量	类别	样本数	占比（%）
单位成立时间（年）	（0，2］	76	33.78	单位基础设施建设情况	很差	30	13.33
	（2，4］	90	40.00		较差	29	12.89
	（4，6］	35	15.56		一般	97	43.11
	（6，8］	16	7.11		较好	53	23.56
	（8，+∞）	8	3.56		很好	16	7.11
带动就业人数（人）	（0，20］	155	68.89	成员年平均收入（万元）	（0，2］	71	31.56
	（20，40］	32	14.22		（2，4］	68	30.22
	（40，60］	14	6.22		（4，6］	34	15.11
	（60，80］	5	2.22		（6，8］	16	7.11
	（80，+∞）	19	8.44		（8，+∞）	36	16.00
管理机构设置完整度	很不完整	21	9.33	规章制度资料详尽度	很不详尽	20	8.89
	较不完整	62	27.56		较不详尽	54	24.00
	一般	70	31.11		一般	68	30.22
	较完整	56	24.89		较详尽	61	27.11
	很完整	16	7.11		很详尽	22	9.78

从组织成员年平均收入来看，近 70% 的组织成员年平均收入超过 2 万元，远高于 2016 年全国农村居民人均可支配收入 12363 元，这表明新型农业生产经营主体可以在提高农民收入方面发挥重大作用；从组织管理机构设置完整度来看，超过 1/3 的组织管理机构设置不完整，但也有超过一半的组织管理机构基本设置

完整，可能原因是部分组织成立时间不长，这说明农业职业经理人所在组织的管理机构设置有待进一步加强；组织规章制度资料详尽度和组织管理机构设置完整度的统计结果相近，都需要进一步开展相关工作。

7.2.3 农业职业经理人所在组织经营情况

农业职业经理人所在组织的注册资金和第一主营业务总产值两者的占比情况基本一致，大多数不超过200万元，但也有近20%的组织的注册资金或第一主营业务总产值超过400万元，可见农业职业经理人所在组织的注册资金和总产值整体不高，且存在两极分化的情况；从2016年总资产来看，42.22%的组织的总资产超过200万元，近20%的组织总资产超过600万元，这说明农业职业经理人所在组织的总资产整体较高，同时个体差异也较大；从2016年利润来看，9.34%的组织存在亏损的情况，62.22%的组织利润不超过50万元，但也有13.33%的组织利润超过100万元，这表明大多数组织的盈利能力较弱，甚至不能实现盈亏平衡，同时也说明不同组织之间利润存在巨大差距；从组织年培训人次和年培训费用综合来看，农业职业经理人所在组织培训人次和培训费用整体都不高，而这势必会影响组织成员的成长和组织的进一步发展，因此需要在组织内部配置更多资源开展更多培训，如表7－3所示。

表7－3 农业职业经理人所在组织经营情况统计

统计量	类别	样本数（人次）	占比（%）	统计量	类别	样本数（人次）	占比（%）
注册资金（万元）	（0，100]	134	59.56	第一主营业务总产值（万元）	（0，100]	107	47.55
	（100，200]	32	14.22		（100，200]	56	24.89
	（200，300]	10	4.44		（200，300]	17	7.56
	（300，400]	6	2.67		（300，400]	6	2.67
	（400，＋∞）	43	19.11		（400，＋∞）	39	17.33
2016年总资产（万元）	（0，200]	130	57.78	2016年利润（万元）	亏损	21	9.34
	（200，400]	43	19.11		（0，50]	140	62.22
	（400，600]	10	4.44		（50，100]	34	15.11
	（600，800]	8	3.56		（100，150]	10	4.44
	（800，＋∞）	34	15.11		（150，＋∞）	20	8.89

续表

统计量	类别	样本数（人次）	占比（%）	统计量	类别	样本数（人次）	占比（%）
年平均培训人次（人）	(0, 20]	136	60.44	年培训费用（万元）	(0, 0.5]	179	79.56
	(20, 40]	23	10.22		(0.5, 1]	12	5.33
	(40, 60]	13	5.78		(1, 1.5]	6	2.67
	(60, 80]	6	2.67		(1.5, 2]	8	3.56
	(80, +∞)	47	20.89		(2, +∞)	20	8.89

7.3　农业职业经理人权力测度及分析

7.3.1　农业职业经理人权力的测度

在参考 Finkelstein（1992）的权力模型、借鉴权小锋和吴世农（2010）的做法的基础上，对农业职业经理人权力大小进行测度。最终从组织权力、专家权力、所有制权力和声誉权力四个维度、八个虚拟变量、一个权力综合指标和三个权力等级指标来测度农业职业经理人权力。具体的定义如表 7－4 所示。

表 7－4　农业职业经理人权力的维度指标

权力维度	变量代号	指标解释
组织权力	Power 1	是否为合作社社长/农场主（组织一把手），是取 1，否取 0
	Power 2	是否为村干部，是取 1，否取 0
专家权力	Power 3	是否有相关高职称，是取 1，否取 0
	Power 4	任职时间是否超过所调查农业职业经理人任职时间中位数，是取 1，否取 0
所有制权力	Power 5	是否出资（土地），是取 1，否取 0
	Power 6	出资（土地）是否为本单位前五，是取 1，否取 0
声誉权力	Power 7	是否为大学专科及以上学历，是取 1，否取 0
	Power 8	是否在本单位之外兼职，是取 1，否取 0
权力综合指标	Power Z	Power 1 ~ 8 因子分析后提取的第一公因子

续表

权力维度	变量代号	指标解释
权力等级指标	Power L	Power 1 ~8 之和的取值为 0，1，2 时取 1，否则为 0
	Power M	Power 1 ~8 之和的取值为 3，4，5，6 时取 1，否则为 0
	Power H	Power 1 ~8 之和的取值为 7，8 时取 1，否则为 0

7.3.1.1 组织权力

组织权力是组织内部决定事务、支配和影响他人或者集体行为的权力。组织权力普遍存在于社会生活中，组织权力体系与部门体系之间相辅相成。农业职业经理人属于组织权力体系的顶端，可以通过影响组织内部决议、削减绩效考核目标等行为应对组织的内外部不确定性。本章用是否为合作社社长/农场主（组织一把手）Power 1 和是否为村干部 Power 2 两个虚拟变量来衡量农业职业经理人的组织权力大小。兼任了合作社社长、家庭农场农场主或者其他组织一把手的农业职业经理人，其对组织的决议和目标制定具有一定的（或绝对的）影响力，并能够调动较多资源应对组织发展的外部影响因素；另外，作为村干部的农业职业经理人，其具有较高的领导号召能力和政策优势，有利于其所在组织绩效的提升。

7.3.1.2 专家权力

专家权力是指个人因具有某种专门知识和技能而在组织中产生的一种影响力。对农业职业经理人来说，随着经营管理面临的问题越来越复杂和困难，需要具备较高水平的专业知识、技能和职业素养并不断提升。因此，本章选择农业职业经理人是否具有高级职称（高级农业职业经理人、农经师、畜牧师、园艺师等）Power 3 和农业职业经理人的任职时长是否超过所调查农业职业经理人任职时长中位数 Power 4 两个虚拟变量来衡量农业职业经理人的专家权力大小。拥有高级职称的农业职业经理人，在个人技能素养方面较其他人有一定优势，从而在组织经营决策中更加有发言权，对组织目标制定和经营管理都有较强的影响；在组织内任职时间较长的农业职业经理人，其对组织业务更加熟悉，在组织内部和外部积累了更多的人脉，能够更好地洞悉组织所在行业发展的关键问题，并且随着任职年限增长，其在组织内部的影响力会越来越大。

7.3.1.3 所有制权力

所有制权力是权力的一个重要指标，在现代经济组织中所有制权力集中体现为股权，拥有越多股份的农业职业经理人权力越大。拥有股权的农业职业经理人既是管理者又是决策参与者（股东），其股份越多，股权越大，则其对所在组织重大决策的影响力越大，对抗决策层的能力也就越大，从而在保护、巩固、攫取自身利益等方面不会处于被动局面，也能够影响其所在组织的发展方向。因此本章采用农业职业经理人是否出资（土地）Power 5 和出资（土地）是否为所在组织前五 Power 6 两个虚拟变量来衡量农业职业经理人的所有制权力。即农业职业经理人出资（土地）且比例较大，同时鉴于农业职业经理人很少受到外部监督力量的约束，农业职业经理人在经营决策中的发挥余地更大，所有制权力也更大。

7.3.1.4　声誉权力

农业职业经理人的声誉权力可以理解为一种管理精英的号召力，这种号召力既体现在组织内部，也对组织外部有所影响。声誉好的农业职业经理人可以有效号召、调动组织内部力量，形成强大的向心力，推动组织发展；同时，声誉较好的农业职业经理人可以调动更多的外部资源、取得较多的外部支持，从而可以较好地应对外部不确定性对组织的各种危害。本章用农业职业经理人是否为大学专科及以上学历 Power 7 和是否在本单位外兼职 Power 8 两个虚拟变量来度量声誉权力。农业职业经理人具有专科及以上学历，表明其受教育程度高于普通农民，则会更加重视自身的声誉。农业职业经理人在本单位外兼职，即农业职业经理人具有多重身份，其会更加重视自身声誉的建立，这可以有效提升农业职业经理人的声誉权力。

7.3.1.5　综合指标与等级指标

为了更加全面地测度农业职业经理人权力，本章进一步在前文的八个指标基础上，提炼出测度农业职业经理人权力大小的综合指标。综合指标的提炼采用的方法是：对以上八个指标进行因子分析，采用第一公因子作为农业职业经理人权力大小的综合指标（Power Z）。等级指标的测度的方法如下：直接对以上八个虚拟变量求和，最终取值范围为［0，8］，基于此对农业职业经理人的权力划分等级：取值为0～2时将权力等级定义为低（Power L），取值为3～6时将权力等级定义为中等（Power M），取值为7～8时将权力等级定义为高（Power H）。

7.3.2　农业职业经理人权力差异分析

7.3.2.1　农业职业经理人权力维度差异对比分析

从表7－5可以看出，农业职业经理人拥有所有制权力的比例最高，Power 5 和 Power 6 分别为92.89%和82.22%，即超过90%的农业职业经理人都在任职单位出过资（或土地），其中88.51%的农业职业经理人出资（或土地）为单位前五，这表明绝大多数农业职业经理人拥有所有制权力，有利于激励农业职业经理人行使自身职权。组织权力占比略低于所有制权力，Power 1 和 Power 2 占比均约为75%，且66.22%的农业职业经理人既是组织“一把手”，也是村干部，只有不到16%的农业职业经理人没有组织权力，说明多数农业职业经理人拥有组织权力，可以参与所在组织重大决策，也便于其较快吸收相关农业政策。

表 7－5　农业职业经理人权力维度差异对比　　单位：%

权力类型	变量代号	N	和	占比	标准差
组织权力	Power 1	225	171	76.00	0.4280
	Power 2	225	168	74.67	0.4359
专家权力	Power 3	225	53	23.56	0.4260
	Power 4	225	110	48.89	0.5010
所有制权力	Power 5	225	209	92.89	0.2576
	Power 6	225	185	82.22	0.3832
声誉权力	Power 7	225	69	30.67	0.4621
	Power 8	225	111	49.33	0.5011

农业职业经理人的专家权力和声誉权力占比相近，但专家权力占比最低。从声誉权力来看，Power 8 占比近一半，而 Power 7 则不足1/3，这表明近一半的农业职业经理人身兼多职，有利于农业职业经理人扩展社会网络，调动社会资源，但也会分散其从事农业职业经理人工作的精力，同时近70%的农业职业经理人学历水平在大学专科以下，削弱了农业职业经理人的声誉权力。从占比最低的专家权力来看，Power 3 占比不到1/4，Power 4 不足一半，这说明农业职业经理人任职时间偏短，且多数没有行业相关的高级职称，因此，农业职业经理人有待于进一步提升自身综合素质，提高对相关行业的认识。

7.3.2.2　农业职业经理人权力等级差异对比

（1）不同身份和单位的农业职业经理人权力等级对比。

不同身份和就职于不同性质单位的农业职业经理人的权力等级存在异同点。由表7－6可以得出，近3/4的农业职业经理人权力为“中等”，其次为“高”，“低”的人数为21，占比不足10%，可见农业职业经理人权力主要集中在中等水平。从农业职业经理人主要身份来看，“种养大户”占绝大多数，其次是“大学

生及其他”和“村干部”，各种身份农业职业经理人的权力均是“中等”水平占比最大，但是占比第二的权力水平却存在差异，除了“返乡农民工”权力等级“低”占比为第二，其余均是“高”占比高于“低”，同时返乡农民工权力等级为“高”的人数为0，可能原因是返乡农民工在受教育程度、政策可获得性等方面略逊于其他身份的农业职业经理人，从而削弱了其权力大小。

表7－6 不同身份和单位的农业职业经理人权力等级对比

权力大小	主要身份					单位性质				
	种养大户	村干部	返乡农民工	大学生及其他	合计	股份合作社	专业合作社	家庭农场	企业及其他	合计
低	14	1	2	4	21	5	6	6	4	21
中等	130	11	14	19	174	30	46	86	12	174
高	22	3	0	5	30	1	11	14	4	30
合计	166	15	16	28	225	36	63	106	20	225

从农业职业经理人就职的单位性质来看，“家庭农场”占比近50%，其次是“专业合作社”。就职于不同性质单位的农业职业经理人权力占比最大的均为“中等”，但就职于“专业合作社”和“家庭农场”的农业职业经理人权力等级为“高”占比明显比就职于“股份合作社”的农业职业经理人高，相反“低”的占比却更低，可能原因是农民股份合作社和企业拥有完整的管理制度，对农业职业经理人的职权有完善的制度规定，进而限制规范了农业职业经理人的权力，因此就职于“股份合作社”的农业职业经理人较少出现权力过高或过低的情况。

（2）风险态度和年龄不同的农业职业经理人权力等级对比。

从风险态度来看（见表7－7），占比大小依次为风险中立者、风险追求者和风险规避者，分别为44.44%、35.56%和20.00%，说明大多数农业职业经理人对风险不持规避态度，甚至持追求态度，这主要是由农业行业受自然灾害、市场波动等影响大，经营风险大的特点所决定的。从三类农业职业经理人权力等级对比来看，均是权力等级“中等”占比最大，但风险追求者权力等级“高”的占比明显高于其余两类。从年龄来看，各年龄段的农业职业经理人权力等级差异较小，但（30，40］（40，50］两个年龄段的农业职业经理人权力等级“高”的占比明显高于这两个年龄段“低”的比例，同时也高于30岁及以下和50岁及以上这两个年龄段“高”的比例，这说明农业职业经理人年龄主要为30～50岁，同时这一年龄段的农业职业经理人权力也相对高。

表7-7 不同风险态度和年龄的农业职业经理人权力等级对比

权力大小	风险态度				年龄				
	风险追求	风险中立	风险规避	合计	(0，30]	(30，40]	(40，50]	(50，80]	合计
低	5	12	4	21	3	5	11	2	21
中等	63	74	37	174	21	42	88	23	174
高	12	14	4	30	3	9	17	1	30
合计	80	100	45	225	27	56	116	26	225

7.4 农业职业经理人所在组织的绩效评价

7.4.1 绩效评价指标体系构建

农业职业经理人所在组织的绩效是一定时期内该组织生产经营的综合体现，是评价和检验该组织经营状况好坏的标准，通过对绩效指标的测算，可以明确组织存在的问题和改进的方向，对完成组织目标、提升该组织整体绩效具有重要意义。对农业职业经理人所在组织绩效进行研究，最重要的问题是建立一个科学合理的组织绩效评价指标体系，进而才能有效地进行绩效衡量与对比。

实地调查数据显示，农业职业经理人所在组织主要为农民合作社和家庭农场，而这类组织拥有企业组织形态，属于经济组织，具备经济组织的“盈利性”和社会团体的“互助性”，因此，农业职业经理人所在组织的绩效评价指标体系可借鉴企业与社团的绩效评价指标（李道和和陈江河，2014）。国内外学者已经对农民合作社、家庭农场的绩效进行了大量深入的研究，为本章研究提供了清晰的思路和丰富的理论基础。本章在遵循科学性、可操作性、重要性原则的前提下，借鉴徐旭初和吴彬（2010）、刘文丽等（2015）、武慧敏（2015）、杨琳和陈序（2015）提出的绩效评价指标体系，并结合在成都5区县市的实地调研情况，

融合其他文献中提出的绩效评价指标，以绩效综合指标A为一级指标，经济规模B1、经济效益B2、内部管理B3、成员收益B4、组织认同感B5和发展潜力B6为二级指标，二级指标下共设十个三级指标，构建起农业职业经理人所在组织绩效的指标评价体系，并运用软件SPSS17.0进行数据检验和绩效测度。

指标体系主要包括以下几个层面：①经济规模，体现了一个组织的经济基础和可调动资源的大小，如该组织的注册资金和资产总额。②经济效益，这是农业职业经理人所在组织绩效最为集中体现的方面，主要代表了该单位的盈利能力和经济实力，如经营利润以及成员的年平均收入等。③内部管理，可以衡量组织内部的运行状况，完善的规章制度可以规范组织内部行为，减少运行成本，这方面的指标主要包括管理机构设置完整度和规章制度详尽度两个方面。④成员收益，农业职业经理人所在组织的成员素质及其从该组织获取的收益大小很大程度上影响着组织整体的经营发展，对成员的培训次数和成员的收入进行分析有助于完善绩效评价指标体系。⑤组织认同感，"得民心者得天下"，较高的认同感体现了较为一致的价值取向，组织成员对其认可程度越高代表该组织越被认可，影响力越大。⑥发展潜力，是一个组织坚实的基础和自身实力的综合表现，农业职业经理人所在组织的发展潜力可通过基础设施建设情况来体现。

农业职业经理人所在组织绩效评价指标体系的具体量化指标如表7－8所示。

表7－8　农业职业经理人所在组织的绩效评价指标体系

一级指标	二级指标	三级指标
绩效综合指标A	经济规模B1	注册资金C1
		资产总额C2
	经济效益B2	2016年经营利润C3
		是否应用物联网C4
	内部管理B3	管理机构设置完整度C5
		规章制度资料详尽度C6
	成员收益B4	成员年平均收入C7
		年平均培训人次C8
	组织认同感B5	内部成员认可度C9
	发展潜力B6	基础设施建设情况C10

7.4.2 农业职业经理人所在组织的绩效评价

7.4.2.1 数据无量纲化处理

本章采用的量化指标的具体单位不尽相同，为消除原始变量量纲影响，采用阈值法对所用数据进行无量纲化处理。阈值法公式如下：

$$y_i = \frac{\max\limits_{1\leqslant i\leqslant n} x_i + \min\limits_{1\leqslant i\leqslant n} x_i - x_i}{\max\limits_{1\leqslant i\leqslant n} x_i} \tag{7-1}$$

其中，x_i 表示某一变量的第 i 项，$\max\limits_{1\leqslant i\leqslant n} x_i$ 表示该变量的最大值，$\min\limits_{1\leqslant i\leqslant n} x_i$ 表示该变量的最小值。

7.4.2.2 数据检验

对无量纲化的数据进行可靠性检验、KMO 检验和巴特利特球形检验。从检验结果来看（见表 7－9），基于标准化项的样本数据信度系数 Cronbach's Alpha 为 0.519，表明研究所用的样本数据可信度较高；KMO 检验值显示为 0.537，大于 0.5，因此可以采用因子分析；巴特利特球形检验中相关系数显著性检验 P 值为 339.136，自由度为 45，P 值 =0.000 <0.05，达到显著性水平，适合进行因子分析。综上所述，可以对数据进行因子分析。

表 7－9 数据检验结果

检验类型	定义	数值
可靠性检验	Cronbach's Alpha	0.449
	基于标准化项的 Cronbach's Alpha	0.519
	项数	10.000
KMO 检验	取样足够度的 Kaiser－Meyer－Olkin 度量	0.537
巴特利特球形检验	Bartlett 的球形度检验近似卡方	339.136
	df	45.000
	sig.	0.000

7.4.2.3 确定公因子

从表 7－10 可以看出，所有变量所提取的共同度都比较大，说明提取的公因子基本可以很好地解释原始变量。

表7-10　公因子方差

	初始	提取
注册资金C1	1.000	0.773
资产总额C2	1.000	0.784
2016年经营利润C3	1.000	0.736
是否应用物联网C4	1.000	0:831
管理机构设置完整度C5	1.000	0.841
规章制度资料详尽度C6	1.000	0.839
成员年平均收入C7	1.000	0.732
年平均培训人次C8	1.000	0.709
内部成员认可度C9	1.000	0.894
基础设施建设情况C10	1.000	0.843

由表7-11可以看出，前6个因子的初始特征值均大于1，因此提取它们作为公因子，同时可以解释总体方差的80%。

表7-11　解释的总方差

成分	初始特征值			提取平方和载入			旋转平方和载入		
	合计	方差的%	累积%	合计	方差的%	累积%	合计	方差的%	累积%
1	2.222	22.224	22.224	2.222	22.224	22.224	1.787	17.866	17.866
2	1.297	12.971	35.195	1.297	12.971	35.195	1.574	15.741	33.607
3	1.259	12.594	47.789	1.259	12.594	47.789	1.283	12.827	46.434
4	1.129	11.288	59.077	1.129	11.288	59.077	1.132	11.323	57.757
5	1.060	10.605	69.682	1.060	10.605	69.682	1.117	11.174	68.932
6	1.013	10.132	79.814	1.013	10.132	79.814	1.088	10.882	79.814
7	0.740	7.403	87.217	—	—	—	—	—	—
8	0.607	6.070	93.287	—	—	—	—	—	—
9	0.404	4.035	97.322	—	—	—	—	—	—
10	0.268	2.678	100.000	—	—	—	—	—	—

7.4.2.4　建立因子载荷矩阵

初始因子载荷矩阵的系数特征不是特别明显，无法对实际意义进行解释。旋转后的因子载荷矩阵（成分矩阵）系数特征较旋转前更为明显，更加便于解释（见表 7 - 12）。

表 7 - 12　旋转后因子载荷矩阵

	1	2	3	4	5	6
注册资金 C1	0. 139	0. 858	-0. 112	-0. 018	0. 034	-0. 063
资产总额 C2	0. 099	0. 867	0. 109	0. 048	-0. 010	0. 091
2016 年经营利润 C3	-0. 066	0. 195	0. 341	0. 586	-0. 436	0. 209
是否应用物联网 C4	0. 175	-0. 035	-0. 113	0. 866	0. 137	-0. 129
管理机构设置完整度 C5	0. 902	0. 138	0. 039	0. 050	0. 032	0. 052
规章制度资料详尽度 C6	0. 905	0. 099	0. 035	0. 082	-0. 017	0. 052
成员年平均收入 C7	-0. 061	-0. 073	0. 811	0. 057	0. 123	0. 216
年平均培训人次 C8	0. 269	0. 099	0. 678	-0. 128	-0. 093	-0. 377
内部成员认可度 C9	0. 003	0. 047	0. 081	0. 052	0. 939	0. 025
基础设施建设情况 C10	0. 119	0. 038	0. 046	-0. 062	-0. 010	0. 906

从表 7 - 11 和表 7 - 12 可知，共提取了 6 个公因子，公共因子 FAC1_ 1 在管理结构设置完整度 C5 和规章制度资料详尽度 C6 上的载荷系数较大，因此定义为内部管理因子 F1；FAC2_ 1 在注册资金 C1 和资产总额 C2 上的载荷系数较大，因此定义为经济规模因子 F2；FAC3_ 1 在成员年平均收入 C7、年平均培训人次和 2016 年经营利润 C3 较大，因此定义为成员收益因子 F3；FAC4_ 1 在 2016 年经营利润 C3 和是否应用物联网 C4 的载荷系数较大，因此定义为经济效益因子 F4；FAC5_ 1 在内部成员认可度 C9 上的载荷系数较大，因此定义为组织认同感因子 F5；FAC6_ 1 在基础设施建设情况 C10 上的载荷系数较大，因此定义为发展潜力因子 F6。综上所述，提取的公共因子基本与前文指标体系中的二级指标相一致，印证了该指标体系的科学性。

7. 4. 2. 5　计算因子得分及绩效综合得分

结合表 7 - 13 显示的各因子得分系数矩阵，提取出第一公因子 F1 的表达式如下，同理可得 F2、F3、F4、F5、F6 的表达式。

$$F1 = -0.045C1 - 0.091C2 - 0.13C3 + 0.043C4 + \cdots + 0.057C10 \qquad (7-2)$$

表 7－13　因子得分系数矩阵

指标	因子得分系数矩阵					
	1	2	3	4	5	6
注册资金 C1	－0.045	0.572	－0.113	－0.051	0.042	－0.080
资产总额 C2	－0.091	0.571	0.054	0.000	0.019	0.051
2016 年经营利润 C3	－0.130	0.098	0.223	0.491	－0.336	0.154
是否应用物联网 C4	0.043	－0.072	－0.121	0.786	0.158	－0.124
管理机构设置完整度 C5	0.524	－0.054	－0.030	－0.037	0.006	0.029
规章制度资料详尽度 C6	0.531	－0.084	－0.035	－0.009	－0.039	0.029
成员年平均收入 C7	－0.087	－0.065	0.643	0.033	0.150	0.169
年平均培训人次 C8	0.128	0.022	0.538	－0.167	－0.083	－0.386
内部成员认可度 C9	－0.050	0.053	0.095	0.095	0.856	0.041
基础设施建设情况 C10	0.057	－0.019	－0.010	－0.082	0.009	0.834

用各因子方差贡献率占 6 个因子总方差贡献率的比重（$\varepsilon1 = 17.866$，$\varepsilon2 = 15.741$，$\varepsilon3 = 12.827$，$\varepsilon4 = 11.323$，$\varepsilon5 = 11.174$，$\varepsilon6 = 10.882$）为权重加权汇总，可得到农业职业经理人所在组织经营绩效的综合得分 F，即：

$$F = \frac{\varepsilon1}{\varepsilon1 + \varepsilon2 + \varepsilon3 + \varepsilon4 + \varepsilon5 + \varepsilon6}F1 + \cdots + \frac{\varepsilon6}{\varepsilon1 + \varepsilon2 + \varepsilon3 + \varepsilon4 + \varepsilon5 + \varepsilon6}F6 \quad (7-3)$$

代入可得：

$$F = 0.2238F1 + 0.1972F2 + 0.1607F3 + 0.1419F4 + 0.1400F5 + 0.1363F6 \quad (7-4)$$

根据以上公式即可计算出农业职业经理人所在组织绩效的综合得分。统计结果如表 7－14 所示，可知 F 最大值为 1.0309，最小值为－1.7837，极差达 2.8146，所有组织绩效综合得分的总和为－0.0002，均值接近于 0，这说明农业职业经理人所在组织绩效个体差异较大。

表 7－14　绩效综合得分统计

样本量	总和	最小值	25% 分位数	75% 分位数	最大值	标准差	方差
225	－0.0002	－1.7837	－0.2229	0.2393	1.0309	0.4161	0.1732

7.4.3 农业职业经理人所在组织绩效差异分析

7.4.3.1 不同区县市农业职业经理人所在组织绩效得分对比

以区县市划分对比农业职业经理人所在组织的绩效综合得分，可以得出，无论是绩效得分总和还是均值，排名次序一样，依次是邛崃市、青白江区、金堂县、崇州市和蒲江县。各区县市的综合得分总体差异较小，但内部的综合得分差异较大，金堂县农业职业经理人所在组织绩效的综合得分差异最大，其次是崇州市，差异最小的是邛崃市。总的来说，5个区县市综合得分差异较小，但个体差异较大，如表7-15所示。

表7-15 不同区县市农业职业经理人所在组织绩效得分对比

区县市	样本数	总和	均值	最大值	最小值	标准差
邛崃	58	4.0078	0.0691	0.8923	-0.6215	0.3306
青白江	39	2.0280	0.0520	0.7259	-1.1403	0.4171
金堂	36	1.1088	0.0308	0.9630	-1.5676	0.4668
崇州	47	-1.2361	-0.0263	1.0309	-1.7837	0.4518
蒲江	45	-5.9085	-0.1313	0.8175	-1.4060	0.3996

7.4.3.2 不同性质组织绩效得分对比

从表7-16可知，家庭农场的经营绩效综合得分第一，总和为10.0349，均值为0.0938，其次分别是股份合作社、专业合作社与“企业及其他”。与此同时，家庭农场绩效得分的总体差异最小，可能原因是5个区县市的家庭农场经营规模差异小、规章制度建设情况一致造成的；而专业合作社绩效综合得分个体差异较大，最大差异为2.2235，主要是因为专业合作社的主营业务类别和规模差异较大，同时专业合作社的经济基础不尽相同。总的来看，家庭农场经营绩效得分最高，且个体差异小于股份合作社和专业合作社。

表7-16 不同性质组织绩效得分对比

组织性质	样本数	总和	均值	最大值	最小值	标准差
股份合作社	36	-0.9878	-0.0274	1.0309	-0.6039	0.4086
专业合作社	63	-2.8100	-0.0446	0.8175	-1.4060	0.4170
家庭农场	107	10.0349	0.0938	0.9630	-1.5676	0.3527
企业及其他	19	-6.2371	-0.3283	0.4968	-1.7837	0.5691

7.5　农业职业经理人权力对所在组织绩效影响的实证研究

农业职业经理人作为农民合作社、家庭农场等组织的经营管理能手，其整体素质的高低及能力发挥程度对其所在组织盈利能力、市场竞争力的提升等都有所影响，而这集中体现在农业职业经理人的权力上，因此，有必要探明农业职业经理人权力与其所在组织绩效的关系。

7.5.1　农业职业经理人权力对其所在组织绩效的相关分析

7.5.1.1　农业职业经理人权力综合指标与绩效的相关性

农业职业经理人权力综合指标与其所在组织绩效的相关性。运用 SPSS 17.0 对农业职业经理人权力综合指标 Power Z 与所在组织绩效 F 进行双变量相关性分析，结果见表 7－17。从相关数值来看，农业职业经理人权力与其所在组织绩效的相关系数为 0.143，且在 0.05 的水平上显著，表明农业职业经理人权力与其所在组织绩效之间存在明显的正相关关系，即在其他变量影响因素不变的情况下，农业职业经理人的权力 Power Z 越大，农业职业经理人所在组织的绩效就越好，反之亦然。

表 7－17　农业职业经理人权力综合指标与其所在组织绩效相关矩阵

		F	Power Z
F	Pearson 相关性	1.000	0.143*
	显著性（双侧）	—	0.032
	N	225	225
Power Z	Pearson 相关性	0.143*	1.000
	显著性（双侧）	0.032	—
	N	225	225

注：*表示在 5% 水平（双侧）上显著相关；**表示在 1% 水平（双侧）上显著相关。

农业职业经理人权力综合指标与组织绩效公因子的相关性。使用 SPSS 17.0 对农业职业经理人权力综合指标 Power Z 与内部管理因子 F1、经济规模因子 F2、成员收益因子 F3、经济效益因子 F4、组织认同感因子 F5、发展潜力因子 F6 的相关关系进行分析，得到各因子间的相关系数。从表 7 – 18 可以看出，农业职业经理人权力 Power Z 与内部管理因子 F1、经济规模因子 F2、组织认同感因子 F5 的相关系数分别为 – 0.137、 – 0.302 和 0.147，且分别在 0.05、0.01 和 0.05 的水平上显著，而与成员收益因子 F3、经济效益因子 F4、发展潜力因子 F6 的相关关系不显著。另外，F1、F2、F3、F4、F5、F6 之间的相关关系均不显著，表明农业职业经理人所在组织绩效测度的公因子之间不存在相关性，这印证了绩效指标体系的可靠性。

表 7 – 18　农业职业经理人权力综合指标与其所在组织绩效公因子相关矩阵

		Power Z	F1	F2	F3	F4	F5	F6
Power Z	Pearson 相关性	1	– 0.137 *	– 0.302 **	0.014	0.035	0.147 *	0.022
	显著性（双侧）	—	0.040	0.000	0.834	0.606	0.028	0.742
	N	225	225	225	225	225	225	225
F1	Pearson 相关性	– 0.137 *	1.000	0.000	0.000	0.000	0.000	0.000
	显著性（双侧）	0.040	—	1.000	1.000	1.000	1.000	1.000
	N	225	225	225	225	225	225	225
F2	Pearson 相关性	– 0.302 **	0.000	1.000	0.000	0.000	0.000	0.000
	显著性（双侧）	0.000	1.000	—	1.000	1.000	1.000	1.000
	N	225	225	225	225	225	225	225
F3	Pearson 相关性	0.014	0.000	0.000	1	0.000	0.000	0.000
	显著性（双侧）	0.834	1.000	1.000	—	1.000	1.000	1.000
	N	225	225	225	225	225	225	225
F4	Pearson 相关性	0.035	0.000	0.000	0.000	1.000	0.000	0.000
	显著性（双侧）	0.606	1.000	1.000	1.000	—	1.000	1.000
	N	225	225	225	225	225	225	225
F5	Pearson 相关性	0.147 *	0.000	0.000	0.000	0.000	1.000	0.000
	显著性（双侧）	0.028	1.000	1.000	1.000	1.000	—	1.000
	N	225	225	225	225	225	225	225

续表

		Power Z	F1	F2	F3	F4	F5	F6
F6	Pearson 相关性	0.022	0.000	0.000	0.000	0.000	0.000	1.000
	显著性（双侧）	0.742	1.000	1.000	1.000	1.000	1.000	—
	N	225	225	225	225	225	225	225

注：*表示在5%水平（双侧）上显著相关；**表示在1%水平（双侧）上显著相关。

具体来看，农业职业经理人权力 Power Z 与内部管理因子 F1 呈显著的负相关关系，这说明农业职业经理人权力越大，则其所在组织的内部管理因子 F1 会越小，可能原因是农业职业经理人权力过大会产生高昂的代理成本，进而影响组织绩效；Power Z 与经济规模因子 F2 也呈显著的负相关关系，即随着农业职业经理人权力增大，其所在组织的经济规模因子会减小，主要原因是拥有过高权力的农业职业经理人能够左右其所在组织的重大决策，鉴于理性经济人的趋利性，他会影响组织通过有损于自身利益的决策，同时缺乏干劲的农业职业经理人也会以稳健投资、安于现状的形式减少工作量，最终造成其所在组织的经济规模因子缩小；农业职业经理人权力 Power Z 与组织认同感因子 F5 呈显著的正相关关系，这表明农业职业经理人权力越大，组织认同感因子也会越大；反之亦然。

7.5.1.2　农业职业经理人权力等级指标与绩效的相关性

农业职业经理人权力 Power L 与其所在组织绩效的相关性。通过分析农业职业经理人权力 Power L 与其所在组织的绩效 F 之间的相关性，发现两者在0.05的水平上并不显著相关，但是两者在0.1的水平上显著负相关，且系数为 -0.112。由此可见，农业职业经理人权力 Power L 与其所在组织绩效在0.1的水平上显著正相关，即在其他变量影响因素不变化的情况下，农业职业经理人的权力 Power L 越大，农业职业经理人所在组织的绩效就越低，反之亦然，如表7-19所示。

表7-19　农业职业经理人权力 Power L 与其所在组织绩效的相关性

		F	Power L
F	Pearson 相关性	1.000	-0.112
	显著性（双侧）	—	0.095
	N	225	225

续表

		F	Power L
Power L	Pearson 相关性	-0.112	1.000
	显著性（双侧）	0.095	—
	N	225	225

农业职业经理人权力 Power M 与其所在组织绩效的相关性。由表 7－4 可知，通过分析农业职业经理人权力 Power M 与其所在组织的绩效 F 之间的相关性，发现两者在 0.01 的水平上显著相关，且系数为 0.222。这说明农业职业经理人权力 Power M 与其所在组织绩效显著正相关，即在其他变量影响因素不变化的情况下，农业职业经理人的权力 Power M 越大，农业职业经理人所在组织的绩效就越高；反之亦然，如表 7－20 所示。

表 7－20　农业职业经理人权力 Power M 与其所在组织绩效的相关性

		F	Power M
F	Pearson 相关性	1.000	0.222**
	显著性（双侧）	—	0.001
	N	225	225
Power M	Pearson 相关性	0.222**	1.000
	显著性（双侧）	0.001	—
	N	225	225

注：* 表示在 5% 水平（双侧）上显著相关；** 表示在 1% 水平（双侧）上显著相关。

农业职业经理人权力 Power H 与其所在组织绩效的相关性。通过运用 SPSS 17.0 分析农业职业经理人权力 Power H 与其所在组织的绩效 F 之间的相关性，发现两者在 0.01 的水平上显著相关，且系数为 －0.177。由此可见，农业职业经理人权力 Power H 与其所在组织绩效在 0.01 的水平上显著负相关，即在其他变量影响因素不变化的情况下，农业职业经理人的权力 Power H 越大，农业职业经理人所在组织的绩效就越低，反之亦然，如表 7－21 所示。

表7-21　农业职业经理人权力 Power H 与其所在组织绩效的相关性

		F	Power H
F	Pearson 相关性	1.000	-0.177**
	显著性（双侧）	—	0.008
	N	225	225
Power H	Pearson 相关性	-0.177**	1.000
	显著性（双侧）	0.008	—
	N	225	225

注：*表示在5%水平（双侧）上显著相关；**表示在1%水平（双侧）上显著相关。

7.5.2　农业职业经理人权力对其所在组织绩效的回归分析

7.5.2.1　变量选取

（1）被解释变量。

根据第4章对农业职业经理人所在组织绩效测度的结果，本章选择农业职业经理人所在组织绩效综合得分 F 作为因变量 Y_1。同时，从另一角度出发，对综合得分 F 值进行等级划分：F 取值为$(-\infty, -1)$，$[-1, -0.5]$、$(-0.5, 0]$、$(0, 0.5]$和$(0.5, +\infty)$时，分别将农业职业经理人所在组织绩效得分定义为很低、较低、一般、较高和很高，对应取值1~5，命名为农业职业经理人所在组织绩效等级变量 Y_2。

（2）解释变量。

根据本章第三部分对农业职业经理人权力的测度结果，本部分选择农业职业经理人权力综合指标 Power Z、Power L、Power M 和 Power H 分别作为解释变量。整体来看，农业职业经理人从业时间不长，大多由种养大户转变而来，其受教育程度、专业技能素养与企业职业经理人存在很大差距，因此，本部分假设农业职业经理人的权力越大，表示农业职业经理人在经营管理水平、种养专业素养等方面的水平越高，从而其对所在组织的绩效呈现正向影响，能够显著提升所在组织的绩效，推动组织相关制度、基础设施完善和盈利能力提升。

（3）控制变量。

因为农业职业经理人所在组织的绩效还受农业职业经理人权力之外的其他因素影响，本章在借鉴已有研究的基础上，选择以下变量作为模型的控制变量：该组织成立时长 time；距离县级行政中心的距离 distance；与同类竞争者实力相比 compete；非成员对所在组织的认可度 accept；成员参与组织日常活动的程度 part；该组织对周边农村经济的积极影响 influence；业务量与 2016 年比较 business；是否建设有农产品品牌 brand；是否为成员销售农产品 market；2016 年的经营收入的对数 Lnincome。各变量的具体定义如表 7－22 所示。

表 7－22　模型变量说明及统计性描述

变量符号	赋值内容	最小值	最大值	均值	标准差
Y_1	农业职业经理人所在组织绩效综合得分	－1.784	1.031	0.001	0.416
Y_2	很低 =1；较低 =2；一般 =3；较高 =4；很高 =5	1	5	3.529	0.876
Power Z	农业职业经理人 8 个权力虚拟指标提取的第一公因子	－3.449	0.835	0.001	1.001
Power L	农业职业经理人权力为"低" =1；其他 =0	0	1	0.093	0.292
Power M	农业职业经理人权力为"中等" =1；其他 =0	0	1	0.773	0.420
Power H	农业职业经理人权力为"高" =1；其他 =0	0	1	0.133	0.341
time	实际值	1	17	3.644	2.362
distance	实际值	1	80	15.576	9.611
compete	差很多 =1；差一些 =2；没有差别 =3；好一些 =4；好很多 =5	1	5	3.658	0.960
accept	没听说过 =1；知道但并不了解 =2；了解一点 =3；比较了解 =4；非常熟悉 =5	1	5	4.053	0.811
part	非常低 =1；比较低 =2；一般 =3；比较高 =4；非常高 =5	1	5	4	1.009
influence	非常不显著 =1；不显著 =2；一般 =3；较显著 =4；非常显著 =5	1	5	3.787	0.818
business	差很多 =1；差一些 =2；没有差别 =3；好一些 =4；好很多 =5	1	5	3.587	0.965
brand	是 =1；否 =0	0	1	0.347	0.477
market	是 =1；否 =0	0	1	0.893	0.309
Lnincome	2016 年的经营收入的对数	0.001	8.517	4.790	1.571

（4）多重共线性检验。

为了保证模型模拟的可信度，避免解释变量之间由于过高相关关系而使模型估计失真或难以精准估计的情况出现，所以构建模型前对所有解释变量进行了多重共线性诊断。运用 Stata 软件得出变量的方差膨胀因子（VIF），如果 VIF 值越大，说明各解释变量之间更有可能存在共线性，但是 VIF 值都小于 10 表示各变量间没有明显的共线性（李子奈，2010）。由表 7 - 23 可知，各解释变量的 VIF 值都小于 10，说明解释之间没有明显共线性。因此可选取这 4 个解释变量和 10 个控制变量来构建模型。

表 7 - 23　多重共线性检验

变量	VIF	1/VIF	VIF	1/VIF	VIF	1/VIF	VIF	1/VIF
Power Z	1.14	0.8748	—	—	—	—	—	—
Power L	—	—	1.05	0.9569	—	—	—	—
Power M	—	—	—	—	1.07	0.9350	—	—
Power H	—	—	—	—	—	—	1.15	0.8681
influence	1.30	0.7671	1.31	0.7628	1.30	0.7674	1.31	0.7640
accept	1.27	0.7891	1.27	0.7868	1.27	0.7876	1.27	0.7891
lnincome	1.22	0.8193	1.21	0.8242	1.20	0.8318	1.20	0.8307
compete	1.19	0.8385	1.21	0.8282	1.20	0.8353	1.24	0.8052
part	1.23	0.8160	1.21	0.8292	1.21	0.8294	1.21	0.8275
business	1.17	0.8556	1.16	0.8589	1.17	0.8558	1.17	0.8532
brand	1.12	0.8922	1.12	0.8925	1.13	0.8879	1.15	0.8720
market	1.15	0.8708	1.12	0.8945	1.12	0.8907	1.12	0.8928
time	1.13	0.8817	1.11	0.8982	1.15	0.8719	1.17	0.8517
distance	1.06	0.9425	1.06	0.9425	1.06	0.9407	1.07	0.9381
均值	1.18	3.8498	1.17	0.8613	1.17	0.8576	1.19	0.8448

7.5.2.2　模型设定

（1）多元线性回归模型。

多元线性回归是一种数理统计方法，主要用于区分一个因变量和多个自变量之间的关系，同时也可以细分这些因素的主次顺序。本部分因变量 F1 为农业职业经理人所在组织绩效综合得分，取值范围为［-1.784，1.031］，解释变量 Power Z 及诸多控制变量理论上影响着 Y_1，但难以确定是否存在影响关系及影响大小，因此采用多元线性回归模型进行分析预测。

多元线性回归一般表达式如下：

$$Y=\delta_0+\delta_1x_1+\delta_2x_2+\delta_3x_3+\cdots+\delta_nx_n+\mu \tag{7-5}$$

其中，Y 表示被解释变量，x 表示解释变量，被解释变量有 n 个，μ 为去除 n 个解释变量对 Y 的影响后的随机误差，由式（7-5）表示 n 个随机方程的矩阵表达式为：

$$Y=X\delta+\mu \tag{7-6}$$

另外，如果 x 的列满秩，使用最小二乘估计，估计值为：

$$\hat{\delta}=(X'X)^{-1}x'Y \tag{7-7}$$

（2）有序 Probit 模型。

本部分被解释变量 Y_2 为农业职业经理人所在组织绩效综合得分等级划分变量，均取 1，2，3，4，5 五个值，且不同取值之间存在程度差异，因此被解释变量属于多分类有序变量，同时控制变量多以离散型数据为主，故采取有序 Probit 模型。模型的基本形式为：

$$y^*=\beta' X+\varepsilon_i,\ i=1,\ 2,\ 3,\ \cdots,\ n \tag{7-8}$$

其中，β' 表示参数向量，$\varepsilon_i\sim N(0,\ \sigma^2 I)$，即观测样本相互独立且具有正态误差。

如果用 α_1、α_2、α_3、α_4 分别表示农业职业经理人所在组织绩效等级的未知分割点，且存在 $\alpha_1<\alpha_2<\alpha_3<\alpha_4$，即：

$$y_i=\begin{cases}5; & \text{if} \quad y_i^*>\alpha_4\\ 4; & \text{if} \quad \alpha_3<y_i^*<\alpha_4\\ 3; & \text{if} \quad \alpha_2<y_i^*<\alpha_3\\ 2; & \text{if} \quad \alpha_1<y_i^*<\alpha_2\\ 1; & \text{if} \quad y_i^*\leqslant\alpha_1\end{cases}$$

y=1，2，3，4，5 的概率分别为：

$$\text{Prob.}\ (y=1\mid X)=\Phi(\alpha_1-\beta' X)$$

$$\text{Prob.}\ (y=2\mid X)=\Phi(\alpha_2-\beta' X)-\Phi(\alpha_1-\beta' X)$$

$$\text{Prob.}\ (y=3\mid X)=\Phi(\alpha_3-\beta' X)-\Phi(\alpha_2-\beta' X)$$

Prob.（y = 4 | X）= Φ（α_4 − β'X）− Φ（α_3 − β'X）

Prob.（y = 5 | X）= 1 − Φ（α_4 − β'X）

Φ 为标准正态分布的累积密度函数。与一般 Probit 模型一样，有序 Probit 模型的参数估计采用极大似然估计法（Maximum Likelihood Method），但是自变量 X 对概率的边际影响并不等于系数 β'，其中，Prob（y = 1）的导数明显与系数 β' 有相反的符号，而 Prob（y = 5）的导数明显与系数 β' 符号一致，而中间取值概率的变动与 β' 之间的关系不能确定。

本章的基本模型设定如下：

农业职业经理人所在组织绩效等级 = F（农业职业经理人权力指标，控制变量）+ 随机扰动项。

7.5.3　农业职业经理人权力对组织绩效影响的回归分析

7.5.3.1　权力综合指标对组织的绩效和绩效等级影响的实证分析

（1）模型估计。

利用 Stata/MP14.0 统计软件，进行模型估计，得到回归结果，如表 7－24 所示。

表 7－24　模型回归结果

	多元线性回归模型（模型 1）		有序 Probit 模型（模型 2）	
	系数	标准差	系数	标准差
Power Z	0.0608 **	0.0241	0.1893 **	0.0807
time	−0.0139	0.0102	−0.0605 *	0.0336
distance	0.0024	0.0024	0.0060	0.0080
compete	0.0564 **	0.0256	0.1599 *	0.0849
accept	−0.0389	0.0313	−0.0624	0.1030
part	0.0693 ***	0.0247	0.2330 ***	0.0822
influence	0.0518	0.0315	0.2978 ***	0.1046
business	0.0710 ***	0.0252	0.2309 ***	0.0842
brand	0.1512 ***	0.0500	0.5588 ***	0.1669
market	0.1225	0.0780	0.3521	0.2563
Lnincome	0.0788 ***	0.0158	0.2332 ***	0.0537

续表

	多元线性回归模型（模型 1）		有序 Probit 模型（模型 2）	
	系数	标准差	系数	标准差
常数项	1.4259***	0.1805		
	N	225	N	225
	F	11.6600	Log likelihood	-232.3248
	R^2	0.3758	Pseudo R^2	0.1856
	Adj R^2	0.3435	LR x_2 (11)	105.8900
	Prob > F	0.0000	Prob > x_2	0.0000

注：***、**和*分别表示在1%、5%和10%的水平上显著。

（2）结果分析。

模型 1 回归结果分析。从模型估计结果来看，农业职业经理人权力综合指标 Power Z 在 0.05 的水平上显著影响农业职业经理人所在组织绩效的综合得分，且系数为 0.0608，即在其他控制变量不变的情况下，农业职业经理人权力提高 1，其所在组织的绩效得分会提高 0.0608，这说明农业职业经理人的权力对其所在组织的绩效有较大的正向影响，因此可以通过提高农业职业经理人权力综合指标来提升其所在组织的绩效，可从加强农业职业经理人再教育程度、提升管理水平、提高种养技能等方面入手提高其所在组织的绩效。

从控制变量对农业职业经理人所在组织绩效综合得分的回归结果来看，与同类竞争者实力相比 compete、成员参与组织日常活动的程度 part、业务量与 2016 年比较 business、是否建设有农产品品牌 brand 和 2016 年的经营收入的对数 Lnincome 均显著影响综合得分，且前两者在 0.05 的水平上显著，后三者在 0.01 的水平上显著。具体来看，虚拟变量“与同类竞争者实力相比 compete”横向对比了农业职业经理人所在组织与其他相近组织的实力，变量“成员参与组织日常经营活动 part”代表了该组织内部成员的参与积极性，compete 和 part 取值越大表明该组织内部人员越有信心、积极性越强，会显著正向影响组织的绩效；“业务量与 2016 年比较 business”的系数为正，说明随着组织业务量增多，其组织绩效也会随之提高；“是否建设有农产品品牌 brand”的系数也为正，且系数为 0.1512，即建设有农产品品牌的组织，其绩效会比没有建设农产品品牌的组织绩效高 0.1512；从“2016 年的经营收入的对数 Lnincome”的回归结果来看，农业职业经理人所在组织的经营收入会正向影响其组织绩效，主要原因是经营收入与总资

产和利润直接相关。

该组织成立时长 time、距离县级行政中心的距离 distance、非成员对所在组织的认可度 accept、该组织对周边农村经济的积极影响 influence 和是否为成员销售农产品 market 5 个变量都不显著。可能原因是，成都市周边农村的基础设施不断完善，道路、通信、灌溉等基本覆盖所有农耕地，加上日趋完善的社会服务体系，使成立较晚、距离县级行政中心较远的涉农组织与较早成立、距离县级行政中心较近的涉农组织在这些方面不存在太大差异，从而不会影响到组织绩效。

模型 2 回归结果分析。农业职业经理人权力综合指标 Power Z 在 0.05 的水平上显著影响农业职业经理人所在组织绩效的等级 Y_2，且系数为正，这说明农业职业经理人的权力越大，则其所在组织的绩效等级越高，因此同样可以通过提高农业职业经理人权力综合指标来提升其所在组织的绩效等级，可从加强农业职业经理人再教育程度、提升管理水平、提高种养技能等方面入手。

从控制变量对农业职业经理人所在组织绩效得分等级的有序 Probit 模型回归结果来看，该组织成立时长 time 在 0.1 的水平上显著影响 Y_2，且系数为负，这说明农业职业经理人所在组织的成立时间越长，该组织的绩效等级越低，可能原因是成立过早的合作社、家庭农场内部机制僵化难以改变，同时组织成员思想固化、难以引进优秀人才，进而影响其整体绩效等级；该组织对周边农村经济的积极影响 influence 在 0.01 的水平上显著、正向影响 Y_2，即该组织对周边农村经济的贡献越大，则其绩效等级越高；另外，与同类竞争者实力相比 compete、成员参与组织日常活动的程度 part、业务量与 2016 年比较 business、是否建设有农产品品牌 brand 和 2016 年的经营收入的对数 Lnincome 均显著、正向影响组织绩效等级 Y_2，且除“与同类竞争者实力相比 compete”在 0.1 的水平上显著外，后四者在 0.01 的水平上显著。另外，距离县级行政中心的距离 distance、非成员对所在组织的认可度 accept 和是否为成员销售农产品 market 3 个变量都不显著，可能原因是，成都市周边农村较好的基础设施和不断完善的社会服务体系，使这些涉农组织的基础条件和销售市场整体差异不大，从而不能影响其绩效等级。

7.5.3.2　农业职业经理人权力等级对组织绩效的回归分析

（1）模型估计。

利用 Stata/MP14.0 统计软件，进行模型估计，得到回归结果如表 7－25 所示。

表 7-25　模型回归结果

	模型 3		模型 4		模型 5	
	系数	标准差	系数	标准差	系数	标准差
Power L	-0.1612 **	0.0794	—	—	—	—
Power M	—	—	0.1229 **	0.0557	—	—
Power H	—	—	—	—	-0.0706	0.0719
time	-0.0177 *	0.0101	-0.0135	0.0102	-0.0151	0.0105
distance	0.0022	0.0024	0.0026	0.0024	0.0025	0.0025
compete	0.0596 **	0.0259	0.0488 *	0.0257	0.0479 *	0.0265
accept	-0.0434	0.0315	-0.0429	0.0314	-0.0401	0.0317
part	0.0627 **	0.0246	0.0601 **	0.0246	0.0600 **	0.0249
influence	0.0454	0.0317	0.0502	0.0316	0.0524	0.0319
business	0.0673 ***	0.0253	0.0637 **	0.0253	0.0650 **	0.0256
brand	0.1495 ***	0.0502	0.1342 ***	0.0503	0.1360 ***	0.0512
market	0.1488 **	0.0774	0.1423 **	0.0774	0.1509 *	0.0780
Lnincome	-0.0806 ***	0.0159	-0.0827 ***	0.0158	-0.0846 ***	0.0159
常数项	1.4076 ***	0.1810	1.2418 ***	0.1895	1.3529 ***	0.1826
	N	225	N	225	N	225
	F	11.34	F	11.45	F	10.9000
	R^2	0.3694	R^2	0.3715	R^2	0.3601
	Adj R^2	0.3368	Adj R^2	0.3391	Adj R^2	0.3270
	Prob > F	0	Prob > F	0	Prob > F	0

注：***、** 和 * 分别表示在 1%、5% 和 10% 的水平上显著。

（2）结果分析。

从模型 3 估计结果来看，农业职业经理人权力综合指标 Power L 在 0.05 的水平上显著影响农业职业经理人所在组织绩效的综合得分，且系数为 -0.1612，即在其他控制变量不变的情况下，Power L 取值为 1，其所在组织的绩效得分会降低 0.1612，这说明“低”权力等级的农业职业经理人的权力对其所在组织的绩效有显著的负向影响，这也印证了前文（见表 7-21）Power L 与组织的绩效在 0.1 水平上负相关。可能原因是“低”权力等级的农业职业经理人在经营管理综合素质、政策可获得性和社会关系网络等方面有所欠缺，进而限制了其采取最优的经营决策，最终导致负向影响组织的绩效。其他控制变量与模型1和模型2回归结果基本一致，不再阐述。

从模型4估计结果来看，农业职业经理人权力综合指标Power M在0.05的水平上显著影响农业职业经理人所在组织绩效的综合得分，且系数为0.1229，即在其他控制变量不变的情况下，Power M取值为1，其所在组织的绩效得分会提高0.1229，这说明"中等"权力等级的农业职业经理人的权力对其所在组织的绩效有显著的正向影响，这和前文（见表7-22）Power M与组织的绩效在0.01水平上显著正相关相互印证。可能原因是"中等"权力等级的农业职业经理人拥有丰富的经营管理经验、较高的综合素质，能够从容地应对组织内外部的不确定性，可以采取最优的经营决策，因此会正向影响组织的绩效。

从模型5估计结果来看，农业职业经理人权力综合指标Power H的系数为-0.0706，但并不显著影响农业职业经理人所在组织的绩效。结合前文（见表7-23）Power H与组织的绩效在0.01水平上显著负相关来看，"高"权力等级的农业职业经理人的权力对其所在组织的绩效在一定程度上有显著的负向影响。

7.6　本章小结

本章主要验证了农业职业经理人权力对所在绩效的绩效影响，研究结论主要包括：第一，绝大多数农业职业经理人拥有所有制权力和组织权力，便于农业职业经理人行使自身职权、参与所在组织重大决策，农业职业经理人权力等级主要集中在"中等"水平，对风险持追求态度、就职于"专业合作社"或"家庭农场"、年龄在30~50岁的农业职业经理人权力等级为"高"的占比更高。第二，农业职业经理人所在组织绩效个体差异较大，5个区县市的绩效总和与均值从大到小的排序均是：邛崃市、崇州市、青白江区、金堂县和蒲江县；依照组织性质划分来看，家庭农场的经营绩效综合得分最高，接着依次是股份合作社、专业合作社与"其他"。第三，农业职业经理人权力会显著正向影响其所在组织的绩效，但继续细分农业职业经理人权力等级，构建模型分析发现权力等级为"低"

和“高”的农业职业经理人的权力都会负向影响组织的绩效，而权力等级为“中等”的则是正向影响组织的绩效。

基于以上结论，本章提出以下对策建议：

第一，完善农业职业经理人培育机制。通过不断改进农业职业经理人的培育机制，促进农业职业经理人综合素质均衡发展，可从以下几个方面入手：其一，完善财政支农惠农政策，政府实施强农惠农富农政策要优先考虑农业职业经理人，安排财政支农项目和向农民发放农业补贴可适当对农业职业经理人创办领办的农民合作社、家庭农场等新型农业经营主体给予适当倾斜。其二，各级政府应设立农业职业经理人培训教育专项资金，建立农业职业经理人培训教育补助机制，完善农业职业经理人培育的绩效评估制度，加大对农业职业经理人培育的投入力度。其三，改进农业职业经理人培育的方式和内容，根据不同地区、不同类型的农业职业经理人的实际需要，创新灵活多样、实用高效的新型职业农民培训新模式，科学设置并适时更新丰富培训内容。其四，完善农业职业经理人培养的相关配套保障体系，建立城乡一体化的社会保障制度，让农业职业经理人享受到与城市居民一样的较高水平的社会保障。

第二，建立健全农业职业经理人考核机制。农业职业经理人通过在日常经营管理中出售自己的运营管理能力，换取就职单位的货币、股份等作为报酬，而农业职业经理人权力过大会造成其操纵所在组织的重大决策，产生高昂的代理成本，因此需要建立农业职业经理人激励考核机制，降低代理成本，督促其着力于提升组织绩效。建立全方位动态考评机制可从以下三方面入手：其一，建立健全以职位目标为核心的年度考核体系，对年度内组织营业收入、行业地位、市场地位、经营质量等进行综合考量。其二，建立健全以组织战略绩效为核心的任期考核体系，考核任期内年平均收入增长率、年平均利润率、年平均投资收益率、员工收入增长等指标。其三，建立健全以经营业绩为核心的市场化动态考核机制，通过对比对标企业单位的成本、利润、品牌知名度等指标，确立农业职业经理人考核目标，实现对农业职业经理人经营情况的连续关注和对组织发展的动态把握。

第三，完善农业职业经理人市场机制。农业职业经理人队伍不断扩大，但真正拥有高水平综合素质的农业职业经理人依旧稀缺，造就了农业职业经理人权力和经营业绩存在较大差异，因此要加快推进建立健全农业职业经理人市场机制，优胜劣汰，由市场选拔出优秀的农业职业经理人。一方面，搭建农业职业经理人

市场竞争机制，进一步完善农业职业经理人的“选拔机制”和“退出机制”，提高农业职业经理人培训考核标准，细化完善等级评定标准与农业职业经理人退出标准和细则，健全退出惩处机制；另一方面，建立健全农业职业经理人的信用评估机制，构建农业职业经理人人才数据库，并建立科学的评价指标评估农业职业经理人的个体特征及工作业绩。

第8章　农业职业经理人入股与合作社经济绩效

——决策行为倾向的调节作用

职业经理人是现代企业在规模扩张和市场竞争中逐渐产生的职业化管理群体，是人才市场中最有活力与前景的阶层，也是企业管理科学研究的重要分支。鉴于家庭农场组织结构和管理较简单，企业职业经理人制度的发端和研究已有较长的历史和相对成熟的理论体系，本章主要聚焦合作社这一特殊经济组织的职业经理人问题研究。如何促使职业经理人与所在组织利益一致从而达到激励经理人进入组织后能够积极发挥作用、提升组织绩效的目标是职业经理人问题研究的重要内容，而“股权激励”被认为是解决这一问题的重要途径。合作社作为互助性的经济组织也不例外，尽管在内部治理结构、利益分配方式等方面与企业（或纯营利部门）有很大区别，但现实中也观察到随着合作社规范化程度的提高，合作社农业职业经理人也在入股合作社，通过土地经营权入股、资金入股等方式与合作社结成更为紧密的利益关系。

那么，运用“股权激励”这一方式能否调动合作社农业职业经理人的工作积极性呢？农业职业经理人积极性提高是否能够促进合作社绩效提升呢？已有关于企业职业经理人的研究表明，职业经理人入股会带来两种后果。最优契约理论认为由理事会设计出符合社员利益最大化的最优激励合约，能够缓解引入职业经理人产生的代理问题；而管理者权力理论则指出在职业经理人权力较大，能够影响自己合约安排的合作社，上述激励作用将不会存在。也即，如果职业经理人入股提升了合作社绩效，那么激励效应存在；反之，则表明“股权激励”手段在合作社不适用。这个问题直接关系到当前我国农民合作社内部治理结构的优化和合作社经营质量的提升，也关系到相关政策支持重点和导向的优化问题。而从已

有文献来看，关于农业职业经理人的文献大多集中在农业职业经理人的概念、作用、培育模式以及发展中存在问题及对策等方面（黄亢斌，2015；Liang Q 和 Hendrikse G，2013；Ma M 和 Zhu H，2018；Zhang S，2020；Yu L，2018；尚旭东，2016；夏芳，2018），为数不多的几篇关于合作社引入职业经理人的研究也仅限于理论分析（Liang Q 和 Hendrikse G，2013；颜永才和陆文娟，2015）以及合作社是否引入经理人对其绩效的影响（董杰等，2020），进一步研究农业职业经理人入股及决策行为的实证文献目前还没有看到。

基于以上背景，借鉴公司治理委托代理理论、最优契约理论和管理者权力理论，基于合作社农业职业经理人的问卷调查数据，构建调节效应模型，试图识别农业职业经理人入股对合作社经济绩效的影响，并进一步探讨农业职业经理人决策行为在其中的作用，为促进合作社农业职业经理人队伍建设、提升合作社绩效做出微探。本章的主要贡献在于：第一，基于农民合作社这一互助性经济组织视角，研究农业职业经理人入股这一激励方式与组织绩效的关系，研究紧跟当前合作社发展中出现的新变化，这为农民合作社内部治理的优化提供前瞻性的理论探讨。第二，基于工商管理与农业经济管理交叉学科视角，研究企业管理科学中的农业职业经理人制度在农业产业组织中的应用，是对农业职业经理人制度研究边界的拓展。第三，基于数据调查资料，细致研究农业职业经理人的入股行为，创设农业职业经理人决策行为倾向衡量指标，实际验证入股、决策行为与合作社绩效之间的相互关系，这有助于深入理解农业职业经理人的行为特征和合作社内部治理机制，为促进我国农民合作社经营质量的改善提供有针对性的建议。

8.1 理论分析与研究假说

8.1.1 农业职业经理人入股对合作社绩效的影响

农业职业经理人是合作社引入现代企业制度后聘请的专业从事农业规模化、集约化生产经营管理的职业群体。该群体具有同企业经理人相同的特征：一是产生背景相同，两者均是在产业组织内部管理职责的分化中迅猛发展起来，是组织发展壮大中经营权和管理权分离的产物（董杰等，2020）。二是设立目标的一致性，即提升组织的人力资本和企业家才能，并避免组织陷入“内部人控制”的困境（罗必良，2017）。三是均存在委托代理成本问题。委托人（组织）聘用代理人（经理人）承担一定的经营管理职责并给付相应的报酬，但当激励与责任不一致或者信息不对称时，代理人有可能采取机会主义行为，发生道德风险和逆向选择（Jensen M C 和 Meckling W H，1976）。合作社农业职业经理人也具有不同于企业经理人的地方，这些不同归根结底都与所依托的产业组织性质有关。农民合作社是互助性的经济组织，遵循“民主管理、一人一票”“利益共享、风险共担”的原则，而不是像所有者企业一样由资本决定所有权和利益分配结果（林坚和马彦丽，2006）。这一特性决定了合作社的农业职业经理人面临更为复杂的委托代理关系。一方面，由于合作社的决策更加分散，农业职业经理人剩余决策权的内部协调成本更高，这势必影响其作用的发挥，但当理事长兼任农业职业经理人时，合作社的权利则变得更加集中；另一方面，由于社员分散生产难以监督，农业职业经理人的贡献更难直接观测到，其利益分享将受到更多制约。再加上从事农业本身的效益低、市场风险和自然风险大，因此，合作社农业职业经理人积极性的激励问题更为复杂。在现实中，部分合作社借鉴企业“股权激励”的做法，允许农业职业经理人以土地经营权、资金等入股合作社，以此来激发农业职业经理人的工作积极性。

那么，农业职业经理人入股能否促进农民合作社绩效的提升呢？根据公司治理委托代理理论存在两种解释。第一，最优契约理论认为：由高管的监督者董事会设计符合股东利益最大化的最优激励合约，从而缓解股东与经理人之间的代理问题（戴璐和宋迪，2018）。在公司治理中，股权激励能够激励经理人努力工作提高公司绩效（许娟娟等，2016）；股权激励制度将股东利益和管理层利益有机结合，显著影响了高管人员的投资决策行为（刘美玉和姜磊，2019）。在合作社中，农业职业经理人入股的收益主要分为两部分，一是根据入股土地面积获得的保底收益，二是根据入股资金比例获得合作社的收益分红，从合作社这种普遍的利益分配方案设计来看，入股能够激励农业职业经理人努力工作，提升合作社绩效。第二，管理者权力理论则指出：当强有力的管理者能够影响自己的激励合约安排时，激励合约就不再是股东与管理者之间代理问题的有效解决方式（戴璐和宋迪，2018）。在合作社一人一票加不超过 20% 附加表决权的民主治理结构中，合作社重大事务由社员（代表）大会决策，但在成员异质性和能人领办的现实情境下，农业职业经理人尤其是社长兼任的农业职业经理人往往在合作社决策中具有独断权，因此，入股并不能促进农业职业经理人努力工作，进而影响合作社绩效目标。基于以上分析，本章提出以下竞争性假设：

假设 H1a：农业职业经理人入股有利于促进合作社绩效提升。

假设 H1b：农业职业经理人入股不利于促进合作社绩效提升。

8.1.2　农业职业经理人入股、决策行为倾向与合作社绩效

决策行为倾向是指农业职业经理人进入合作社后，在选择不同难度的任务时其本身所具有的行为偏好。依据管理心理学中的成就动机理论（Achievement Motivation），人们的行为是消极还是积极不仅是个性的反映，还受到可选行为的难度、激励和风险程度等特点的影响（叶仁敏和 KuntA. Hagtvet，1992）。如前所述，农业职业经理人入股对合作社绩效的影响有两种完全相反的理论预期，入股行为能否促进合作社经济绩效提升还取决于农业职业经理人入股后面对不同难度任务时的决策倾向。比如，执行组织召开例会、培训社员、文件审阅等常规任务，农业职业经理人所花费的时间和精力不多，可以在一定程度上提升组织的运行效率，但是并不能给组织带来较大利润；而主动寻求市场机会、拓展销售渠道，引进新技术、研发新品种，申报政府项目等任务则需要农业职业经理人付出更多的努力和艰辛，能为组织带来更大的利润和前景，但同时也面临更高的失败风险。因此，农业职业经理人对工作难易程度的选择行为会影响到合作社的绩效。

显然，入股能否激励农业职业经理人积极作为，并取得合作社绩效的提升，这一点要受制于农业职业经理人对日常工作的行为偏好这一重要因素。农业职业经理人入股后与合作社的联结关系更加紧密，这很可能会激励农业职业经理人积极作为，在日常决策中挑战更多更能提升合作社绩效的中高难度任务；但同时，入股合作社的农业职业经理人往往单个出资额较多，且在成员异质性的现实情境下，普通社员与农业职业经理人在业务拓展、投资决策等重大事务上的眼界与预期存在显著差别，农业职业经理人会考虑自身所承担的风险，选择承担更多稳妥的常规任务。而已有企业经理人相关的研究也表明，高管风险承担的决策偏好会弱化内外部建议寻求对商业模式创新的积极影响，而积极自主性这一决策偏好则会强化外部建议寻求对商业模式创新的影响；CEO 所有制权力对并购溢价决策中的群体极化效应具有显著的调节作用，持股比例大的 CEO 更具冒险精神，会加强并购溢价决策中的群体极化效应。因此，本章提出以下假设：

假设 H2：决策行为倾向对农业职业经理人入股影响合作社绩效具有调节效应。

8.2 农业职业经理人决策倾向的调节效应模型设计

8.2.1 农业职业经理人入股对合作社绩效的影响

本章主要采用多元线性回归模型研究农业职业经理人入股对合作社绩效的影响，用合作社产业经营收入表示合作社经济绩效，同时控制要素投入、市场距离等因素对收入的影响。首先构建合作社收入方程：

$$Coo\_\ Income_i = \alpha_i Man\_\ Shares_i + \sum_{j=1}^{n} \eta_{ij} X_{ij} + \mu_i \qquad (8-1)$$

其中，$Coo\_\ Income_i$ 表示合作社产业经营收入，$Man\_\ Shares_i$ 表示农业职业经理人 i 是否入股合作社的虚拟变量，$Man\_\ Shares_i = 1$ 表示农业职业经理人 i 入股合作社，$Man\_\ Shares_i = 0$ 表示农业职业经理人未入股合作社。X_{ij} 表示影响合作社产业经营收入的其他控制变量，主要包括合作社要素投入、到县级行政中心的距离以及合作社竞争实力。α_i 和 η_{ij} 表示待估参数，μ_i 表示随机扰动项。

8.2.2 农业职业经理人决策行为倾向的调节效应检验

为进一步检验农业职业经理人决策行为倾向在入股行为影响合作社收入过程中的调节效应，本章在合作社绩效方程中加入农业职业经理人决策行为倾向（$Dec\_\ D_i$）、入股行为与决策行为倾向的交乘项（$Man\_\ Shares_i \times Dec\_\ D_i$）两个变量，构建如下调节效应检验方程：

$$Coo\_\ Income_i = \alpha'_i Man\_\ Shares_i + \beta_i Dec\_\ D_i + \varphi_i Man\_\ Shares_i \times Dec\_\ D_i + \sum_{j=1}^{n} \eta'_{ij} X_{ij} + \varepsilon_i \qquad (8-2)$$

其中，α'_i、β_i、φ_i 和 η'_{ij} 表示对应待估参数，ε_i 表示随机扰动项。

8.2.3　变量说明

8.2.3.1　被解释变量：合作社总收入（COO_ INCOME）

本章使用合作社经营产业总收入（COO_ INCOME）来衡量合作社的经济绩效；使用合作社纯盈利（COO_ PROFIT）作为经济绩效的替代测度指标，进行稳健性检验。为缩小数据极化差异和减少回归的异方差性，本章将两个变量先进行 1% 缩尾处理，再取对数。

8.2.3.2　核心解释变量：农业职业经理人是否入股合作社（MAN_ SHARES）

本章选择农业职业经理人是否入股合作社作为本章核心解释变量，问卷设置为“农业职业经理人是否有资金、土地、技术或者其他要素入股合作社”，有以上要素入股合作社为 1，反之则为 0。

8.2.3.3　调节变量：农业职业经理人决策行为倾向（DEC_ D）

本章选择农业职业经理人决策行为倾向（DEC_ D）作为调节变量，具体用农业职业经理人对不同难易程度任务的选择倾向来测度。农业职业经理人进入合作社后，能否发挥作用以及发挥作用的程度很大程度上取决于其本身的行为意愿，而行为意愿又具体体现为面对不同难度任务时所做出的选择。因此，本章依据成就动机理论与成就动机量表，再结合课题组实际调研中了解到的农业职业经理人日常决策内容，将农业职业经理人日常承担的任务分为：中高难度任务和常规任务（见表 8－1）。

表 8－1　农业职业经理人日常承担任务分类

任务难度	中高难度任务	常规任务
具体任务内容	管理资产、进行项目投资	组织召开例会
	向金融机构融资	文件审阅签字
	拓展市场销路	进行人事招聘和调整
	申请政府项目	组织培训社员
	引进新技术	购买农资
	协调与政府的关系	扩张生产规模
	对外交流	参与合作社盈余分配

为了刻画农业职业经理人对不同难易程度任务的选择倾向，问卷设计中将每

一项任务选项设置为：没有、非常少、比较少、一般、比较多、非常多，分别赋值为0～5，农业职业经理人的决策倾向用高难度任务选择程度之和与常规任务选择程度之和的比值（DEC_ D）表示。决策行为倾向值若大于1，表明农业职业经理人在经营中承担的中高难度任务更多，农业职业经理人更倾向于承担具有挑战性的任务；反之则越倾向于承担常规任务。本章将农业职业经理人对中高难度任务选择数量之和与常规任务选择数量之和的比值（DEC_ Q）作为决策行为倾向的替代指标，进行稳健性检验。

8.2.3.4 控制变量

为了减少遗漏变量带来的估计偏误，本章还加入了合作社物质（K）、劳动（L）、土地（N）以及技术（T）四大要素投入，合作社到县级行政中心的距离（DISTANCE）以及在镇域同类合作社中的竞争实力（COO_ STRENGTH）等控制变量。合作社物质（K）用合作社肥料、种苗等农资投入费用测度；劳动（L）为合作社投入劳动总工日；土地（N）为合作社经营的土地面积；技术（T）用合作社技术引进、技术培训等技术投入费用测度；距离（DISTANCE）为合作社到县政府的公里数；合作社竞争实力（COO_ STRENGTH）为五级定序变量。

8.3 农业职业经理人入股、决策行为倾向与合作社经济绩效

8.3.1 描述性统计分析

由表8-2可知，从经济绩效来看，农业职业经理人所在合作社的经济绩效差异悬殊，表明现阶段农民合作社内部发展质量差异较大。从入股选择来看，有74%的农业职业经理人选择入股所在合作社，表明大部分农业职业经理人与合作社建立了更加紧密的联结关系。从投入要素来看，合作社每年平均投入各类资金95万元，相比之下合作社的技术投入较少，约为资金投入的10%；平均土地经营规模937亩，合作社规模化经营特征明显；劳动投入差异较大，可能与合作社经营产业和机械化程度的差异有较大关系。从地理位置来看，合作社到所在县级行政中心的平均距离为16千米，表明合作社到市场的距离相对较近。

表8-2 变量定义与数据处理

类别	变量	符号	Min	Mean	Max	Std. Dev.
被解释变量	合作社总收入	COO_ INCOME	1.00	409.93	6000	923.74
	合作社纯利润	COO_ PROFIT	0.14	70.01	800	139.07
核心解释变量	是否入股合作社	MAN_ SHARES	0.00	0.74	1	0.44
调节变量	决策行为倾向	DEC_ D	0.00	0.80	1.4167	0.29
		DEC_ Q	0.00	1.48	3	0.52
控制变量	资金投入	K	2.00	95.56	917	158.14
	劳动投入	L	50.00	8460.52	190000	26535.60
	土地投入	N	10.00	937.18	5000	1014.18
	技术投入	T	0.00	9.56	100	19.73
	到县城的距离	DISTANCE	1.00	16.09	40	8.85
	在镇域同类合作社中的竞争实力	COO_ STRENGTH	1.00	3.44	5	1.14

从我们关注的农业职业经理人的决策行为来看，以每项任务的工作量之比衡量的决策倾向值的均值小于1，即农业职业经理人承担的中高难度任务工作量要低于常规任务，调研数据也表明：购买农资、召开例会和培训社员是农业职业经理人承担最多的常规任务。但以任务数量之比衡量的决策行为倾向值均值则大于1，即农业职业经理人承担的中高难度任务数量要高于常规任务，其中，技术引进、协调政府关系和拓展市场销路则是农业职业经理人承担最多的中高难度任务。这说明农业职业经理人在合作社经营决策中能够积极挑战中高难度任务，但只是涉足这些任务，并未深入执行，这一细节问题对于提升农业职业经理人的能力具有重要启发。

8.3.2 农业职业经理人入股对合作社经济绩效的影响

表8-3中的模型1和模型2报告了农业职业经理人入股行为对合作社总收入的影响。模型1豪斯曼检验残差项（e）的回归系数为-0.5314，在1%的水平上显著不为0，表明模型1中农业职业经理人选择变量存在较强的内生性问题。一方面，农业职业经理人是否入股合作社是一种自选择（Self-selection）行为，入股和未入股的农业职业经理人在年龄、受教育程度、风险态度等方面可能存在系统性差异，出现因农业职业经理人能力差异引起的合作社绩效差异，造成由选

择性偏误引起的内生性问题；另一方面，农业职业经理人入股前合作社的经济绩效很可能也会影响农业职业经理人是否入股的决策，即农业职业经理人在入股前很可能会权衡合作社的经济绩效，进一步，农业职业经理人很可能入股经济绩效本身就很好的合作社，造成由反向因果关系导致的内生性问题。因此，模型 3 用加权两阶段最小二乘法（WTSLS）处理内生性问题。需要说明的是，本章数据为截面数据，所有检验存在异方差问题的模型均采用加权回归处理。

表 8－3　职业经理人入股、决策行为倾向与合作社收入模型回归结果

Variables	模型 1	模型 2	模型 3	模型 4
MAN_ SHARES	0. 1002 (0. 1377)	0. 5199 ** (0. 2215)	0. 0520 (0. 1593)	0. 5495 (0. 4589)
CDEC_ D	—	—	1. 2977 ** (0. 5530)	1. 5212 ** (0. 7168)
MAN_ SHARES × CDEC_ D	—	—	－1. 4441 ** (0. 6014)	－1. 6449 ** (0. 8250)
LNK	0. 5065 *** (0. 0568)	0. 5391 *** (0. 0532)	0. 4692 *** (0. 0615)	0. 4838 *** (0. 0987)
LNL	0. 0835 *** (0. 0263)	0. 0630 *** (0. 0225)	0. 0565 (0. 0365)	0. 0535 (0. 0674)
LNN	0. 2211 *** (0. 0543)	0. 1947 *** (0. 0233)	0. 2375 *** (0. 0597)	0. 2387 *** (0. 0838)
LNT	0. 0279 *** (0. 0084)	0. 0260 *** (0. 0083)	0. 0225 ** (0. 0112)	0. 0269 (0. 0164)
LNDISTANCE	0. 0903 (0. 0638)	0. 0970 *** (0. 0370)	0. 0638 (0. 0628)	0. 0833 (0. 1413)
COO_ STRENGTH	0. 2237 *** (0. 0378)	0. 2042 *** (0. 0438)	0. 2646 *** (0. 0518)	0. 2168 ** (0. 0956)
CONS.	－0. 1001 (0. 2979)	－0. 1905 (0. 2806)	0. 0766 (0. 4192)	－0. 2223 (0. 8047)
e	－0. 5314 *** (0. 1954)	—	－0. 5728 ** (0. 2509)	—
R^2	0. 8198	0. 8819	0. 7791	0. 3461
F－test	126. 0890 ***	206. 8669 ***	75. 2431 ***	11. 2929 ***

注：CDEC_ D 为中心化后的决策倾向值，括弧内数值为对应标准误；***、** 和 * 分别表示在 1%、5% 和 10% 的水平上显著。

从模型2（见表8-3）可知，农业职业经理人入股在5%的显著性水平上对合作社收入产生了正影响，表明农业职业经理人入股有利于合作社提升经济收入，即农业职业经理人入股合作社具有良好的激励效应。这一结果验证了假设H1a，合作社的“股权激励”促使农业职业经理人与合作社建立了更加紧密的联结关系，让农业职业经理人的利益诉求与合作社的目标函数趋于一致，有效激励了农业职业经理人积极提升合作社农业职业经济绩效。与企业经理人做进一步的比较，有助于更好地理解合作社农业职业经理人特征。企业尤其是上市公司，在股权激励中分配给农业职业经理人的股份对农业职业经理人来说至少意味着：①经济收入，农业职业经理人可在股票市场上交易获取直接收益。②决策权，企业“一股一票”的治理机制决定了获得股份的农业职业经理人在公司重大决策中拥有一定话语权。从经济收入来看，尽管农民合作社目前股份还不能交易，但是入股总体上使农业职业经理人与合作社建立了更为紧密的利益关系，明显的获利预期也促使农业职业经理人进一步发挥企业家才能把“蛋糕”做大，才好最终分得一杯羹。

从决策权来看，农业职业经理人入股会影响其在合作社的决策权吗？农民合作社的互助性组织性质以及“民主管理、一人一票”等设立原则决定了其决策权要以组织成员为主，在这一大前提下，股份激励发挥作用的空间可能不大。但从课题组调研的现实情况来看，农业职业经理人多以本地种养大户、村干部、农村能人等为主，且拥有一定的声望，入股使其讲话底气更足，在合作社中的剩余决策权也相应得到落实或者提升。因此，尽管合作社比公司存在更为复杂的委托代理关系，但在乡村熟人社会情境下，决策权向农业职业经理人的适度集中反而有利于缓解合作社权力向理事长等核心领导层过度集中的不利局面，从而避免“内部人控制”，优化了合作社的内部管理制度，当然前提是理事长与农业职业经理人要由不同人来担任。

从控制变量来看，资金、劳动、土地和技术四大要素投入均显著提升了合作社收入，其中资金投入对合作社收入提升贡献最大，资金投入每增加1万元，平均能促进合作社收入增加5391元，表明目前资金投入是所有要素投入中提升合作社经济绩效非常有效的途径。土地投入对合作社经济绩效影响也较高，表明样本区域合作社生产经营还处于规模报酬递增的阶段，进一步增加土地经营规模，并配套相应的社会化服务，也是提升合作社经济绩效的有效途径之一。劳动对合作社经济绩效的贡献不高，这说明继续增加劳动力供给，并不能带来合作社绩效的大幅增加，说明劳动力趋于饱和，这与样本区的农业机械化推进有直接的关系，机械对劳动的替代在一定程度上降低了劳动投入对绩效提升的作用。值得注意的是，技术投入对合作社经济绩效的促进作用不高，这与目前合作社在技术方面的投入较少有很大关系，这受制于大多数合作社经济实力还较弱的现实困境，同时，合作社在技术获取、学习与运用等方面也面临一些困境。距县城中心越近、竞争实力越强的合作社经营收入越高，原因是这些合作社在交通运输、对接销售市场、接受县域中心的经济辐射、获取各类信息资源等方面更有优势，合作社整体经营质量更高。

8.3.3 农业职业经理人入股行为与合作社经济绩效：农业职业经理人决策行为倾向的调节效应

表 8 -3 中的模型 3 和模型 4 报告了加入农业职业经理人决策行为倾向、入股决策与决策倾向交乘项后的调节效应模型结果。本章在调节效应模型中对决策行为倾向进行了中心化处理。F 检验表明模型整体均通过检验，模型 3 豪斯曼检验残差项（e）的系数为 -0. 5728，在 5% 的水平上显著不为零，表明模型 3 中农业职业经理人选择变量存在较强的内生性，因此，模型 4 用 WTSLS 处理入股选择变量的内生性问题。

从模型 4 可以看出，决策行为倾向在 5% 的显著性水平上对合作社收入产生正向影响，表明农业职业经理人承担更多的中高难度任务能够促进合作社经济绩效提升。农业职业经理人承担中高难度任务能给合作社引进新生产技术、拓宽合作社产品销售市场、为合作社获取更多资金支持，甚至能争取到政府的产业项目支持，这些任务的开展能够提升合作社要素质量和配置效率，促进合作社整体经营效率提高，从而促进合作社经济绩效提升。

交乘项回归系数为 -1. 6449，在 5% 的水平上显著，说明农业职业经理人决策行为倾向对其入股行为与合作社收入的正相关关系有负向调节作用。这意味着，随着农业职业经理人承担中高难度任务倾向程度的提升，入股行为对合作社收入的正向影响将被削弱。具体从系数来看，入股行为对合作社收入的影响效应为 0. 5495 -1. 6449 × CDEC_ D，其中 CDEC_ D 表示中心化后的农业职业经理人决策行为倾向值。也即入股行为对合作社收入是正向效应还是负向效应取决于农业职业经理人决策行为倾向，当决策倾向值高于均值 33% 左右，即决策倾向值（DEC_ D）大于 1. 1 左右时，入股行为对合作社收入的影响即为负。换句话说，

农业职业经理人在经营决策中挑战中高难度任务有利于促进合作社绩效提升，但是，当农业职业经理人承受的压力与风险过大时，入股行为不但不能再促进合作社经济绩效提升，反而对合作社经济绩效有负向影响。这一回归结果说明：农业职业经理人入股与合作社经济绩效在决策行为倾向的调节作用下呈倒 U 型关系，经济绩效出现转折的地方在于：农业职业经理人日常工作中承担中高难度任务的工作量为常规任务的 1. 1 倍，即农业职业经理人承担的中高难度任务工作量超过常规任务 10% 时，其入股的正向激励效应将不存在。

运用 2SLS 需要选取合适的工具变量，本章选择相邻合作社农业职业经理人是否入股该合作社与合作社是否按股分配两个工具变量。已有研究表明邻里关系、人际关系是农户加入合作社行为的重要决策参考。由于身处乡土社会，农业职业经理人与同村的农业职业经理人群体在共同参与培训等过程中彼此相互了解，因此，其是否入股合作社在很大程度上会受到同村农业职业经理人入股行为的影响，满足相关性；同时，其他农业职业经理人是否入股合作社不会影响本合作社的收入，满足外生性。显然，合作社是否按股分配直接影响到农业职业经理人入股合作社能否直接获得合作社的剩余索取权，满足相关性，但不影响合作社的经济收入，满足外生性。表 8 – 4 的实证结果验证了上述分析。

表 8 – 4　工具变量回归检验

变量	MAN_ SHARES	LNCOO_ INCOME	LNCOO_ PROFIT
相邻合作社农业职业经理人是否入股	1. 5477 *** (0. 2277)	0. 1642 (0. 2870)	0. 0093 (0. 2831)
合作社是否按股分配	0. 4178 * (0. 2172)	0. 0127 (0. 2553)	– 0. 0886 (0. 2519)
CONS.	– 0. 6653 *** (0. 2344)	4. 6281 *** (0. 2975)	3. 1127 *** (0. 2934)
PseudoR^2 or R^2	0. 2266	0. 0017	0. 0006
LRchi^2 or F – test	52. 2241 ***	0. 1649	0. 0624
Loglikelihood	– 89. 0981	– 397. 9745	0. 0006

注：括弧内数值为对应标准误；*** 、** 和 * 分别代表在 1% 、5% 和 10% 的水平上显著。

8.3.4 稳健性检验

表8－5显示了将合作社收入换为合作社纯盈利的回归结果。模型5豪斯曼检验残差项（e）的系数为0.0061，因此，没有对该模型进行内生性问题处理。模型5结果显示农业职业经理人入股在10%的显著性水平上对合作社纯盈利有正向影响，即入股有利于促进合作社绩效提升，与模型2的结果一致。

表8－5 替换合作社收入的稳健性检验结果

Variables	模型5	模型6	模型7
MAN_ SHARES	0.4489* (0.2459)	0.1238 (0.2511)	0.1280 (0.4862)
CDEC_ D	—	1.9998*** (0.7571)	2.0001*** (0.7594)
MAN_ SHARES × CDEC_ D	—	－2.1435** (0.8729)	－2.1444** (0.8740)
LNK	0.3988*** (0.1068)	0.3691*** (0.1041)	0.3692*** (0.1046)
LNL	－0.0076 (0.0727)	0.0501 (0.0714)	0.0500 (0.0715)
LNN	0.2857*** (0.0841)	0.1540* (0.0885)	0.1542* (0.0888)
LNT	－0.0120 (0.0154)	0.0249 (0.0174)	0.0249 (0.0174)
LNDISTANCE	0.2923** (0.1452)	0.0314 (0.1490)	0.0314 (0.1497)
COO_ STRENGTH	0.1334 (0.1011)	0.2009** (0.0974)	0.2006** (0.1013)
CONS.	－1.5154* (0.7937)	－2.0511** (0.9531)	－2.0549** (1.0200)
e	0.0061 (0.5771)	0.0950 (0.5758)	—
R^2	0.2442	0.2457	0.2450
F－test	8.9536***	6.9473***	6.9217***

注：CDEC_ D为中心化后的决策倾向值；括弧内数值为对应标准误；***、**和*分别表示在1%、5%和10%的水平上显著。

模型 7 显示了处理内生性后农业职业经理人决策行为倾向对入股行为与合作社纯利润正相关关系的调节效应。决策行为倾向在 1% 的显著性水平上对合作社纯利润产生正向影响，也即农业职业经理人承担更多中高难度任务能够促进合作社经济绩效提升，与模型 4 结果一致。交乘项回归系数为 -2.1444，在 5% 的水平上显著，表明农业职业经理人决策行为倾向对入股行为与合作社纯利润的正相关关系有负向调节作用。这意味着，随着决策倾向程度的提升，农业职业经理人入股行为对合作社纯利润的正向影响将被削弱。从系数来看，入股行为对合作社纯利润的影响效应为 0.1280 - 2.1444 × CDEC_ D。也与模型 4 结果一致，入股行为对合作社纯利润是正向效应还是负向效应取决于农业职业经理人决策行为倾向，当决策倾向值高于均值 6%，即 DEC_ D > 0.86 时，入股行为对合作社纯利润的影响即为负。验证了农业职业经理人入股行为与合作社经济绩效在决策行为倾向的调节作用下呈倒 U 型关系这一结果具有较强的稳健性。

表 8 -6 显示了将农业职业经理人决策行为倾向指标由中高难度任务与常规任务的程度比值换为数量比值的回归结果。模型 8 曼检验残差项（e）的系数为 0.6926，显著不为 0，表明农业职业经理人选择变量存在强内生性问题，模型 9 用 2SLS 处理内生性问题。比较发现，两个模型结果均与模型 4 结果一致，决策倾向均对合作社绩效产生显著正向影响，调节效应均表明入股行为对合作社经济绩效是正向效应还是负向效应依旧取决于农业职业经理人决策行为倾向。模型 8 的结果显示，当决策倾向值高于均值 30%，即决策倾向值（DEC_ Q）大于 1.7 时，入股行为对合作社纯利润的影响为负效应，小于 1.7 时即为正效应；模型 9 的结果显示，当决策倾向值高于均值 50%，即 DEC_ Q 大于 1.9 时，入股行为对合作社纯利润的影响为负效应，小于 1.9 时即为正效应。这一结果表明：当农业职业经理人在日常工作中承担中高难度任务的数量接近常规任务的两倍时，其入股行为对合作社经济绩效的正效应出现转折，即再次验证了入股行为与合作社经济绩效在决策行为倾向的调节作用下呈倒 U 型关系这一结果具有较强的稳健性。

表 8 -6　替换农业职业经理人决策行为倾向的稳健性检验结果

Variables	模型 8	模型 9
MAN_ SHARES	-0.3375 (0.2358)	0.4607 (0.4643)

续表

Variables	模型 8	模型 9
CDEC_ Q	1. 3176 *** (0. 3330)	0. 7546 * (0. 4158)
MAN_ SHARES × CDEC_ Q	-1. 1596 *** (0. 3598)	-0. 9566 ** (0. 4692)
LNK	0. 4149 *** (0. 0710)	0. 5177 *** (0. 0965)
LNL	0. 1266 ** (0. 0612)	0. 0660 (0. 0669)
LNN	0. 3769 *** (0. 0566)	0. 2250 *** (0. 0825)
LNT	0. 0323 ** (0. 0136)	0. 0270 (0. 0165)
LNDISTANCE	-0. 1069 (0. 1238)	0. 1099 (0. 1404)
COO_ STRENGTH	0. 1553 ** (0. 0766)	0. 2132 ** (0. 0944)
CONS.	0. 0869 (0. 5917)	-0. 2977 (0. 8091)
e	-0. 6926 (0. 5403)	—
R^2	0. 7284	0. 3530
F - test	57. 2137 ***	11. 6407 ***

注：CDEC_ Q 为中心化后的决策倾向值；括弧内数值为对应标准误；*** 、** 和 * 分别表示在 1% 、5% 和 10% 的水平上显著。

8. 4 本章小结

基于四川成都 6 个区县 202 份合作社农业职业经理人的调研数据，运用委托代理理论框架下的最优契约理论和管理者权力理论分析农业职业经理人入股对合作社经济绩效的影响及农业职业经理人决策行为倾向的调节作用。研究表明：第一，农业职业经理人入股对合作社经济绩效有显著的促进作用，即在合作社这一互助型性经济组织的框架下，尽管存在更为复杂的委托代理关系，但股权激励效应仍然存在。同时，在理事长与农业职业经理人分离的合作社中，决策权向农业职业经理人适度集中有利于缓解合作社“内部人”控制问题。第二，农业职业经理人入股对合作社经济绩效的影响并非是简单的线性关系，其决策行为倾向在其中起着重要的调节作用。当农业职业经理人在日常经营决策中承担的中高难度任务数量为不超过常规任务的 1.9 倍时，是农业职业经理人可承受的风险程度，入股能够促进合作社经济绩效提升。第三，要素投入对合作社经济绩效有不同的影响程度。资金投入和土地规模化经营对于当前提升合作社经济绩效具有显著的影响，技术投入和劳动力边际贡献均比较小。

随着农业高质量发展的目标推进和农民合作社规范发展的政策引领，促进合作社质量提升已是大势所趋。为促进合作社内部治理机制更加完善，进一步提升农民合作社经营质量，结合本章的研究结论，提出如下政策建议：

第一，进一步完善合作社农业职业经理人制度。一是鼓励农民合作社建立农业职业经理人制度，通过引入农业职业经理人完善合作社内部治理。二是规范农业职业经理人制度的运行机制，坚持农业职业经理人与理事长由不同人来担任，鼓励合作社从外部聘请农业职业经理人，从制度设计上避免合作社“内部人控制”问题。三是积极与农业职业经理人建立更紧密的联结关系，可以借鉴企业“股权激励”的做法，允许和鼓励农业职业经理人以土地、资金等要素入股合作社，同时赋予农业职业经理人一定程度的决策权，充分调动农业职业经理人的工作积极性。

第二，进一步深化对合作社农业职业经理人的培训和支持。一是针对关系管理、市场营销、技术合作与交易等难度较大的合作社管理工作，建议各地在每年的农业职业经理人示范性培训中明确相关内容要求，以有效提高农业职业经理人的工作能力，同时，通过示范引领、培训交流、外出考察等方式不断提升农业职业经理人的综合水平。二是开展风险评估，激励农业职业经理人在经营决策中积极挑战中高难度任务的同时，帮助其合理评估项目风险，充分考虑合作社发展基础和农业职业经理人能力量力而行，防止农业职业经理人在决策中过度冒险，尽量减少风险。

第三，进一步优化合作社资源要素支持策略和重点。一是应进一步完善合作社土地经营权抵押贷款、农业职业经理人证书担保贷款等信贷资金支持政策，落实各项政府补贴和项目支持资金，为合作社和农业职业经理人营造良好的融资环境。二是积极鼓励农民合作社开展土地规模化经营，进一步完善土地流转政策和土地托管、农业社会化服务等相关配套政策，提升合作社土地规模化经营水平。三是应搭建技术对接平台，通过专家大院、农业技术服务超市等技术服务平台鼓励农民合作社积极对接高校、科研院所等技术机构，帮助合作社突破技术获取“瓶颈”。

第9章　农业职业经理人支持政策及特征

9.1　农业职业经理人支持政策概述

9.1.1　我国的整体性政策探索

我国农业职业经理人是在促进农业增效、农民增收，推进现代农业规模化集约化发展的背景下发展起来的，是依托农民合作社及其他实体（企业、农场），运用现代经营管理理念和先进实用技术，培育专业从事规模化、集约化农业生产经营的新型职业农民，是发展现代农业、实现乡村振兴的重要人才基础。各部门对此高度关注，相继出台相关政策支持其发展。

2007年，党的十七大报告强调“培育有文化、懂技术、会经营的新型农民”，农业职业经理人开始出现，但呈现出各地分散化、自主探索的特点。2012年，中央一号文件首次提出“大力培育新型职业农民”，农业职业经理人的发展逐步进入规范化的轨道。2014～2016年，国务院政府工作报告连续三年强调“培育新型职业农民”，迎来了农业职业经理人发展的春天，农业职业经理人进入快速发展的阶段。

党的十九大提出乡村振兴战略以来，中央连续出台的中央一号文件进一步明确要大力培育和发展新型职业农民，为乡村振兴提供强有力的人才基础，此后多项政策密集出台，政策含金量高，农业职业经理人实现大跨越式的发展。2019

年，为贯彻落实《国务院关于推行终身职业技能培训制度的意见》提出“紧跟新技术、新职业发展变化，建立职业分类动态调整机制，加快职业标准开发工作”的要求，人力资源和社会保障部联合市场监管总局、国家统计局发布了包含农业职业经理人在内的 13 个新职业，我国农业职业经理人发展进入政策黄金阶段。

9.1.2　各省份的地方性政策探索

农业职业经理人是在我国几个农业大省的自我探索中萌芽产生的，其最早诞生于四川、黑龙江和安徽等重要的农业大省。四川广汉率先开展包产到户探索到实行家庭联产承包责任制以来，农业经营体制机制灵活，因此，农业职业经理人发展起步较早，政策体系建设较成熟。黑龙江作为我国重要的商品粮基地，农业集约化、规模化程度较高，农业基础良好，农业职业经理人队伍建设居全国前列。各省份相继出台的培育政策，对农业职业经理人培育提出明确目标任务。

2018 年，四川省出台全国首个关于农业经理人的省级专项扶持文件《关于加强农业经理人队伍建设的意见》（川办发〔2018〕31 号）（以下简称《意见》），《意见》指出，到 2020 年，分层分级培养和评价；聘请农业职业经理人的家庭农场和农民合作社，优先承担农业基础设施建设、农业产业发展等相关支农项目建设，并享受补助政策；支出参与享受社保并享受参保缴费政府补助政策；农业职业经理人进入蓬勃发展的阶段，每年新培育农业职业经理人 2500 名以上。

9.1.3　部分地市的地方性政策探索

成都市是最早开始农业职业经理人培育探索的地区，同时也是目前政策体系最完善的地区之一，在各市的地方性政策探索中具有较强的代表性。2012 年，成都市紧跟中央关于大力培育新型职业农民要求的步伐，率先出台全国首个市级专项扶持文件《关于加强农业经理人队伍建设试行意见》，要求培养一批具有较强市场意识、较高生产技能、一定管理能力和经营水平的现代农业职业经理人，引领带动成都市粮食规模生产、土地规模经营，推进都市现代农业跨越式发展，成都市农业职业经理人培育成效显著。

2014 年，成都市出台《关于加强农业经理人队伍建设的意见》，明确农业职业经理人评定条件和评定程序，成都市农业职业经理人步入规范化发展阶段。同年，崇州市出台全国首个县级专项扶持文件《崇州市农业经理人担保贷款实施意见》，将成都市农业职业经理人的发展推向高潮。随后新都、蒲江等区县市也分别出台了地方政策，主要从产业扶持、科技扶持、社保补贴、创业补贴及金融支持政策五大方面扶持农业职业经理人发展。成都市农业职业经理人进入蓬勃发展的阶段。继成都市之后，全国其他地市如宁波市、大连市、雅安市等一部分地市也出台了关于农业职业经理人培育的政策和措施，如表9－1所示。

表9－1　自2010年以来我国农业经理人支持政策

年份	发文单位	文件、计划	相关内容
2007	国务院	党的十七大报告	强调"培育有文化、懂技术、会经营的新型农民"
2012	国务院	中央一号文件	首次提出"大力培育新型职业农民"
2017	国务院	党的十九大报告	提出乡村振兴战略，明确要大力培育新型职业农民，保障人才基础
2017	国务院	《加快构建政策体系培育新型农业经营主体的意见》	鼓励有条件的地方引进各类职业经理人，提高农业经营管理水平
2018	国务院	《关于推行终身职业技能培训制度的意见》	实施新型职业农民培育工程和农村实用人才培训计划，全面建立职业农民制度
2018	农业农村部	《关于做好2018年新型职业农民培育工作的通知》	在乡村振兴背景下，明确新型职业农民培育目标的落实，有针对性地培育新型职业农民
2017	四川省政府	《关于支持新型农业经营主体开展农业社会化服务的指导意见》	开展新型职业农民认定，培养懂技术、会经营、善管理的新型职业农民
2018	四川省政府	《关于加强农业职业经理人队伍建设的意见》	分层分级培养和评价；支出参与享受社保并享受参保缴费政府补助政策
2012	成都市农委	《关于加强农业职业经理人队伍建设的试行意见》	培养一批具有较强市场意识、较高生产技能、一定管理能力和经营水平的现代农业经理人
2014	成都市政府	《关于加强农业职业经理人队伍建设的意见》	建立农业职业经理人选拔机制、培养机制、管理机制、服务机制
2014	成都市农委	《成都市农业经理人评价管理办法》	规定农业职业经理人的申报条件、评价程序、权利义务等方面内容
2015	宁波市农办	《宁波市新型职业农民（现代农业职业经理人）认定和管理办法》	规定农业职业经理人的认定条件、认定程序、组织管理等方面内容

续表

年份	发文单位	文件、计划	相关内容
2017	成都市政府	《关于推广“农业共营制”加快农业用地适度规模经营的实施意见》	实施农业经理人、新型职业农民“双培训”
2013	崇州市政府	《崇州市农业经理人担保贷款实施意见》	贷款额度：初级农业经理人不超过 10 万元，中级农业经理人不超过 20 万元，高级农业经理人不超过 30 万元
2014	崇州市政府	《关于 2014 年“1+4”新型农业经营体系扶持政策的通知》	农业经理人以个体身份参加城镇职工养老保险享受财政补贴。开展信用贷款的，按银行同期贷款基准利率的 50% 予以补贴

9.2 农业职业经理人支持政策分类

农业职业经理人支持政策对吸引更多优秀人才投身现代农业生产经营，造就一批高素质农业人才队伍具有重要作用。从我国已出台的农业相关支持政策来看，农业职业经理人支持政策主要分为以下几个方面：

9.2.1 农业职业经理人直接支持政策

农业职业经理人直接支持政策是对拥有不同层级农业职业经理人的经营主体给予明确支持，主要包括农业职业经理人产业、金融、科技、农业基础设施、培训奖励、社保支持政策等，产业支持政策是增强农业吸引力的基础，金融支持政策是为推进农业现代化，培育和壮大新型经营主体，构建新型农业经营体系而采取的在农业金融支持政策基础上的优惠政策，对开展规模化经营生产的农业职业经理人，给予相应的补贴政策。科技支持政策旨在鼓励农村高素质人才进行农业科研成果研发、应用和转化，推动现代农业的发展。以上支持政策解决了农业职业经理人的就业养老问题，极大地激发了农业职业经理人投身农业的热情。

9.2.2　农业职业经理人所在组织支持政策

农业职业经理人所在组织支持政策是对农业职业经理人所服务的新型农业经营主体给予多方位支持，增强其吸纳、使用农业职业经理人的能力。主要包括农业职业经理人所在的家庭农场、合作社、农业企业尤其是农业产业化龙头企业的相关支持政策。对所在组织给予相关支持政策的措施对吸引更多的优秀人才投身农业领域、开展规模化经营具有重要意义。

9.2.3　其他相关支持政策

其他相关支持政策是对难以明确归类，但又会涉及农业职业经理人培育和使用领域相关政策的梳理，主要包括国家出台的一系列支持政策项目以及地方政府的配套支持政策，较为典型的包括：新型职业农民培训政策、农村实用人才支持政策、农民创业创新类支持政策、返乡农民工支持政策、各类园区建设支持政策、农业环保补贴政策等。以上政策呈现出支持类型多、含金量高、惠及面广的特点。

9.3　农业职业经理人支持政策特征

由于资源禀赋、文化传统等方面的差异性，各地区农业职业经理人支持政策既有地区鲜明特征，也体现出我国农业职业经理人支持政策的一般性特征，主要表现在以下方面：

9.3.1　国家整体引领、地方率先探索

农业职业经理人是在国家为发展现代农业，提升农业综合竞争力的背景下诞生的，首先出现于我国几个重要的农业大省，因此，农业职业经理人支持政策具有国家整体引领、地方率先探索的特征。自 2007 年国家首次提出要培育新型职业农民以来，各地响应国家整体号召，结合当地实际，率先开展地方性探索，逐步形成农业职业经理人的制度雏形，其中尤以四川省成都市的成效最为显著。目前，成都市农业职业经理人的制度体系健全，每年培育农业职业经理人在 2500

人以上，已形成农业职业经理人制度的成都模式，在全国具有借鉴意义。国家也在2019年将农业职业经理人作为一项新职业发布，对各地的农业职业经理人政策探索予以充分肯定和支持。

9.3.2 收入导向型政策与发展导向型政策协同

从农业职业经理人政策支持的重点来看，收入导向型政策与发展导向型政策结合度高。收入导向型政策主要指直接给予农业职业经理人的规模化补贴、金融贷款贴息、培训补贴等直接增加其收入的政策。发展导向型政策主要指给予农业职业经理人的生态环境保护、产业发展支持及其个人与所在组织的可持续发展的政策。目前，我国对农业职业经理人的收入导向型政策和发展导向型政策结合度较高，两者协同作用，促进我国农业职业经理人队伍的壮大和发展。例如，对农业职业经理人的规模化经营补贴政策，对实现我国农业由小规模分散经营向规模经营方向发展具有重要作用，规模经营势必将产生环境压力，对此，我国又出台相应的科技支持政策及农业环保补贴政策，鼓励农业职业经理人依靠科技采用环保技术，降低污染。实现农业职业经理人的收入支持政策、产业发展政策、生态环境保护政策的有机结合和合理对接。

9.3.3 政策注重现实操作性、可执行性较强

从农业职业经理人申请各项补贴政策的难易程度来看，我国农业职业经理人政策注重现实操作性，可执行性较强。政策可执行性是指政策被接受和贯彻的可能性，其基本内容是否合乎实际，是否合乎客观事物的发展规律。各项农业职业经理人支持补贴政策从当前农业职业经理人发展中面临的问题出发，有针对性地给予相应补贴支持，且补贴申请流程清晰。例如，成都市出台的《成都市农业经理人评价管理办法》，评定程序简单易操作，符合条件的农业职业经理人对照申报条件，自愿提交相关材料；评定机构对申报材料和产业基地进行核查，评定出相应的等级；评定机构公示评定结果，并颁发相应等级证书。这一过程简单可操作，体现了农业职业经理人支持政策可执行性较强的特征。

9.3.4 直接支持政策起步晚、间接支持探索多

从全国范围来看，与其他农业政策相比，我国有关农业职业经理人的直接支持政策起步较晚、间接支持探索多。这主要由于农业职业经理人是近十年来才在

我国产生和发展起来的一类新型职业农民，其产生时间较短，发展速度较快，各项相关工作还处于摸索阶段，全国范围内单独针对农业职业经理人的直接支持政策较少，主要表现在农业职业经理人政策大多作为其他相关政策的具体实施部分而出现。例如，农业农村部出台的《农业农村部办公厅关于做好2018年新型职业农民培育工作的通知》，即政策间接支持农业职业经理人的发展。2019年人社部发布15个新职业，其中包括农业职业经理人。

9.4 当前农业职业经理人支持政策仍存在的短板

9.4.1 资格认定尚未统一、从业市场亟待规范

尽管出台了职业标准，但目前关于农业职业经理人的认定，国家层面还未出台统一的意见，地方也仅有为数不多的省（市）出台了明确的农业职业经理人认定（含评价、管理）办法。从已经出台的认定办法来看，各地在认定的主体对象、产业类型、具体标准等方面存在诸多差异和问题。例如，四川省将村组干部、种养大户、家庭农场主、农民合作社领办人、农业社会化服务组织负责人等作为农业职业经理人重点培育对象。大连市则仅以合作社理事长、农业企业经理或内部管理人员、家庭农场主等作为重点认定对象。宁波市则直接将新型农业经营主体负责人等同于农业职业经理人。目前，在农业职业经理人身份认定上，是与新型农业经营主体领导人重合，还是两者分离，尚未有统一的规定。在农业职业经理人所从事的产业类型认定上，是否要区分覆盖单环节、多环节或全产业链，是否要界定专业化还是复合型的问题，还没有统一的标准。在农业职业经理人能力认定上，党和政府的基层干部（如农技推广部门的干部职工、乡镇党员干部、村集体领导人等）能否被纳入认定范围还没有统一的说法。总体来看，各地认定的依据和做法“五花八门”，更多的地方尚处于“观望”状态，导致农业职业经理人市场呈现“鱼龙混杂”的无序化倾向，亟待出台统一的认定办法加以引导规范。

9.4.2 培养体系不够系统、梯队建设亟待加强

从乡村产业发展态势来看，目前各类返乡下乡创新创业人员已经累计达850万，在乡创新创业人员达3100万；工商登记的家庭农场、农民合作社也分别超过60万家和220万家。据此保守估计，“十四五”期间农业职业经理人的需求量将超过200万人。但各地正式认定资格的农业职业经理人数量远远低于这一需求，初步估算需求缺口超过七成。从乡村人力资本结构来看，青壮年人才资源向城镇和非农业净流出的势头没有根本性扭转，未来农业职业经理人队伍扩充的基础薄弱，梯队建设后劲不足。从教育培训的体系与效果看，当前农业职业经理人的培育还主要停留在新型职业农民培训层面上，培训时间短、授课内容缺乏针对性和系统性，多数农业职业经理人擅长生产技能，但缺乏品牌运作、财务管理、资源整合等现代化农场经营管理知识，市场意识和创新意识薄弱。而国内多数农业高职院校还未开设面向农业职业经理人的学历教育体系。这与乡村产业振兴需要由大量具备“CEO”特质的农业职业经理人来引领、管理和推进的要求是不相符的。

9.4.3 从业平台支撑不力、作用发挥亟待提升

农民合作社、家庭农场、小微涉农企业是目前农业职业经理人从业的主要平台，但这些从业平台总体未能有效支撑起农业职业经理人的作用发挥。一是新型农业经营主体与农业职业经理人的合作关系上缺乏一般性引导。大多数农民合作社尽管按照合作社法登记注册，家庭农场或小微涉农企业也有不少引入现代企业制度，但其实际运行上并不规范，对于农业职业经理人的岗位设置、责任权利等规定大多不明确，对农业职业经理人的激励和约束机制仍在探索之中。二是农业职业经理人要管理以小农户为主的员工群体和职业农民为主的经营团队难度大、责任重，缺乏团队基础群体的一般性引导。无论是新型农业经营主体的服务对象，还是工作人员，其文化水平、经营理念、法制观念等相对落后，也缺乏契约精神和团体合作意识，严重影响农业职业经理人作用的发挥。三是新型农业经营主体发展的行业和区域异质性明显，农业职业经理人流动性问题未得到足够重视。由于农业职业经理人在行业和区域间的“双重不均衡”，农业职业经理人通过行业和区域间竞争性流动实现自我提升的可行性大大降低。

9.4.4　政府支持力度不足、配套政策仍待完善

从融资层面来看，金融机构普遍对于农民合作社、家庭农场等土地经营权抵押贷款的积极性不高，而针对农业职业经理人个人征信的金融产品及相关政策还未出台。从产业支持来看，国家普惠式的农业补贴一般都直接发放到农户手中，农业职业经理人特别是直接从事农业生产的新型农业经营主体负责人并不能从中受惠。从社会保障政策来看，尽管农业职业经理人扮演着从业主体中 CEO 的角色，但 90% 以上难以或没有办理完整的“五险一金”等普惠式社保。从服务体系建设来看，农业职业经理人的出现，扩大了农业生产经营规模，提高了信息传播、技术推广、土壤改良、耕种防收、烘干储运、品牌营销等产前、产中、产后服务水平，但多数服务呈现较强的公益性特点，需要政府通过购买服务等方式给予更多更全面的政策支持。

第10章　农业职业经理人培育机制优化研究

农业职业经理人的发展不是自然而然就可以形成的，而是需要特定的环境，土地制度、农业组织制度、政府的支持与服务以及农民教育制度是其重要的环境因素。而地方政府在新型职业农民培育过程中往往扮演着重要的角色，在服务供给、资源整合、监督引导等方面起着不可或缺的作用，助推各项培育工作有序运行。成都市是我国城乡统筹改革推进的实验区，也是农业职业经理人诞生和快速发展的地区之一。从2010年崇州市开始试点至今，成都全市农业职业经理人队伍规模已达1.7万人。

通过课题组的实际调查，尽管成都市农业职业经理人队伍已初具规模，农业职业经理人素质整体向好，但仍存在知识结构有偏、获益水平较低、支持政策不到位、配套建设和服务滞后等问题。本章基于成都市农业职业经理人及所在合作社的实地调查，从农业职业经理人选拔机制、培训机制、管理与考核机制、信息交流机制等角度出发，深入剖析农业职业经理人在培育和成长中出现的不足和需要改进的地方，进而有针对性地提出加快农业职业经理人培育的思路和政策建议，为更大范围内推进农业职业经理人工作、优化农村人才队伍建设的政策环境提供决策参考。

10.1　农业职业经理人培育的内涵与特点

10.1.1　农业职业经理人培育的范畴

培育新型职业农民不是一项简单的培训任务，需要从环境、制度、政策等层面引导和扶持，重点是要构建包括教育培训、认定管理、扶持政策等相互衔接、有机联系的国家制度体系。国家对新型职业农民的培育政策体系已相对完整，但对农业职业经理人的培育体系还未明确形成。

本章结合新型职业农民培育的概念界定，将农业职业经理人培育定义为：为使农业职业经理人有效拥有并发挥一定农业生产指挥协调能力，为农民合作社等农村经济主体提供经营管理服务，承担创造更多经济效益的责任，而通过各类职业学校或政府、专业协会、培训机构等组织对农业职业经理人进行的中期、短期教育和职业培训，同时辅之以就业创业指导、产业扶持等优惠政策，最终提升我国农民整体业务素质，促进“三农”全面发展的过程。

对农业职业经理人的培育效果主要表现在：一是素质与能力上，除了懂技术，还要有文化、能经营、会管理（夏金星，2014；雷武生等，2014；徐向明等，2015）；二是具有一定的市场经济意识（孙科等，2014），具有高度的社会责任感和现代观念（朱启臻，2013）；三是在收入上达到一定水平（孙翔，2014），能够取得社会平均收益，拥有与职业地位相称的收入水平；四是获得广泛的社会尊重（程伟和张红，2012），具有高度的稳定性。概括起来，相比一般农民拥有更高的综合业务素质能力、更强的示范带动能力、更高的收入和社会地位等（卓炯和杜彦坤，2017）。

10.1.2　农业职业经理人培育的特点

10.1.2.1　培育内容系统化、多样化并存

随着社会经济发展，人们生活水平的不断提高，“餐桌上的安全问题”越来越受到人们的重视，农副产品的生产不仅要注重数量，更要注重质量，在培育内容方面，农业实用技术培训多受农业职业经理人的青睐，同时，随着现代农业的

发展，农民越来越多地关注自身权益的保护和相关素质的提高，市场营销、经营管理和法律知识也备受欢迎。农业发展方式的转变和民众消费结构转型升级都对农业职业经理人提出了更高更新的要求，要求其要着眼于全产业链环节发展农业，要求其具有更开阔的视野、更高的综合素质、更宽泛的知识结构、更强的市场适应能力等，相应的农业职业经理人的培育内容也要更加系统化、多样化，才能满足农业职业经理人发展需要。

10.1.2.2 培育形式以传统授课为主、现代化手段为辅

虽然随着科学技术的日益发达，培训方式日新月异，如：远程教育、网络培训、VCD 学习、电视广播等，但是农业职业经理人限于精力、支付能力、学历以及个体差异、从事的产业差异等要素，对于这些培训方式并不总是表现出很好的接受能力。多数农业职业经理人仍然倾向于传统的培训方式，希望能够采取现场指导与面对面集中上课的培训方式。这样有利于农业职业经理人在培训中及时、有效地掌握所学知识，也有利于解决自己面临的问题，因此，农业职业经理人的培育方式还不能直接过渡到以现代化的各种手段为主上，必须紧密结合这一群体的实际情况，目前阶段仍要以现场指导和集中上课相结合为主，而其他方式为辅的办法。

10.1.2.3 培育方向上要实现从培训向培养的转变

目前新型职业农民培育多采取短期培训的方式，培训效果欠佳，也没建立后续跟踪的机制和持续培养的理念。农业职业经理人的培育要走出培训的局限，必须树立长期学习、不断成长的理念，一定要制定科学合理的培养方案。如职业经理大多数属于在职人员，在时间安排上要结合他们的实际情况，以周末（节假日）上课或者集中上课为主；课程的设置也应当考虑理论和实践相结合，硬技术和软技能相结合，知识视野拓展与综合能力提升相结合，重点加强对其经营管理能力、职业素养、法律风险防范、最新政策形势、农产品对外贸易等；培养层次上要根据个体情况，提供各种短期培训、证书培训、中等学历教育甚至高等学历教育，真正实现从培训向培养的转变，也实现农业职业经理人培育从“政府要我发展”向“我要主动发展”的转变。

10.1.3 加快培育高素质农业职业经理人的必要性和迫切性

10.1.3.1 解决今后“谁来种地”的迫切要求

随着新型工业化、城镇化、农业现代化进程的不断加快，农业劳动力老龄化

和农村“空心化”趋势日益明显，“谁来种田、怎样种田”的问题也不断被提上日程，成为各界关注的焦点和热点。农业职业经理人懂经营、善管理，具有较高的职业素养，是新型职业农民队伍中的“白领”。农业职业经理人通过运用现代经营管理理念和先进实用技术，专业从事规模化、集约化农业生产经营，可以有效缓解农业劳动力数量和素质双重下降所带来的农业粗放经营、增长后劲乏力等难题，也可以有效解决“谁来种田”“谁来种粮”“谁来服务”等现实问题，为推进专业化、标准化、规模化和集约化的现代农业发展奠定坚实基础。

10.1.3.2 实施农业产业化的内在要求

农业产业化的实质是指对传统农业进行技术改造，推动农业科技进步和加速农业现代化。农业产业化以市场为导向，以经济效益为中心，优化组合各种生产要素，实行区域化布局、专业化生产、规模化建设、系列化加工、社会化服务、企业化管理，形成种养加、产供销、贸工农、农工商、农科教一体化经营体系，是使农业走上自我发展、自我积累、自我约束、自我调节良性发展轨道的现代化经营方式和产业组织形式（李秉龙，2003）。当前，我国正大力实施农业产业化推进农业现代化，总体来看，我国现有农业科技成果的转化率只有约20%，仍然远远落后于发达国家的70%，而农业已经成为资本和技术密集型产业，这对我国农业科技进步和转化、农民总体素质提升都提出了很高的要求。加快培育农业职业经理人，可以涌现一批有文化、懂技术、会经营的高素质农业从业者，可有效推进现代农业的规模化、集约化生产经营，加快农业现代化进程。从长远来看，农业职业经理人必将成为加快农业产业化进程的主力军与中坚力量，并且直接推动农业现代化。

10.1.3.3 稳定农村人才队伍的客观要求

随着新型工业化、城镇化进程的加快，再加上城乡差距较大的现实、城乡二元结构的客观存在，使农村新生劳动力不愿留守农村务农，离开农村进城务工的现象日趋严重。同时限于农村客观条件，吸纳人才能力有限，农业高校涉农专业毕业生到乡镇和村就业的寥寥无几；农业中等职业学校“弃农”倾向也很严重，农业中等职业学校中涉农专业学生只占学生总数的1/5。面对农村专业人才的大量流失和农业专业本身吸引力的减退，农村人才队伍面临后继乏人的窘境。加大对农业职业经理人的培育力度，使其具备良好的科学文化素质以及先进的科学文化知识，同时又掌握先进的农业耕作技术和经营管理技术，进而促进其增收致富、提高社会地位，以不断增加农业职业经理人队伍的吸引力，这也是稳定农村专业人才队伍、提高农业现代化水平的根本要求。

10.1.3.4 提高农民整体收入的必然选择

根据国家有关统计数据，2010 年全国农民家庭总收入为 8119.51 元，其中，工资性收入为 2431.05 元，家庭经营性收入为 4937.48 元，财产性收入为 202.25 元，转移性收入为 548.748 元。与城市居民相比，农民收入增长幅度、增长潜力仍存在较大提升空间。而农业职业经理人与传统农民最大的区别在于是否把农业真正作为一个产业，运用先进生产技术和经营管理理念，延长产业链、增加附加值，实行集约化、市场化、专业化、现代化经营，进而从整体上提高农业效益，实现不断提高农民收入的目的。加快培育农业职业经理人，充实农村经济发展新动能，对于切实保障农民稳定收入来源和稳步提高收入，对于提高农民生活质量、发展和壮大农村经济、改善农村的生产、生活条件都具有积极作用。

10.2 成都市农业职业经理人培育现状及面临的问题

10.2.1 成都市农业职业经理人培育现状

10.2.1.1 成都市农业职业经理人培育概况

自 2010 年成都市创设农业职业经理人制度以来，成都市农业职业经理人蓬勃发展，该市坚持职业化方向、市场化导向、产业化取向，大力培育具有较强市场意识、较高生产技能和较强管理能力、较高经营水平的农业职业经理人，形成了新型职业农民队伍建设的成都模式，截至 2017 年 9 月，成都市登记在册的农业职业经理人为 9142 人，其中高级农业职业经理人 240 人、中级农业职业经理人 5104 人、初级农业职业经理人 3798 人；全市聘用农业职业经理人和农业职业经理人领办的农民合作社 6372 家、家庭农场 1828 家、农业企业 246 家。

此外，成都市还成立了农业职业经理人协会。该协会是由会长杨国武、监事长张智敏、常务副会长王彬、常务副会长刘成钢、常务副会长应明 5 人发起，于 2014 年 12 月 29 日在成都市民政局正式登记成立的，接受成都市农业委员会主管，是一家从事农业的种植大户、家庭农场、涉农企业或专合组织的农业职业经

理人和单位组成的非营利性社会组织。该协会以县市为单位，还成立了分会；每年该协会会定期举办沙龙、知识培训、经验交流等活动，在全市农业职业经理人队伍的发展方面发挥了积极的作用。同时，依托成都市农业职业技术学院，全市还成立了成都农业职业经理人学院。该学院经成都市人民政府批准，在成都市农业委员会、成都市发展和改革委员会、成都市财政局、成都市人力资源和社会保障局、成都市教育局、成都市科学技术局等部门的支持指导下，由成都农业科技职业学院、四川农业大学、成都市农林科学院、成都广播电视大学、成都大学生物产业学院、成都信息工程大学银杏酒店管理学院等共同组建的农业职业经理人培育的专业机构。该机构依照关键农时、关键环节、关键技术组织安排内容，实现专业设置与主导产业对接，教学过程与生产过程对接，现场教学与现代远程教学对接，为农业职业经理人提供更佳的学习服务平台。

10.2.1.2　成都市农业职业经理人培育的主要做法

农业职业经理人培育的主要做法可以概括为“四个健全”：一是健全推荐选拔机制。主要从大中专毕业生、种田能手、有从事农业意愿的城镇居民和退伍军人里选拔，由本人自愿申请经过考核和评定之后从中选拔。以市场需求为导向，加大培育重点。二是健全培训培养机制，加强校地合作，注重素质培训，对于有意愿提升的优秀农业职业经理人，委托中国农业大学、中国农业科学院等单位进行进一步的培训和深造。三是健全认定考核机制，实行分级评定、绩效考核，强化行业管理的做法。四是健全政策扶持机制，系统构建产业发展、科技扶持、社保补贴、创新创业、金融支持“五大政策”。

10.2.1.3　成都市农业职业经理人培育的政策措施

自2010年以来，成都市先后出台了《关于加强农业职业经理人队伍建设试行意见》《成都市人民政府办公厅关于加强农业职业经理人队伍建设的意见》等政策。崇州、蒲江等区县市也分别出台了地方政策。从政策措施来看，成都市在产业扶持、科技扶持、社保补贴、创业补贴及金融支持政策五大方面扶持农业职业经理人发展。

（1）产业扶持政策。

已有政策明确规定：农业职业经理人领办、新办的农民合作社和家庭农场，符合相关扶持政策的，优先享受市级农民合作社和家庭农场专项资金扶持。并将农民合作社和家庭农场主要由农业职业经理人负责生产经营，作为推荐申报评定市级以上示范农民合作社和家庭农场的必备条件。此外，农业职业经理人领办、新办的农民合作社、家庭农场，符合农机购置补贴政策的，在享受国家农机购置补贴政策的基础上，优先享受市级累加补贴；符合设施农业建设标准和有关条件的，按当年设施农业补贴政策，享受提高10%的补贴政策。按《成都市粮食烘干中心建设规划（2014—2016年）》，中级以上农业职业经理人开展的粮食规模化生产优先享受烘干设施项目立项和补贴，符合粮食规模种植补贴政策的，享受提高10%的补贴政策。

（2）科技扶持政策。

农业职业经理人领办、新办、经营的农民合作社或企业进行农业科技成果的研发、推广、应用和转化的，优先给予立项支持；与大专院校、科研院所建立的联合实验室，优先予以资助。农业职业经理人经市校企联合培养战略性新兴产业领域在职博（硕）士计划的高校考试录取，攻读农业推广博（硕）士，与所在企业签订有培养服务协议，并承诺取得农业推广博（硕）士学位后在企业的服务年限不低于3年、所读专业符合资助的专业领域及研究方向的，按50%给予学费资助。

（3）社保补贴政策。

鼓励符合城镇职工养老保险条件的农业职业经理人以个体身份参加城镇职工养老保险，以上一年度全省在岗职工月平均工资的60%为缴费基数，缴费费率为20%，其中个人缴费8%，财政补贴12%。若缴费地在二圈层区县，其财政补贴资金由二圈层各区县财政承担；若缴费地在三圈层县（市），其财政补贴资金由市、县两级财政承担，其中市级财政承担60%，三圈层各县级财政承担40%，市级财政承担资金从农业支农资金中安排，并纳入市级财政预算。社会保险补贴实行“先缴后补”方式给予补贴。

（4）创业补贴政策。

毕业5年内的高校毕业生取得农业职业经理人证书，首次受聘或领办和新办农民合作社、农业企业、家庭农场6个月以上，给予1万元的一次性奖励。

（5）金融支持政策。

市、县两级农业政策性平台公司根据农业职业经理人经营规模，给予一定委托贷款支持。对评定为初级、中级的农业职业经理人，由县级农业政策性平台公司分别给予10万元和20万元信用担保贷款支持；对评定为高级、优秀、“十佳”农业职业经理人，由市准公益性农业项目资金分别给予30万元、50万元、100万元信用贷款支持。农业职业经理人从事规模种养生产，且参加成都市政策性农业生产保险的，对其应由农户自交保费部分给予 20% 的减免补助，减免补助资金在市级政策性农业保险补助专项资金中安排。

10.2.2　成都市农业职业经理人培育需求分析

利用课题组 2017 年在四川省成都市 5 区县市的调研数据进行分析，有效样本量 225 份。从农业职业经理人当前最需要的培训方式来看，“短期培训 + 长期系统培训” 占比最大，为 49.78%，其次是 “一个月以内的短期培训”，占比为 42.67%，而 “一个月以上的中长期培训” 只有不到 8% 的人选择，这说明大多数农业职业经理人希望参加时间较短的培训，同时希望接受系统性的培训；从农业职业经理人对培训机构的偏好来看，44.89% 的农业职业经理人偏好科研院所，占比最大，接着是分别占比 28.44% 和 20.89% 的农业大中专院校和农业企业，这表明农业职业经理人希望直接接受农业科研院所、涉农高校或企业的培训，并不偏好其他社会机构开展的培训。

从是否愿意自费出国参观学习来看，154 个的农业职业经理人选择愿意，占比 68.44%，其中 62.99% 的农业职业经理人只愿意为之花费 2 万元，29.87% 的农业职业经理人愿意花费 2 万 ~5 万元，这说明大多数农业职业经理人希望自费出国参观学习，但是近 63% 的农业职业经理人可接受花费不超过 2 万元，存在支付能力不足的问题；从培育年轻人成为农业职业经理人的政府举措选择来看，73.78% 的农业职业经理人认为政府应该加大产业扶持、优惠政策的力度，其次是 18.22% 的农业职业经理人认为应该定向培养招募农村青年进入涉农高校就读，毕业后涉农创业或就业，只有 7.11% 的农业职业经理人选择 “针对年轻人开展 6 个月以上的中长期培训”，这表明了政府政策对农业职业经理人队伍壮大的主导作用，如表 10 - 1 所示。

表 10 - 1　农业职业经理人培养与提高方式统计

统计量	类别	样本数	占比（%）	统计量	类别	样本数	占比（%）
目前最需要的培训	1 个月的短期培训	96	42.67	自费出国学习的支付能力（万元）	(0，2]	97	62.99
	一个月以上的中长期培训	15	6.67		(2，5]	46	29.87
	短期培训 + 长期系统学习	112	49.78		(5，8]	6	3.90
	其他	2	0.89		(8，+∞]	5	3.25

续表

统计量	类别	样本数	占比（%）	统计量	类别	样本数	占比（%）
对培训机构的偏好	涉农科研院所	101	44.89	培育新一代农业职业经理人的政策	加大扶持力度	166	73.78
	农业大中专院校	64	28.44		定向培养	41	18.22
	社会机构	13	5.78		开展中长期培训	16	7.11
	农业企业	47	20.89		其他	2	0.89

10.2.3 农业职业经理人培育中面临的困境

10.2.3.1 农业职业经理人队伍结构亟待优化

（1）农业职业经理人队伍劳动力结构亟待改善。

成都市农村高素质劳动力数量不断萎缩，并有加剧的趋势，其中以文化素质较高者或青壮年农民特别是男性劳动力为主；另外，农业从业者结构失衡，俗称“386199”人员趋势明显，从业结构呈现出青壮年劳动力短缺、农忙季节性短缺、区域性短缺并存。这些不利于农业增效，影响着农业职业经理人培育工作的开展。

（2）农业职业经理人培育受众群体弱质化。

成都市农村劳动力素质相对较高，但是高中及以下文化程度占了大多数，大专文化程度以上受教育者较少；同时，限于农村客观实际，农村新生代劳动力在农村从业或生活意愿低下，针对“农二代”开展农业职业经理人的培育工作难度极大；另外，大量农村高素质人才（农民）加速向城市流动，在乡从业人员的综合素养已明显低于流入城市者，这些直接影响到农民对先进农业科学技术的掌握，对新兴生产经营理念的采纳，对高效农业设施装备的利用，制约着现代农业的快速发展，加大了农业职业经理人培育难度。

（3）高素质劳动力城乡流动不对等。

随着农业现代化的发展，一方面需要大量的农业人口加速向城镇转移，提高城镇化率；另一方面也需要大量高素质务农人才转入农业领域，推动农业现代化进程。但我国的城乡分割体制由来已久，严重阻碍着城乡劳动力的自由流动：首先，农地分散细碎，难以形成规模化经营，制约着农村新型经营主体的产生和进一步发展；其次，农业人口市民化过程中遭遇城镇化质量“瓶颈”，农民难以真

正融入城市，使其不愿彻底脱离土地，进而影响着土地整理、出让等事宜，限制了高素质劳动力流向农村；再次，农村保障体系建设、基础设施建设落后，社会服务水平低下，农村留住高素质人才后劲不足；最后，农业生产经营投入大、风险大、产出不稳定、农民种地不挣钱，在市场利益机制驱动下，农村吸引高素质人才乏力，农村优质人力资本单向流入城市。这些都在不断挤压着农业职业经理人的成长发展。

10.2.3.2　农业职业经理人培育内容陈旧且培育模式单一

一方面，在农业职业经理人培育过程中，政府部门、农业中职院校、农业科研院所、涉农企业、农业组织和农民没有形成合力开展职业教育，职业教育资源分散，经费偏少，也缺乏对应的设施设备、实习实训基地等投入，难以满足培养农业职业经理人的要求。从农业职业经理人培育内容来看，现有培育忽视农业和农村发展的实际需求，相关种养技术培训针对性不强，实用性和可操作性不足。另外，培训内容主要围绕传统的农业生产常识和技术，侧重于农业产中技术指导，而为现代农业产前产后服务的关联知识培训欠缺，缺乏后期的冷链仓储、产品精深加工、产品流通、产品营销及产业链延伸等环节的培训，没有对依靠新型高新农业技术、物联网技术进行创新创业引起足够重视。另一方面，高层次培育培训不多，尤其缺少高层次创业创新培训，许多务农人员将培训焦点放在高新技能的掌握和名、特、优农产品品牌培育上，希望学到科技含量高、经济效益好、适销对路的种养技术和生产经营管理经验，而相关培训内容的缺失，导致农业转型升级缺乏高端的示范引领型人才（郭智奇等，2012），进而影响农业职业经理人的培育。

从农业职业经理人培育模式来看，农业职业经理人职业教育形式单一，主要采取课堂讲授的方式，导致农业职业经理人更多的是获得理论知识，难以掌握实际操作技能和经营管理要领。在培训中最受欢迎的培育模式是深入田间地头开展的技术指导和示范教学，可以直观清晰地为农业职业经理人传授种养技术，但由于受经费、师资和复杂多样的农业种养所限，大量采用这种授课方式当前还很难做到。在实践中，一是大多培训仍然是以传统的课堂讲授模式为主，形象性和操作性不足，影响着农民的参与热情和培训的成效；二是受限于农村薄弱的信息基础设施和农民素质特点，一些先进的现代化培训模式，如网络培训与教学、多媒体培训、电视、电话和电脑授课答疑、外地考察等难以大范围普及，不利于农业职业经理人对农产品生产信息、市场信息和农业科技信息的快速获取，阻碍了农业职业经理人培育工作的进一步开展。

10.2.3.3 农业职业经理人培育机制滞后

农业职业经理人工作分别由农业部门、教育部门和社保局等单位齐抓共管，培育工作涉及多个部门，在实际工作中，各类培训主体在项目、资金、师资、教材、场地、证书等方面缺少统筹安排。尤其是各单位培训经费来源不同，线上要求也不尽相同，导致难以有效整合培训资金，对培训要求也难以全部执行到位。同时，各区县市培训工作发展不尽平衡，部分区县市缺少专职人员从事这项工作，各区县市财政专项配套资金数额也不一样，这直接影响了培训工作的整体推进与质量。甚至有些地方出现了为了处理培训专项经费，为培训而培训的现象。一方面，对于参训农民没有根据实际需求加以筛选，搞摊派到户和重复培训；另一方面，存在一些条件不合格的如不具备教育培训资质的单位及机构，也都参与招标，并且举办各个工种的农业职业经理人培训班。

目前成都市在农业职业经理人培育方面已做了大量实在的工作，可由于相关法规政策不到位，存在以下问题：一是部门培训责任分散，职责不清，存在重复培训、相互推诿情况，各相关部门没有形成合力；二是培训缺乏相应的监督考核机制，实施中有些培训流于形式，培训效果不明显；三是培训单位缺少相应的质量考评与激励机制，没有对培训单位的授课水平进行严格的考评审查，同时，培训老师授课缺乏责任意识和竞争意识，难以保证培育质量；四是培训未能形成常态化和制度化，缺乏严格的管理制度，结果往往造成农业职业经理人参与培训热情的消退和有限培育资源的浪费。

10.2.3.4 农业职业经理人培育经费短缺

目前成都市农业职业经理人培育尚未形成完善的经费保障机制，培育经费短缺，限制了培育的规模和力度。表现为：一是经费来源单一，基本上都来自财政拨款，各区县的培训经费最主要由市财政局统一划拨，区县市配套资金几乎没有；二是投入不足，由市农委、市人社局、市科技局联合制定农业职业经理人培训方案，根据市农发局分配名额，以1000元/人的标准对各区县的农业职业经理人培训工作予以补助，对知识更新培训以1200元/人的标准予以补助，对农业职业经理人进行培训多由县乡级政府及相关职能部门主导开展，各地财力情况和经费投入差别很大，有些部门在农业职业经理人教育培训上难以支出足额的配套资金；三是使用缺乏保障，经费管理与监督存在缺失的情况。另外，由于资金有限，培训名额有限，各地只能严格限制培训人数，在课程设置方面，实训、参观学习等形式也受资金限制，不能完全满足学员要求（刘人瑜，2014）。经费的不足正在严重制约着农业职业经理人培育的顺利开展和推广。

10.2.3.5　农业职业经理人培训时间短且缺乏后续信息反馈及评价

成都市农委对各区县农业职业经理人培训的规定是每年不得少于 120 个学时，按 40 分钟为 1 学时计算，每天培训 8 小时，一年的培训不应少于 10 天。而在实际培训过程中，试点区县农业职业经理人培训时间一共 5 天，除去第一天学员报到、开班典礼和成都市农业职业经理人队伍建设宣讲和第五天下午的测试、结业典礼，学员真正接受培训的时间只有三天半，每天培训 7 小时，上课时间远远短于规定学时。并且在调查中发现，多数区县对结训学员的跟踪指导不充分、不积极，对已取得《职业经理人资格证》的职业农民知识更新培训不及时，持续性较差（植玉娥和庄天慧，2015）。

培训之后的信息反馈及评价对于评价监督培训单位、修正培育方式、改进培训内容等方面都有很大的帮助。但成都市各区县在农业职业经理人培训结束后，主动收集过学员对培训的评价、意见及建议的区县屈指可数。另外，成都市也未制定相关规则要求培训机构或政府主管部门主动收集学员的反馈意见，缺少培训对象对培训效果的评价环节。该环节的缺失，不利于培训组织者和实施者了解培训对象的需求，也不利于监督考评培训单位，必然会导致供给与需求的不平衡，降低培训效率，影响培训效果。

10.2.3.6　农业职业经理人培育动力机制未激活、竞争退出机制不健全

动力机制未激活，不能有效地激励培育对象积极参加农业职业经理人培训。随着各地新型职业农民培育工作的深入开展，一大批具有发展意识、自身素质较高的农村劳动力已经流入城镇或已通过培训转移出去。而留守本地从事农业生产的大多为农村的老人、妇女，他们年龄普遍偏大，受自身文化水平、观念意识等局限，参加培训的主动性不强、认识不到位，对职业技能的接受能力也有限。同时，由于存在培训时间安排与农民农忙时间不协调的问题，一些农民不愿为培训投入较多的时间而耽误农活。另外，从事农村农事劳动较为艰辛，加上农业机械装备水平和现代化程度不高，收入相对较低，包括农民自身在内的社会大众对职业农民缺乏足够认同感，使原本与城镇白领齐名的农业职业经理人的社会地位难以提高。

竞争退出机制不健全，导致农业职业经理人培育成效不理想。根据对四川崇州市、金堂县等地的调查，农业职业经理人的经营业绩存在很大差异，有的会为

合作社带来较大盈利，有的则只能依靠政策补助勉强度日，有的农业职业经理人也有可能产生机会主义行为。农业职业经理人工作缺乏动力和活力，大多数人短期行为明显，严重依赖政策补贴，真正从生产经营中获得报酬的人较少。主要原因在于：一是职业准入门槛低。目前，农业职业经理人资格证书取得条件过低，农业职业经理人大多没有接受过正规、系统的职业培训，更缺乏实际操作培训，虽然在短时间内培育了大量农业职业经理人，但是农业职业经理人队伍普遍存在人口老龄化、文化水平低等问题，农业职业经理人整体素质仍待进一步提升。二是供需双方缺乏竞争。市场条件下，农业职业经理人培育的绩效需要市场竞争来激发并提升。但无论是作为培育供给方的培训机构，还是作为需求方的参训人员，都缺乏足够的竞争意识和核心技能。培训机构大多是政府主管部门或者由政府部门指定，靠行政力量主导的培训活动，其成效难以令人满意，同时，农民参加教育培训更多停留在“要我学”阶段，自我提升的学习精神和不进则退的竞争意识十分欠缺（颜廷武等，2017）。

10.2.3.7　农业职业经理人培育受外部社会环境制约

受土地流转现状的制约。农业职业经理人产生的前提是进行土地规模经营。现有土地流转存在流转体制机制不完善、管理和服务体系不健全、流转平台缺乏、土地流转供需信息对接不畅、土地流转政策扶持欠缺等问题，导致农村土地向新型农业经营主体有序流转。这就限制了农业职业经理人对土地的市场需求和经营实践，阻碍着农业职业经理人队伍的发展壮大。

受城镇化发展进程的制约。农业职业经理人队伍的发展与培育是一个循序渐进的过程，这一过程是与农村人口的城镇化转移、城镇化发展水平休戚与共。随着城镇化进程加快，可以吸纳大量外出农民在城市安居乐业，进而淡化进城农民固守土地的意识，使其出让土地经营权，为土地适度规模经营创造条件，为农业职业经理人赢得才能施展的平台和空间。

受城乡二元结构的制约。我国长期存在的城乡二元结构导致城乡在生活环境、居住条件、文化建设和基础设施等方面存在较大差异，导致农村高素质人员特别是青壮年农民、大学生单向流入城市，农村人才短缺，农村经济发展缓慢，农业收益低下，对高素质务农人员吸引力不足，优质人力资本难以向农村回流，影响着农业职业经理人培育。

受社会化服务体系的制约。农村社会化服务体系发育成熟与否直接影响着农业职业经理人的生产经营成效及其队伍的扩展和培育。面对现代农业对分工与协作的需求增多、要求更高，需要不断健全现代农业产业化经营服务体系，助力职业农民的高效生产与经营，促使其收益不低于甚至远高于其外出打工所得；也需要加大对农村公共生活设施的投入，让农业职业经理人能享受和城市同等的社会化便捷服务，提升其在农村从业的幸福感，加快农村人才的回流及农业职业经理人的成长（沈红梅等，2014）。

10.3 崇州市农业职业经理人培育实践及启示

10.3.1 崇州市农业职业经理人培育的背景

10.3.1.1 崇州农业现代化推进呼唤专业化管理队伍

崇州市地处美丽富饶的川西平原，东距成都25千米，位于天府之国的腹心。境内属于山地、丘陵、平原兼有的地貌类型，全市形成“四山一水五分田”土地结构。气候属于四川盆地亚热带温润季风气候，四季分明，雨量充沛，日照偏少，无霜期较长；耕地资源较丰富，土壤肥沃；具有得天独厚的区位与自然环境优势，一直是四川乃至全国的重要农产品商品生产基地，先后被誉为国家商品粮基地县（市）、国家新增千亿斤粮食生产能力建设县（市）、国家水产养殖示范县（市）、四川省无规定动物疫病区、四川省瘦肉型猪基地县（市），四川省油菜基地县（市）等。

2010年以前，随着中国城镇化与工业化纵深推进，农村土地与劳动力加速流动，作为四川省成都市的农业大县及粮食主产区，崇州市的农业发展与中国大多数地区一样，面临着农业家庭经营的规模经济性趋于弱化（土地细碎化）、多数农民不以务农为主（农户兼业化）、留守农业的劳动力老龄化、妇女化（劳动力弱质化）、粮食种植面积显著下降（生产非粮化）等突出问题。以农村劳动力的数据为例，崇州市的常住人口约为67万人，农村劳动力占到常住人口的一半以上，约为36.95万人。由于农村劳动力大规模流出，崇州市外出务工人员的比例高达73.4%，农业被“边缘化”的趋势越发严重。

在此背景下，作为主管农业的政府部门，崇州市农村发展局不但要面对农业发展中“谁来种田”的现实问题，还要解决“种什么样的田”和“怎样种田”

的深层次难题。为了加强和巩固农业的基础地位，提高农民的种粮积极性，破解社会化大生产背景下“种田难、不会种、效益低”的难题，崇州市决定鼓励生产大户流转农地，但这些生产大户在种植、生产过程中逐渐暴露出专业管理经验欠缺的问题。为解决专业管理经验欠缺的问题，崇州市做出了多次尝试，终于在2010 年成都市大力加强农业职业经理人队伍建设的契机下，探索出“谁来种田”这一问题的解决办法。

10. 3. 1. 2　崇州市农业职业经理人培育政策的出台

自 2010 年以来，成都市先后出台《关于加强农业经理人队伍建设试行意见》《成都市人民政府办公厅关于加强农业经理人队伍建设的意见》等政策，大力培育具有较强市场意识、较高生产技能和较强管理能力、较高经营水平的农业职业经理人，形成了新型职业农民队伍建设的成都模式。作为成都代管的产粮大县，崇州市也紧随其后，相继出台了《崇州市农业经理人担保贷款实施意见》《关于2014 年“1 +4”新型农业经营体系扶持政策的通知》《崇州市农业经理人考核管理办法》等地方政策。从政策措施来看，崇州市在产业扶持、科技扶持、社保补贴、创业补贴及金融支持政策五大方面扶持农业职业经理人发展。

10. 3. 2　崇州市农业职业经理人培育的主要做法

在现代企业制度中，总经理的位置至关重要。崇州市在探索土地股份合作经营模式时，深刻地认识到这一点，从培育职业化的农业生产经理入手，为土地股份合作社的顺利运行寻求灵魂人物。

在试点初期，为了在农业职业经理人培育上取得突破，市政府研究决定从国有企事业单位选派合适人选，到基层担任职业经理，最后确定了崇州市国家粮食储备有限公司的技术员杨福明和隆兴镇农技站的技术员周维松作为首批试点人员。两位农业职业经理人分别与到怡顺合作社、杨柳合作社社建立合作关系，并积极推动粮食生产的规模化发展，取得了显著的成效。随后崇州市以满足都市现代农业发展对新型职业农民（农业职业经理人）的市场需求为导向，以提高新型职业农民（农业职业经理人）的科学素养、职业技能和经营能力为核心，以资格认定管理为手段，以政策扶持为动力，搭建人才培养、人才管理、人才应用、政策扶持“四大平台”，促进农村人力资源结构优化和合理配置，着力构建服务农业产业化和现代化发展的新型职业农民（农业职业经理人）管理体制，并形成了一套较为完整的选拔、培育和管理办法，已培育新型职业农民 5960 人，

其中培养农业职业经理人 1460 人，在土地股份合作社、农业企业等上岗 447 人，如图 10－1 所示。

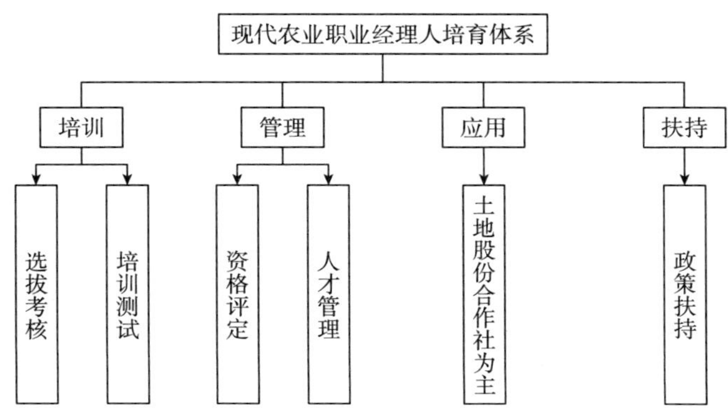

图 10－1　现代农业职业经理人培育体系

10.3.2.1　搭建农业职业经理人培训平台

（1）建立选拔机制。

一是坚持突出培育重点，选择合适培育对象，制定新型职业农民（农业职业经理人）选拔条件。新型职业农民（农业职业经理人）主要从有长期从事农业生产意愿、有提高自身素质积极性、有相应科学文化素质的务农青年、返乡农民工、种田能手、农机能手、村组干部和大学生村官以及熟悉农业生产经营管理的其他人员中产生。二是采取自愿报名与乡镇推荐相结合，农业行政主管部门进行资格审查，对符合推荐条件、经核实自愿从事农业生产经营管理的人员纳入培训与认定计划。

（2）完善培训条件。

充分发挥各类培训资源的作用，优化整合农村实用技术培训、专业技术人员培训、科技人员技术培训等，加大培训力度，提高新型职业农民（农业职业经理人）的生产技能和经营管理水平。一是聘请“一校两院”（四川农业大学、四川农科院、成都市农林科学院）和市农技服务中心的专家学者，遴选市、乡、村三级技术人员，组建 30 人的培训教师团队，形成专家学者、农技推广人员互为补充的教学师资队伍。二是建立教师团队定期教研制度，根据崇州市农业生产实际编印培训教材，确保培训效果。三是建立培训管理中心和实训基地，保证教学有设备、下乡有工具、学习有场所、实习有基地，提高学员实践操作能力。

（3）创新培训方式。

围绕土地股份合作社等适度规模经营的发展需求，采取理论培训与实践操作相结合、现场指导与交流学习相配套的培训方式，突出培训的针对性、有效性。一是建立了职业农民“双培训”机制，市级教师依托培训中心和实训基地，开展农业职业经理人和职业农民技能培训；农业职业经理人依托土地股份合作社，对职业农民进行“面对面”指导、“手把手”示范，让职业农民在“干中学、学中干”。二是充分发挥各类教育培训资源的作用，优化整合各类培训资源，将过去单一技术培训转变为职业素质、经营管理、职业技能相结合的综合能力培养。三是采取分片、分班、分批的方式，以理论学习、实际操作、参观调查等形式，将教育培训与农时季节、生产环节、关键技术紧密结合。四是建立导师制度，在系统教育培训的基础上，整合市级和基层农技专家组建了农业技术指导组，在全市分 12 个片区对新型职业农民（农业职业经理人）开展一对一“保姆式”教学指导和跟踪服务。

10.3.2.2 搭建农业职业经理人管理平台

（1）加强评定管理。

根据产业发展水平和生产要求，建立包括知识技能水平、产业发展规模、生产经营效益等为主要内容的新型职业农民（农业职业经理人）认定标准和认定程序，对符合评定条件的颁发新型职业农民（农业职业经理人）证书，作为其从业资格准入的基本条件，与财政支持、产业支持、技术服务、金融贷款、社会保障等扶持政策相挂钩。一是建立了新型职业农民（农业职业经理人）评价委员会，由崇州市推广“1+4”现代农业发展方式领导小组办公室牵头，市农发局、市人社局、市财政局、市科技局组织相关专家组成评价委员会，负责组织评定新型职业农民，协调、解决评价及相关政策落实中的重大问题，裁决新型职业农民评价事项中的重大争议。二是制定农业职业经理人评定条件和评定程序，出台了《崇州市现代农业职业经理人资格评定管理办法》，拟参加评定的农业职业经理人通过统一组织培训考试，考试合格的才能参加农业职业经理人评定，农业职业经理人的评定由评价委员会统一进行，每年开展一次，对符合评定条件的颁发《农业职业经理人资格证书》，与财政支持、产业支持、技术服务、金融贷款、社会保障等扶持政策相挂钩。目前，崇州市取得农业职业经理人资格证书的有 1230 人，占培训人数的 87.23%。三是探索实践了新型职业农民（农业职业经

理）资格等级评价管理机制，对取得《农业职业经理人资格证书》并从事农业职业经理人工作一年以上，所从事产业具有一定经营规模，经过行政管理部门、服务对象考核合格的，根据其生产技能、管理能力和经营水平等，给予初级农业职业经理、中级农业职业经理、高级农业职业经理资格等级评价。

（2）强化人才管理。

一是抓好人才储备，对获得新型职业农民（农业职业经理人）证书的纳入人才库管理，建立新型职业农民（农业职业经理人）诚信信息库，实行准入及退出模式，进行动态管理，及时公开诚信信息。二是建立以服务对象为主的考核模式。由服务对象、行政管理部门每年对农业职业经理人的职业素养、业绩完成情况等进行考核，考核合格的纳入农业职业经理人人才库管理并给予诚信评定，考核不合格的不能享受有关扶持政策，对主要因技术问题导致考核不合格的重新纳入培训和选拔工作计划，对工作业绩突出的给予表彰；连续两年考核不合格或连续两年未上岗的新型职业农民（农业职业经理人）退出人才库管理，并取消或降低其等级资格。三是开展新型职业农民（农业职业经理人）有序流动。根据土地股份合作社、农民专合组织、农业企业的需求，采取优先推荐、公开竞聘等方式，开展新型职业农民（农业职业经理人）推荐使用，鼓励新型职业农民（农业职业经理人）不受地域限制，在全市区域内自由流动，通过市场模式优化新型职业农民（农业职业经理人）人才资源的配置和使用。四是加强交流合作，分乡镇或区域组建新型职业农民协会（农业职业经理人之家），引导成员开展规范化运作、标准化生产、产业化经营，促进新型职业农民（农业职业经理人）之间产业整合、优势互补、资源共享、互利互惠。五是组建市级农业职业经理人管理服务中心，分乡镇或区域组建农业职业经理人管理服务站，就近为农业职业经理人提供业务咨询、政策宣传、资格初审等服务，收集、发布农业职业经理公开竞聘等相关信息。

10.3.2.3　搭建农业职业经理人应用平台

围绕现代农业建设，充分发挥农村基本经营制度的优越性，按照规模化、专业化、标准化发展要求，尊重和保障农户生产经营的主体地位，采取入社自愿、退社自由、利益共享、风险共担的原则，引导农户组建土地承包经营权股份合作社；积极发展专业合作和股份合作等多元化、多类型合作社，发展多种形式的适度规模经营，多渠道为新型职业农民（农业职业经理人）提供创业和发展的平台，吸引了一大批有创业意愿的务农青年、返乡农民工、农机农技能手、经商人员等到农业一线创业兴业，成为掌握现代农业科学技术和经营管理方法的新型农民，实现了科学种田，提高了粮食产量，提升了经济效益，推动了现代农业的发展。目前，崇州市已在21个乡镇的141个村组建土地股份合作社312个，入社土地面积15余万亩，全部聘请了农业职业经理人，实现了农业生产由分散经营向规模经营、集约经营转变。

10.3.2.4　搭建农业职业经理人扶持平台

（1）落实中央、省级扶持政策。

新型职业农民（农业职业经理人）开展的粮食规模生产，符合粮食规模种植政策的，享受种粮大户补贴政策。

（2）落实成都市扶持政策。

新型职业农民（农业职业经理人）开展的水稻规模生产，符合水稻规模种植政策的，根据成都市农委、市财政局、市粮食局《水稻规模种植补贴实施方案》（成农办〔2012〕89号）享受水稻规模种植补贴政策。获得成都市农业职业经理人证书的，根据成都市人民政府办公厅《转发市农委等部门关于加强农业职业经理人队伍建设的试行意见》（成办发〔2012〕45号）和成都市农委等部门《关于印发成都市农业职业经理人评价管理规定（试行）的通知》（成农办〔2012〕140号）精神，享受产业、科技、社保和金融等政策扶持。

（3）完善崇州市扶持政策。

一是设立新型职业农民（农业职业经理人）专项培训经费，将新型职业农民培训纳入本级财政预算，切实保障对新型职业农民培训的财政资金投入。二是结合崇州市实际，整合四川省、成都市等各级扶持政策，健全新型职业农民（农业职业经理人）政策扶持体系，给予产业、科技、社保、金融等扶持，如农业职业经理人可享受水稻规模种植补贴；农业职业经理人可享受城镇职工养老保险补贴，补贴个人缴费费率的4.8%；农业职业经理人可持证直接办理信用贷款并享受贴息扶持，初级、中级、高级农业职业经理人分别可贷款10万元、20万元、30万元；优先推荐农业职业经理人担任村级农技推广员等。通过政策扶持，进一步稳定了新型职业农民队伍，激发了新型职业农民创业的热情。

10.3.2.5　构建紧密型的农业职业经理人与合作社融合模式

农业职业经理人的工作主要包括：一是与合作社建立合作关系。具体如签订产量指标、生产费用、奖赔合同，明确农业职业经理人的保底产量，对超产部分按合作社、现代农业职业经理人、入社农户约定比例进行分配，实行超奖减赔。

二是制订生产计划，组织生产。制订全年生产计划，并带领合作社组织生产和管理（农民入社后只参与土地经营决策、不直接参加生产劳动），主要是到农业服务超市租用各项生产资料服务和劳务服务，并按照农业公共品牌标准和质量标准生产，实现互动共赢。三是销售和分配。粮食收获后，由农业职业经理人联系市场，进行统一销售，并计算获利情况，向理事会述职，参与当期分配方案的确定。

目前，崇州市农业职业经理人与土地股份合作社之间的利益联结形式主要有两种：一是农业职业经理人与合作社签订协议，风险共担，利益共享，亏损或者盈利都与所有合作社的成员挂钩，如杨柳股份合作社。二是农业职业经理人与合作社签订协议，保证农户每亩土地获得保底产量或者保底收益，在此基础上，超出的部分所获利益进行二次分配。相对于第一种模式，后一种模式的农业职业经理人承担的风险较大，但在实践中，两种模式都受到农户的普遍欢迎，能保障农户有稳定的获益。

10.3.3 崇州培育农业职业经理人取得的成效

加快农业现代化，根本在于靠提高农民的素质。崇州市通过“专家大院”和“农业服务超市”，开展农民职业技能培训，引导农民学习新的生产经营方法，转变生产经营理念，发展了一批从事种植、养殖、加工等生产活动的农村实用人才。截至 2018 年，全市已培育农业职业经理人 1887 名，在土地股份合作社、农业企业、家庭农场等农业经营主体上岗的农业职业经理人有 823 名。培育形成了一支懂技术、善经营、会管理的现代农业高端经营管理队伍，解决了崇州市农业现代化生产中暴露出的专业管理经验欠缺的问题。

在新型农村社会化服务体系的建设过程中，分散的农户被纳入了社会化大生产体系中，使农民对从事农业生产从过去“打零工”向有技术、有组织的“产业工人”转变，认清了自己的职业定位，同时农民的生产经营理念得到彻底改变，培育了大量有文化、懂技术、会经营的现代复合型新型农民，推动了农民就业就地化、职业化、产业化、组织化，实现了素质和收入“双提升”。

10.3.4 崇州农业职业经理人培育的经验与启示

众所周知，人是生产力发展中最活跃的要素，人才的数量和质量对经济社会发展的快慢起着决定性的作用。就我国农村劳动力状况来看，数量仍然庞大，但随着城市化、工业化以及农村第二产业、第三产业的发展，大部分农村青壮年劳动力逐步脱离农业，老人、小孩和妇女成为留守农村的主要人群，导致农业劳动力出现了数量和素质的双重下降，农业的兼业化、老龄化、妇女化、弱质化现象突出。据固定观察点统计，留乡务农的农民劳动力，平均年龄都在49岁以上，文化程度高中以上的不到5%。“老人农业”“兼业农业”直接导致农田撂荒或者粗放型耕种，先进技术无法及时、大量地在实践中推广应用，农业增长后劲乏力。这已成为影响我国农业现代化进程的最突出问题。

崇州市的实践为探索解决农村劳动力老龄化、妇女化、兼业化问题，形成新型职业农民培育的新路径提供了典型案例。崇州市在现代农业发展实践中，十分注重发挥人才在创造和发展农业生产力中的关键作用，积极培育新型职业农民，搭建专业化的农村人才梯队。通过创设农业职业经理人培育制度，充分挖掘村干部、农村种养殖能手、农机能人等参与农业生产经营的积极性，形成一支懂技术、善经营、会管理的现代农业高端经营管理队伍；通过农业服务超市的形式，将愿意从事农业生产的农户纳入社会化大生产的体系中，培养了一批从事植保、机械、运输以及营销经纪人等农村实用人才，推动了农民的就地创业、就地就业，实现了素质和收入的“双提升”。崇州市实践表明，采取入社、参与决策而不直接参加生产劳动的模式，可以更好地把农户解放出来，从而首先实现了“减少农民”的目的。同时，通过培育具有职业素养的农业CEO队伍和专业化的农业产业工人，可以让真正从事农业的劳动力得到有效培训和培养，也带来了农业资金和技术投入的大幅度增加，从而有效解决了我国农业劳动力数量减少与农业劳动力素质提高不同步以及农业劳动力向非农产业转移与资本技术对农业劳动力替代不同步的问题。

结合崇州市农业职业经理人培育的实践探索来看，可总结以下几点启示：

第一，政府支持与引导是农业职业经理人培育的关键要素。政府支持与引导主要包括财政资金支持和扶持政策引导两个方面。一是从财政资金支持来看，成都市政府初步构建了农业职业经理人培育资金保障机制，每年将农业职业经理人培训资金纳入财政预算（2014年就达到了700万元），并在逐年增加，每年新培训农业职业经理人2500人以上。二是出台相关扶持政策，增加农业职业经理人吸引力，引导广大青壮年农民、种养能手、返乡农民工、村组干部以及大学生参与到农业职业经理人队伍中来，进一步细化扶持粮食规模经营、设施农业建设、农机具购置、农民合作社等政策，倾斜支持农业职业经理人，同时研究出台专门针对农业职业经理人的扶持政策，例如对农业职业经理人新办领办农民合作社、

设施农业生产基地、粮食规模化基地和购置农机具，在同等条件下相关补贴上浮10%；探索设立风险补偿资金，支持农业职业经理人凭资格证书进行信用贷款，最高贷款额度达到30万元，化解“融资难”问题（谢瑞武，2014）。

第二，培训向培养的转变是农业职业经理人培育的必然选择。随着我国农业现代化进程加快，农业农村发展环境正在发生重大变化，“三农”工作面临着一系列难题和挑战，急需培育出一批高素质的农业人才，以解决农业生产规模经营不够、农业科技投入不足、农业经营方式创新不够等阻碍农业现代化的问题。但在以往农民培训的课程设计中，主要是针对生产技术和技能的培训，导致农民在市场信息的掌握分析能力、现代科技的接受应用能力、农产品的推广营销能力、市场风险的规避抵御能力都相对较弱，制约了农业现代化的步伐。农业职业经理人作为农业生产经营中的组织者和领导者，不能单纯地将其看作普通农户而进行基本培训，而是需要始终坚持以农业产业经营管理为核心，以农业新型经营主体的持续发展作为导向，以农业职业经理人素质和能力提升为目标，以提高培训的针对性和实效性为着力点，不断探索实践多元化的农业职业经理人培养模式，系统培养农业职业经理人，将农业职业经理人培训转变为农业职业经理人培养。

第三，完善的就业平台和载体是农业职业经理人发展的核心。农业职业经理人的培育，核心在于搭建农业职业经理人个人成长、技能提升、创新创业的发展平台和载体，让他们的技术和知识有了“用武之地”。崇州市政府不断引导以农民合作社、家庭农场为主的多种形式的适度的规模化经营，为农业职业经理人搭建了产业发展平台；为推动提高当地农民的整体素质和业务水平，搭建教育培训平台和认定管理平台；同时，通过搭建扶持政策平台，为农业职业经理人在产业扶持、就业扶持和社会保险补贴等方面提供了诸多支持，也进一步提高了农业职业经理人工作的吸引力；另外，农技推广平台、农技价值体现平台、产业链服务平台等平台建设也推动着农业职业经理人进一步发展。崇州市现代农业职业经理人培育体系既有培训选拔平台和评定管理平台，也有应用平台和政策扶持平台，形成了“四位一体”的崇州模式，配套较为完善的农业社会化服务体系，紧密地联结了各类主体，形成了较为稳定的培育机制。由此可见，完善的就业平台和载体是农业职业经理人发展的核心。

第四，社会化服务体系是农业职业经理人发展的保障。农业社会化服务是推动职业农民成长的动力，是构建农业职业经理人培育体系的最基本保障。一方面，农业社会化服务体系的完善促进了崇州市农民向职业化（农业职业经理人）

发展，既稳定了职业，也从根本上转变了农民经营理念和农业经营方式。使农业职业经理人掌握了最新的农业技术及经营管理方法，他们的素质和收入都得到了提高（赵宗峰，2015）。另一方面，崇州市的社会化服务体系包括农业科技、农产品品牌、农业社会化服务、农村金融等服务体系，以农业服务超市为核心的运行机制，推广“菜单式”服务方式，基本实现了农业产前、产中、产后全产业链需要的生产资料、劳务、运输等服务打包供应，有效解决了农业新型主体面临的用工“三难”、社会化服务单一、服务内容不匹配等问题，实现了服务常态化和获取便捷化，为农业职业经理人效益提升提供了持续有效保障。

10.4 成都市农业职业经理人培育机制优化路径

10.4.1 优化农业职业经理人选拔机制

对农业职业经理人进行培育，首先需要找准切入点，合理选择培育对象。农业职业经理人培育应该区别于新型职业农民培训和普通的农民培训，农业职业经理人培育重在发掘和培育农村、农业发展的技术带头人和骨干，针对性较强，而后两者的培训是全民普及型培训，重在提高农业劳动者的素质。为此，农业职业经理人培育要以农业种养大户的培植为切入点，重点开展对农民专业合作社组织和家庭农场的经营管理人员、农产品经纪人、农业服务组织骨干等人员的系统培育。要努力在全社会营造关心和爱护农业职业经理人的良好氛围，及时帮助务农人员解读国家“三农”政策，展望农村进步、农业发展的美好前景，让农业成为农民实现自身价值的主动选择，进而承担起发展现代农业、建设社会主义新农村的重任。

首先，选择农村现有农民合作社组织和家庭农场的种养大户、农机大户、种田能手等进行重点培育，进一步提升其技术和经营管理水平，使其经营效益得以快速彰显，产生示范和带头作用（魏学文和刘文烈，2013），促使更多种养大户转变为农业职业经理人。其次，吸引各类优秀人才回流农村。通过加强农村基础设施、农村文化建设、舆论宣传和构建政策帮扶激励机制，减少农业职业经理人从事农业生产的公共投资成本，营造人才发展和创业的良好生活环境，并号召鼓

励以科研院所、大中专院校、科技推广部门等为来源、科技传播为基础的科技人才，以返乡农民工、大学生、企业人员为来源、特色资源为基础的创业人才和以公务员为来源、行政力量为基础的公共管理人才去农村创业，在财税支持、经济补贴、技术指导、金融帮助和风险控制，以及人才创业活动方面创造有利的条件，催生农业职业经理人大量涌现，破除农业职业经理人后继乏人的困境。最后，要在大众化农民普及型培训的基础上，以规模化、集约化、专业化、标准化生产技术以及农业生产经营管理知识为主要内容，对潜在的农业职业经理人群体进行系统的、有针对性的职业技能培训，帮助他们掌握相应的经营理念和农业种养加实用操作技能，甄别其中有干劲、有能力的农民进行重点培育，使他们在短时间内脱颖而出。

10.4.2　建立健全科学合理的农业职业经理人培养机制

科学设置并适时更新丰富培训内容，既要让农业职业经理人学习科学技术，掌握现代化农业经营管理知识，也要强化法律法规、可持续发展、农产品食品安全以及生态环保意识的学习，全面提高农业职业经理人的综合素质。一方面，从实际出发，努力做到农业职业经理人需要什么就培训什么，什么能帮助农业职业经理人致富就培训什么。这需要针对农村种养过程中遇到的实际问题，站在农业职业经理人和市场需求角度分析和研究，灵活安排培训内容，并适时更新培训教材。另一方面，在培训中要注意硬技术和软技能相结合，两者不可偏颇，尤其是不能忽视软技能的培养。硬技术应着眼于所从事的产业类型，从全产业链角度出发，主要包括科学实用的种养殖技术、精深加工技术、现代化农业机械、电子设备的操作技术、现代化农业信息网的使用技术等，要让农业职业经理人了解本行业的最新技术进展。软技能要着眼于开阔视野，提高农业职业经理人的综合素养，重点传授现代市场营销知识、组织文化及管理、最新农业政策解读、法律政策及风险防范、生态保护、农产品安全等知识。四川自贸区的建成和蓉欧快铁的开通，使四川农业迎来了前所未有的发展机遇。成都市农业职业经理人队伍建设要积极树立开放、共享的发展理念，与时俱进，不断提高自身的能力。

优化整合培训资源，探索创新培训方式。对农业职业经理人进行培训，不仅要进行课堂教学、远程教育，还要有走进田间地头演示指导等多种灵活的培训模式，可由政府、企业、各类农村经济组织等不同主体通力协作，借用网络等信息载体多方位开展。针对农民进城不方便的实际，可以采取送教下乡的方式，通过进村办班、半农半读等形式，采取网络教学、集中面授、个别辅导、学习小组相结合的办法，让农村青年和农业经营骨干在家门口就地就近接受正规化、系统化职业教育。在教学团队的组织上，可以成立由专家教授、技术人员、创业成功人士参加的教学团队，采用“课堂教学 + 基地教学 + 现场教学”相结合的方式，增强教学的针对性和实效性。

10.4.3 建立健全多层次、全方位的农业职业经理人培育投入机制

长期以来，经费问题是农业职业经理人培育的主要“瓶颈”，需要不断拓宽农业职业经理人培育投融资渠道，强化培训硬件建设、实践基地建设，为培训的持续性提供资金保障。一是中央财政和省级财政应根据地方经济发展水平，给予倾斜的资金支持，加大各级政府财政投入力度，建立资金使用管理的保障机制，确保培育资金专项使用。二是发挥政府宣传引导作用，多方筹措培育经费，促成各种社会资本、专项基金、企业、个人及农村合作组织共同参与投资农业职业经理人培训，建立健全以政府财政拨款为主、企业捐资赞助为辅、农业职业经理人合理分担的多渠道、多形式、多层次资金投入机制。三是整合资源，充分利用农村闲置的校舍和教学资源开展培训，节流不必要的培训支出，实现培训资金的最优化使用。

10.4.4 优化农业职业经理人准入准出激励机制

目前，从“进入机制”来看，成都市农业职业经理人主要来源于有经验的种田能手、大学生等，采取自愿报名和乡镇推荐相结合的方式，在经过统一培训后，获得颁发的农业职业经理人资格证书。同时，每年还会根据其经营规模、产出水平和经营管理水平评定等级。从“退出机制”来看，农业职业经理人要接受受聘理事会和政府的双重考核，对于考核不合格的农业职业经理人，实施退出机制。尤其是在农产品质量安全、违法违规和诚信上出问题的，实行一票否决制，取消农业职业经理人资格，并退出政府的人才信息管理资源库（韩文龙和谢璐，2017）。

总体来看，成都市农业职业经理人培育的“进入机制”和“退出机制”已初步形成，但是仍需进一步优化完善。一是应进一步提高农业职业经理人培训考核标准，避免培训“走过场”现象出现，对于培训考核不达标者坚决不予发放资格证书。二是细化完善等级评定标准，针对在不同区位条件经营不同产业类型

的农业职业经理人应当相应地制定评定标准，而不是“一刀切”地进行评判，另外，由于等级评定涉及政府优惠政策，因此评定事宜应由第三方开展。三是完善农业职业经理人激励机制，对经过培训、符合条件的农业职业经理人进行资格认证、注册登记，经过登记的农业职业经理人在贷款、技术指导、财政补贴等方面应给予更多的政府支持，应实行与产业工人、灵活就业人员等同的医疗、养老、失业及教育等福利政策。四是进一步完善农业职业经理人退出标准和细则，健全退出惩处机制。

10.4.5 优化农业职业经理人培育外部环境机制

农业职业经理人培育与现代化进程中的土地流转、城镇化发展质量、城乡二元结构、农村社会化服务体系等外部社会环境是相互制约、互为促进的关系。要成功推进农业职业经理人的培育工程，必须重视完善农业职业经理人培育的外部环境制度机制。一是建立健全农村土地合理流转的长效机制。加快土地合理流转，变农地的碎化分散经营为集中规模经营，为农业职业经理人创造施展才能的空间和机会。二是加快构建城镇化建设的推进机制。加快改革户籍制度和管理制度，放宽农民融入城市的门槛限制；创新社会保障制度，让进城农民工享有同等的城市保障与福利，解除进城农民的后顾之忧；建立促进城镇化与农业现代化同步发展的协调机制，为城乡劳动力自由流动开辟条件。三是融合城乡一体化建设的合力机制。加大城镇社会保障制度改革，推进农村剩余劳动力市民化步伐；加快农村土地产权制度改革，促使进城农民自愿退出农地经营；完善农村协调发展的体制机制，缩小城乡生活居住差距，强化农业职业经理人安心农村、搞好农业生产经营的认知与自信。四是健全农业社会化服务体系的保障机制。加大对农村基础设施建设和公共服务的转移支付，如农田水利、网络信息、乡村公路和各级农产品集散市场的建设；加快农村文化和教育事业的发展，增强农村发展活力，使职业农民能够安心于农业生产；为农业职业经理人生产经营各环节提供多元化、专业化、标准化、市场化的分工服务，如技术、疫病防控、市场信息、农产品安全监管和法规咨询等高效服务。

10.4.6 构建农业职业经理人法律法规支持机制

目前，虽然我国实施的《教育法》《职业教育法》《农业法》《农业技术推广法》等都涉及了农民培训工作，但内容多限于“培训”，距离“培育”尚有一段距离。从美国、日本等发达国家的先进经验来看，我国应加快制定出台促进农业职业经理人培育和发展的法律，建立健全相关法律体系，使农业职业经理人的培育工作有法可依，为农业职业经理人提供坚实的法律保障。一方面，结合我国实际，制订关于农业职业经理人培育及发展的法律，对新型农业经营主体及其后继者作出明确的法律规定，明确农业职业经理人和有关部门的权力和责任，确保农业、劳动保障、教育、科技和财政等相关部门在职责范围内切实做好农业职业经理人的教育培训工作。另一方面，制定部门规章、地方性法规以及政策实施细则，促使农业职业经理人的培育工作制度化。针对农业职业经理人的培育，地方政府根据需要制定地方性法规，农业、人力、财政、教育等部门应制定相应的规章制度，自上而下形成一套完备的法律法规体系，可以更好地保障农业职业经理人培育工作的顺利实施。

10.5 推进成都市农业职业经理人培育机制优化的政策建议

10.5.1 完善财政金融支农惠农政策

政府实施强农、惠农、富农政策要优先考虑农业职业经理人，安排财政支农项目和向农民发放农业补贴可适当对农业职业经理人创办的农民合作社、家庭农场等新型农业经营主体给予适当倾斜。政府、监管部门要加强对辖区内各金融机构的协调和指导，在不断扩大金融支农贷款规模时要优先向农业职业经理人倾斜，建立农业创业小额信贷和贴息贷款，做好农业职业经理人的资金保障工作。要扩大贷款抵押品范围，更加注重解决农业职业经理人贷款担保抵押品不足问题，完善林权抵押、承包农地抵押、宅基地抵押等特色贷款业务，探索利用农作物种植预期收成、畜禽养殖预期收入、购买农机具和其他农业生产经营预期收益等作为贷款担保抵押品，建立规划抵押登记及流转平台，拓宽农业职业经理人融资渠道。发挥和提高政府相关部门在金融支农中的服务功能，可考虑对实施的财政支农项目和金融支农项目进行适当整合，探索将农作物保险、农业补贴和贷款担保抵押结合起来，探索成立农业职业经理人发展基金，建立国家财政资助的农

业专项贷款体系（李国祥和杨正周，2013）。

10.5.2 加大农业职业经理人培育的资金投入力度

各级政府应设立农业职业经理人培育专项资金，建立农业职业经理人培训教育补助机制，完善农业职业经理人培育的绩效评估制度，加大对农业职业经理人培育的投入力度。中央财政和省财政应根据地方经济发展水平，给予倾斜的财政资金支持，以财政资金撬动社会资本投入到农业职业经理人培育中去，从而建立多元的培育投资体制，扩大财源，形成以政府财政拨款为主、企业捐资赞助为辅、农民合理分担的资金投入机制。也可借鉴国外经验，尝试推进培训项目经费“基金化”运作方式，由政府财政投入、企业投入、专业协会投入和社会力量捐助等构成专项基金，委托专业组织进行管理和运作，为农业职业经理人培育提供多元化的资金投入机制，进而为农业职业经理人培训提供充足动力支持，强化培训硬件建设、实践基地建设，为培育的持续性提供资金保障。

10.5.3 改进农业职业经理人培育的方式和内容

根据生产技能型、技术指导型、产业服务型、市场经营型和专业管理型等不同类型的农业职业经理人，开展专业的培训需求分析，明确培训对象对培训内容、培训方式等的实际需求，根据不同地区、不同类型农业职业经理人的实际需要，实施农业职业经理人培育的改革，不断拓展和丰富培训内容，逐步增加农业产前和产后培训，从单纯的农业实用技术培训转向农业职业经理人素质的整体提升。农业职业经理人培育应建立在市场需求的基础上，针对不同群体实际情况和现实需求开展培训，如对于具有一定经营经验，学历较高的人群开展管理、运营培训，通过培训使其成为农村经纪人或者带头人；对于只有务农经验缺乏市场经验的群体，可通过示范作用和专业技能培训，增强其技术能力和信心。地方政府应与生产、技能、服务、市场咨询、管理等不同行业建立合作机制，让专家来指导农业职业经理人。通过把握市场脉搏，创新灵活多样、实用高效的新型职业农民培训新模式，加强校企合作、产学研协同，实现产教融合、合作育人。

建立遴选新机制，确定重点培育对象。围绕全市农业主导产业发展、“三带四”基地建设和农业园区培育打造重点，组建新型职业农民调研摸底组，不定期排查摸底潜在培育人员，初步形成以专业合作社、家庭农场、农业龙头企业等新型农业经营主体负责人和业务骨干为主体的重点培育对象。并在此基础上，形成自愿报名、乡镇初审、市农业农村局审核确定的新型职业农民遴选机制。

10.5.4 完善农业职业经理人培育的社会保障

为农业职业经理人提供相应的保障，让农业职业经理人专心投入到农业现代化进程中，对于稳固农业的基础性地位相当重要，而让农业职业经理人安心在农村落户，必须解除他们的后顾之忧。为此，要完善农业职业经理人培养的相关配套保障体系，建立城乡一体化的社会保障制度，让农业职业经理人享受到与城市居民一样的较高水平的社会保障。首先，从政策制定上，明确农业职业经理人与城市居民的平等地位。国家在意识形态上平等地看待全体成员，把农村社会保障制度建设作为一项重点工作来抓，培育农业职业经理人社会保障意识。其次，通过加快改革户籍制度，消除城乡二元化结构，使户籍与福利脱钩，让城乡基本公共服务均等化、子女受教育平等化，促进城乡一体化，推动人才自由流动、自主择业。最后，逐步建立起个人缴费、企业补助、政府补贴相结合的农业职业经理人社会保障体系。可以以建立农村医疗保险和养老保险为起点，并逐步扩展为城乡一致，给予农业职业经理人中的妇女承办生育保险、条件艰苦地区的新型职业农民建立工伤保险、失业保险等（韩娜，2013）。

10.5.5 优化农业职业经理人培育的外部环境

首先，确立土地流转和稳定的土地使用权制度是加快农业职业经理人培育的重要基础。确立土地承包关系长久不变的法律地位，进而按照依法、自愿、有偿的原则，完善土地承包经营权的流转机制，引导农民将分散的土地集中起来，实现适度规模经营，为培育农业职业经理人营造舒适的制度环境。

其次，营造农业职业经理人培育的社会氛围。随着现代农业的不断发展，全社会要抛弃一切歧视农民的偏见和行为，鼓励有志于从事农业生产的青年成为职业农民，增强农民主动意识，提高农业从业者社会认可度，进一步营造尊重农民、重视农业和关心农村的良好氛围。

最后，不断改善农村生产生活条件。为了吸引和留住年轻高素质有专业背景的人才发展现代农业，必须在推进新农村建设中继续抓好农村基础设施建设，特别要在农业生产基地、农业产业园区、产业带和现代农业示范区建设中优先全面改善农村生产生活条件，促进农村社区文化娱乐活动中心、社区教育中心和信息中心建设。

第11章 主要结论、政策建议与研究展望

11.1 主要结论

本书围绕“农业职业经理人队伍是如何形成的”“农业职业经理人如何影响和促进所在组织绩效提升”两大科学问题，在理论层面上，诠释了当前农业职业经理人从业的本质特征和队伍形成的基本规律，厘清了合作社聘用农业职业经理人的条件和决策行为逻辑，阐明了权力、利益等关键制度因素对农业职业经理人决策行为及组织绩效的影响机制，以期为我国农民合作社创新发展提供前瞻性的理论和制度探索；在实证层面上，采用2016~2019年对成都市农业职业经理人连续4年的跟踪数据，分析和评价了不同来源的农业职业经理人进入合作社从业的动机和重要诱因，验证了合作社的聘用决策行为、农业职业经理人与所在组织绩效关系，分析了成都市农业职业经理人培育机制等。主要研究结论如下：

第一，追求成就实现和提升发展是农业职业经理人从业基本诱因，而管理经历、家庭支持力度等因素显著影响农业职业经理人的从业动机。实证研究结果显示，农业职业经理人总体上表现出文化程度高、市场意识强、工作精力旺、从业意愿强烈等特点，高中及以上学历的人占比近69.2%，92.0%以上的人有较高的从业意愿和较乐观的职业前景预判。尽管农业职业经理人从业动机具有多维性、复杂性，总体上可归为“成就实现”“发展机会”“职业声望”“个人兴趣”“物质报酬”5种类型。其中，58.82%的农业职业经理人最看重的是发展机会，仅

16.18%的农业职业经理人认为物质报酬是占第一位的。5种动机类型排序为：成就实现 > 发展机会 > 个人兴趣 > 职业声望 > 物质报酬，说明成就实现型的从业动机是最受农业职业经理人注重的。具有较长管理经历、家庭支持力度大等特征的农业职业经理人，其从业动机越偏向成就实现和发展提升。因此，要重视农业职业经理人精神文化层面的建设，提高职业声望，不断改善农业职业经理人的工作环境。

第二，农业职业经理人创业创新意愿强烈，但存在经营管理规模与禀赋能力不相匹配的现象，其创业创新行为受政策驱动的影响显著。实证研究结果显示，74.22%的农业职业经理人希望进一步扩大自身经营管理规模，说明存在经营管理规模与农业职业经理人资源禀赋不相符合的情况。87.11%的农业职业经理人愿意拓展新业务，主要打算从“研发新品种”“电子营销商务”“休闲观光旅游”“品牌建设”和“产品创新”等方面拓展新业务，但是从已经开始拓展的新业务与计划拓展的新业务的对比来看，实际拓展的新业务只有约60%，这表明农业职业经理人计划拓展的新业务具体实施时面临一些困难和问题。农业职业经理人创业创新意愿较为强烈，大多数农业职业经理人在实践中开展了创业创新业务，其中电子商务营销、品牌建设等业务是农业职业经理人创业创新意愿强烈且付诸行动最多的类型。个体特征和环境因素是影响农业职业经理人创业创新的主要原因，即农业职业经理人创业创新是个体自发行为和政府政策驱动的综合结果。具体来看，在个体特征中农业职业经理人身份、家庭收入是主要影响因素；而融资政策、技术支持是政策驱动的主要因素，但规章制度建设及机构设置对农业职业经理人创业创新有显著负影响，主体发展不规范和制度设计不实际是背后的重要原因。进一步分析还发现，不同组织形式、不同规模条件下，农业职业经理人创业创新存在显著差异。合作社与大规模农业职业经理人群体创业创新行为主要受政策驱动，农场与小规模农业职业经理人则更多受个体资源禀赋与职业经历的影响。政府政策对合作社的支持与规模经营的政策导向是合作社和大规模农业职业经理人进行创业创新的重要原因。

第三，聘请农业职业经理人能够减少合作社的运营成本、显著提升合作社的总体绩效，而是否聘请农业职业经理人在很大程度上取决于合作社负责人自身的认知和判断。实证研究结果显示，农业职业经理人的引入能在一定程度上降低合作社的物质和服务成本，处于平原地区、规模较大的合作社引入农业职业经理人带来的作用更大一些。在农业职业经理人市场发育较为成熟的成都市，农民专业

合作社对农业职业经理人的聘用需求得到了较高水平的满足，但是也看到还有一部分合作社潜在的聘用需求没有得到满足，主要是因为信息不对称未找到合适人选或者认为支出成本高、有聘用风险。影响合作社聘用需求的因素来自供需两方面，来自供给方面的主要为：合作社负责人为男性、年龄较大且有兼职身份的对农业职业经理人更具吸引力，离城区较近的合作社更具有吸引力；需求方面主要为：合作社负责人的年龄、受教育程度以及对农业职业经理人制度的认知。合作社引入农业职业经理人后总体上能够显著提升合作社的绩效，尤其是那些土地规模和社员规模大的合作社绩效提升更明显，这说明农业职业经理人企业家才能的发挥对组织的贡献远大于岗位增设的成本。具体来看，合作社引入农业职业经理人能显著提升经济绩效、社会绩效和生态绩效，但对于社员收入绩效、交易绩效的提升不明显。不同绩效影响差异主要是当前对农业职业经理人的职责定位、利益导向以及权利范畴引起的，迫切要求进一步完善合作社农业职业经理人规章制度和激励约束机制。

第四，农业职业经理人所拥有权力的大小会显著影响所在组织绩效。研究结果表明，农业职业经理人的权力可划分为组织权力、专家权力、所有制权力和声誉权力四个维度，绝大多数农业职业经理人拥有所有制权力和组织权力，便于农业职业经理人行使自身职权、参与所在组织重大决策，也利于其较快吸收相关农业政策。专家权力占比最低，主要是由于农业职业经理人任职时间整体偏短。农业职业经理人权力会显著正向影响其所在组织的绩效。具体来说，权力等级为“低”和“高”的农业职业经理人的权力都会负向影响组织的绩效，而权力等级为“中等”的则是正向影响组织的绩效，这说明权力过小的农业职业经理人在经营管理综合素质、个人能力方面有所欠缺，而权力过大的农业职业经理人又会左右其所在组织的重大决策，产生高昂的代理成本，两者都不利于组织绩效的提升。此外，“成员参与组织日常活动的程度”“业务量较上一年度增长情况”“是否建设有农产品品牌”都会显著影响农业职业经理人所在的绩效和绩效等级。

第五，股权激励是激发农业职业经理人积极性、提升所在组织绩效的重要路径，而其决策行为倾向在其中起着重要的调节作用。实证研究结果显示，农业职业经理人入股对合作社经济绩效有显著的促进作用，即在合作社这一互助型性经济组织的框架下，尽管存在更为复杂的委托代理关系，但股权激励效应仍然存在。同时，在理事长与农业职业经理人分离的合作社中，决策权向农业职业经理人适度集中有利于缓解合作社“内部人”控制问题。农业职业经理人入股对合作社经济绩效的影响并非是简单的线性关系，其决策行为倾向在其中起着重要的调节作用。当农业职业经理人在日常经营决策中承担的中高难度任务数量为不超过常规任务的 1.9 倍时，是农业职业经理人可承受的风险程度，入股能够促进合作社经济绩效提升。要素投入对合作社经济绩效有不同的影响程度。资金投入和土地规模化经营对于当前提升合作社经济绩效具有显著的影响，技术投入和劳动力边际贡献均比较小。

第六，农业职业经理人支持政策呈现地方率先探索、收入导向与发展导向协同、多维度交叉的特征，而强化政府的引导和扶持是培育农业职业经理人的重要选择。研究结果表明，由于资源禀赋、文化传统等方面的差异性，各地区农业职业经理人支持政策既有地区鲜明特征，也体现出我国农业职业经理人支持政策的一般性特征，总体上呈现出国家整体引领、地方率先探索，收入导向型政策与发展导向型政策协同，注重现实操作性、可执行性，直接支持政策起步晚、间接支持探索多，多维度交叉等特征。成都市和崇州市农业职业经理人培育实践探索表明，政府顶层设计以及支持引导是农业职业经理人培育的关键要素，而在培养体系上要着力突破培训向培养的转变，相对完善的就业平台和载体是农业职业经理人发展的核心，此外，要积极完善配套的社会化服务体系，为农业职业经理人发展提供外围保障。

11.2 政策建议

农业职业经理人作为一个新兴的高级职业群体，其发展是一个不断实践、递进、完善和升级的过程。因此，推进农业职业经理人发展的政策就不能单纯就农业职业经理人谈农业职业经理人，还必须锚定其所在的从业组织和平台、农业发展的形势和外围环境这两大紧密关联的因素，宏观和微观相结合加以审视。

第一，尽快出台农业职业经理人资格认定办法和管理意见。国家应在各地制定的地方性资格认定办法的基础上，尽快出台全国统一的“农业职业经理人资格认定及管理办法”，明确农业职业经理人认定人群、职业类型及范畴，认定后的管理及支持培育政策。鉴于当前乡村一二三产融合发展的趋势，建议重点认定生产经营型、专业技能型和社会服务型三类农业职业经理人。为避免或者减少少数人控制的情形，应逐步推行新型经营主体领导人与农业职业经理人分离、一般管理型干部与农业职业经理人分离的“双分离制度”。此外，应出台严格的农业职业经理人资格进入门槛，建立农业职业经理人信息库，实行动态管理机制，积极推动相应的职业能力和价值的社会评估体系建设，让该资格认证成为农业职业经理人从业和流动的通行证，也成为一种荣誉和精神激励。

第二，全面建立系统化的农业职业经理人培养体系。切实扭转对农业职业经理人能力素质提升的认识，实现从培训到培养的转变，建立农业职业经理人继续教育、知识更新的全方位系统化培养体系。一是构建以经营管理能力为核心的知识培育体系。生产上要更加重视集成技术应用、资源循环利用、规模农场管理等能力的培养；经营上要着力增强财务管理、互联网应用、市场意识、沟通协调和资源整合等能力的提升。二是设置面向农业职业经理人的继续教育体系。建议将农业职业经理人培养纳入高职院校扩招计划，在农业大中专院校专门设置面向农业职业经理人的继续教育课程体系，尽快编写教材、细化培养方案、充实师资队伍，开展定向招生，推动专业设置、课程内容与社会需求同农业职业经理人的发展实际相适应，实现培养制度的常态化和制度化。三是强化农业职业经理人多元化梯队建设。不断拓宽选拔渠道、明确选拔重点、下沉选拔层次，全方位扩充农业职业经理人后备力量，突破农村人才“瓶颈”。建议重点在大学生村官、农村经纪人、农业服务组织骨干、土专家等在乡农村实用人才中进行挖掘的基础上，逐步向工商业企业职工、大中专毕业生、科研院所和大中专院校科技人员等下乡返乡“双创”人才拓展。在推进农业职业经理人队伍精兵化的同时，逐步建立从国家到地方的农业职业经理人协会体系，承担农业职业经理人行业规范、诚信建设、交流服务、优秀推荐等工作，形成各级农业职业经理人交流和学习平台。

第三，积极探索农业职业经理人与“两新”的融合发展机制。加强对新型农业经营主体作为农业职业经理人从业平台和新型职业农民作为农业职业经理人重要来源的支持，实现农业职业经理人成长与“两新”的融合发展。一方面，鼓励农民合作社、家庭农场等新型农业经营主体积极探索和完善聘用农业职业经理人的运作模式。建议采用股权激励、保底分工、重大突破奖励等办法，将农业职业经理人的管理效果与新型农业经营主体的科技创新、经营绩效挂钩，紧密农业职业经理人与从业平台的利益关系，激励农业职业经理人的工作能动性。另一方面，建议将农民合作社清理整顿、家庭农场规范提升与农业职业经理人的引入有机结合起来。通过专业化、高水平的农业职业经理人的经营管理，倒逼新型农业经营主体规章制度的完善和内部治理结构的优化，强化社员或者雇员的行业规范教育和经营实操训练，示范带动更多的新型职业农民的成长，实现农业职业经理人支持措施和现有“两新”政策的有效衔接。

第四，持续优化农业职业经理人成长的外部环境。充分认识农业职业经理人群体对富民乡村产业发展的重要意义，全方位优化农业职业经理人发展的市场与政策环境。建议将农业职业经理人纳入“十四五”农业重点支持对象，在各类财政支农项目或涉农补贴政策的落实过程中，优先考虑采用农业职业经理人制度的农民合作社、家庭农场等主体，同等条件下给予政策倾斜。建议尽快开展农业职业经理人专属信贷试点，如开发“个人征信+关联性农村产权”相结合的金融产品，综合解决农业职业经理人的贷款难题。建议尽快出台农业职业经理人社会保障支持政策，督促农民合作社、家庭农场等完善农业职业经理人的养老保险、医疗保险和失业保险缴纳制度，政府适当补贴单位或个人缴付部分。建议尽快设立面向农业职业经理人的科技研发扶持专项资金，鼓励农业职业经理人与科研单位建立紧密的“产学研”联系，合作研发和推广新技术、新品种、新机具和新工艺。建议尽快确立人才市场上的农业职业经理人制度，健全供求信息发布、市场行情监测、职业技能鉴定等专业化服务体系，使农业职业经理人在所有涉农职业中率先成为城乡居民就业创业的优选项。

11.3 研究展望

无论在理论上还是实践上，农业职业经理人与农业产业组织之间都存在密不可分的联系，但是农业职业经理人的实践和研究都上处于起步阶段。随着家庭农场、农民合作社、农业企业数量的进一步增加，农业职业经理人的需求还将进一步扩大，农业职业经理人群体的研究也将更加重要。本书认为围绕“农业职业经理人队伍是如何形成的”“农业职业经理人如何影响和促进所在组织绩效提升”两大科学问题，后续尚有较多的问题需要进一步研究。

第一，农业职业经理人与从业组织关系的拓展研究。农业职业经理人与所从业平台的互促共进、互惠双赢始终是农业职业经理人研究的终极目标。本书主要对农民合作社与农业职业经理人的关系进行了一些探索，家庭农场内容涉及不

多，而实际上家庭农场与农民合作社在组织架构、治理特征上存在显著差别，家庭农场的农业职业经理人与所在平台的关系研究可以作为一个方向。此外，与合作社这一平台的关系研究主要验证了农业职业经理人拥有的权力和是否入股两大因素对所在组织的绩效影响，还未验证：①农业职业经理人来源是内部晋升还是外部聘请。②不同的农业职业经理人与合作社的利益分配方案，如包干制 VS 年薪制等不同治理特征和利益关系下两者的融合问题，这都可以作为重要的研究方向。

第二，农业职业经理人促进农业绿色转型的研究。农业职业经理人是懂经营、善管理的高素质职业农民群体，其高素质的一个重要体现就是对绿色生产经营的感知与实践。根据我们观察到的现象，现实中很多农业职业经理人都自觉以生产绿色农产品为目标，产前、产中、产后各环节对投入品把控较严，对标准化措施推进积极，强调提高产成品的质量。农业职业经理人是否能够促进农业绿色可持续技术的采用进而促进农业绿色转型？如何发挥其引领和示范作用？这些问题直接关系到我国绿色农业发展的进程，值得下一步深入研究。

第三，农业职业经理人的培养体系研究。农业职业经理人的从业需求特征决定了对其素质能力要求更高，培养不能简单等同于培训或者一般新型职业农民的培育，必须建立科学、系统的继续教育体系和知识更新体系，包括教材、师资的配置以及课程设置、教学手段、考核方式等，都要进行精心设计和谋划。这方面需要进一步的研究。

第四，农村职业经理人的延伸研究。在调研和文献资料查阅中，我们也注意到农业职业经理人在促进乡村产业振兴的同时，在参与农村经济事务方面也在发挥作用。一些地区新成立的农村集体经济股份合作社鉴于村干部精力、能力有限，通过公开向社会招聘农业职业经理人管理村集体资产，以实现保值增值。据统计，截至 2020 年底，已有 18 个省份完成了试点任务，清查核实农村集体资产 6. 5 万亿元，集体土地等资源 65. 5 亿亩，53 万个村完成经营性资产股份合作制改革，50 多万个村领到农村集体经济组织登记证书。这些都是农业职业经理人从业的潜在市场。如何与村集体经济组织的经营管理较好地融合，这也有待于进一步研究。

参考文献

［1］ Adams, R. , Almeida, H. , Ferreira, D.. Powerful CEOs and Their Impact on Corporate Performance ［J］. Review of Financial Studies, 2005 (18): 1403 - 1432.

［2］ Ahmed T, Reddy B V C, Khan Ta et al. Economics and Employment Generating Potential of Gherkin Cultivation in Karnatakaa ［J］. Economic Affairs, 2015 (2): 277.

［3］ Ariyaratne C B, Featherstone A M, Langemeier M R, etc. Measuring X - Efficiency and Scale Efficiency for a Sample of Agricultural Cooperatives ［J］. Agricultural Resource Economics Review, 2000, 29 (2): 198 - 207.

［4］ Bennell P. Vocational Education and Training in Tanzania and Zimbabwe in the Context of Economie Reform, Department for International Development ［J］. Edueation Research Series, 1998 (28): 74 - 79.

［5］ Boeker W, Goodstein J. Performance and Successor Choice: The Moderating Effects of Governance and Ownership ［J］. Academy of Management Journal, 1993, 36 (1): 172 - 369.

［6］ Bommer W H. and Ellstrand A E. CEO Successor Choice, Its Antecedents and Influence on Subsequent Firm Performance an Empirical Analysis ［J］. Group and Organization Management, 1996 (21): 105 - 123.

［7］ Borgen S O. Rethinking Incentive Problems in Cooperative Organizations ［J］. The Journal of Socio - Economics, 2004, 33 (4): 383 - 393.

［8］ Burress, M. , Livingston, K. and Cook, M. L. Board Process, Board Engagement and Cooperative Health: A Descriptive Summary of Survey Findings ［J］.

The Cooperative Accountant Spring, 2012 (2): 16 - 29.

[9] Carneiro P, Heckman J J, Vytlacil E. Estimating the Return to Education When It Varies among Individuals [R]. Mimeo, 2001.

[10] Chen G, Hambrick D C. CEO Replacement in Turnaround Situations: Executive (mis) Fit and Its Performance Implications [J]. Organization Science, 2012, 23 (1): 225 - 243.

[11] Feng L, Hendrikse G W. Chain Interdependencies, Measurement Problems and Efficient Governance Structure: Cooperatives Versus Publicly Listed Firms [J]. European Review of Agricultural Economics, 2011, 39 (2): 241 - 255.

[12] Filton M. The Future of Canadian Agricultural Cooperatives: A Property Rights Approach [J]. American Journal of Agricultural Economics, 1995, 77 (5): 1144 - 1152.

[13] Finkelstein, S.. Power in Top Management Teams: Dimensions, Measurement, and Validation [J]. Academy of Management Journal , 1992, (35): 505 - 538.

[14] Franken J, Cook M L. Informing Measurement of Cooperative Performance [A] //Windsperger. Cliquet, G., Ehrmann, T, and Hebdrikse, G., Interfirm Networks; Franchising, Cooperatives and Strategic Alliances [C]. Switzerland: Springer International Publishing, 2015: 209 - 226.

[15] Fred Gale. America's Aging Farmers, Who Will Take Them? [J]. Rural Development Perspective, 1994, 8 (3): 2 - 24.

[16] Gebhart. Hypercompetition: Managing the Dynamics of the Strategic Maneuvering [J]. Sloan Management Review, 1994 (4): 102.

[17] Godfrey P C, Gregersen H B. Where Do Resourced Come from? A Model of Resource Generation [J]. The Journal of High Technology Management Research, 1999 (1): 37 - 60.

[18] Hailu G. Goddard E W, Jeffrey S R. Measuring Efficiency in Fruit and Vegetable Marketing Co - operatives with Heterogeneous Technologies in Canada, Selected Paper Prepared for Presentation at the American Agricultural Economics Association Annual Meeting [J]. Providence, Rhode island, 2005 (6): 46 - 51.

[19] Hayami Y, Ruttan V. Agricultural Development: An International Perspec-

tive [M] . Baltimore City: The Johns Hopkins University Press, 1985.

[20] Hebert R F, Albert N. In seareh of the Meaning of Entrepreneurship [J] . Small Business Eeonomies, 1989, 1 (1), 39 -49.

[21] Huffinan W E, Mercier S. Joint Adoption of Microcomputer Technologies: an Analysis of Farmers1 Decision? [J] . Review of Economics and Statistics, 1991 (73): 541 -546.

[22] Jasper Grashuis. A Quantile Regression Analysis of Farmer Cooperative Performance [J] . Agricultural Finance Review, 2018, 78 (1): 65 -82.

[23] Jensen M C. Agency Cost of Free Cash Flow, Corporate Finance, and Takeovers [J] . American Economic Review, 1986, 76 (2): 323 -329.

[24] Jensen M C, Meckling W H. Theory of the Firm: Managerial Behavior, Agency Costs and Ownership Structure [J] . Journal of Financial Economics, 1976, 3 (4): 305 -360.

[25] Jensen S. The Modern Industrial Revolution, Exit, and the Failure of Internal Control Systems [J] . Journal of Finance, 1993, (48): 831 -880.

[26] Joseph M. Hilbe. Modeling Count Data [M] . Cambridge: Cambridge University Press, 2014.

[27] Kochar A. An Empirical Investigation of Rationing Constraints in Rural Credit Markets in India [J] . Journal of Development Economics, 1997 (53): 339 -347.

[28] Lehberger M, Hirschauer N. What Causes the Low Share of Female Farm Managers? An Explorative Study from Eastern Germany [J] . Jahrbuch der Österreichischen Gesellschaft für Agrarökonomie, 2015 (23): 111 -120.

[29] Liang Q, Hendrikse G. Cooperative CEO Identity and Efficient Governance: Member or Outside CEO? [J] . Agribusiness, 2013, 29 (1): 23 -38.

[30] Ma M, Zhu H. Efficiency of Decisions under Membership Heterogeneity and Government Regulations: Insights from Farmer Cooperatives in China [J] . Economic Development and Cultural Change, 2018 (2): 139 -149.

[31] Mann S. Tracing the Process of Becoming a Farm Successor on Swiss Family Farms [J] . Agriculture and Human Values, 2007 (24): 435 -443.

[32] Murray Fulton. The Future of Canadian Agricultural Cooperatives: A Proper-

ty Rights Approach. [J] . American Journal of Agricultural Economics, 1995, 77 (5): 1144.

[33] Penrose E T. The Theory of the Growth of the Firm [M] . Cambridge: Basil Black Well Oxford, 1959.

[34] Poirier D J. Partial Observability in Bivariate Probit Models [J] . Journal of Econometrics, 1980, 12 (2): 209 - 217.

[35] Pulfer I, Mohring A, Dobricki M, Lips M. Success Factors for Farming Collectives, Paper Submitted to the 12th Congress of the European Association [J] . Agricultural Economists, 2008 (3): 25 - 31.

[36] Putler D S, Zilberman D. Computer Use in Agriculture: Evidence from Tulare County, Califomia [J] . American Journal of Agricultural Economics, 1988 (70): 790 - 802.

[37] Quang Vuong. Likelihood Ratio Tests for Model Selection and Non - nested Hypotheses [J] . Econometrica, 1989, 57 (2): 307 - 333.

[38] Richard R, David A. Mott, Job Matching in Pharmacy Lab or Markets: A Study in Four States [J] . Pharmaceutical Research, 2000, 17 (12): 109 - 117.

[39] Rosenbaum P R, Rubin D B. The Central Role of the Propensity Score in Observational Studies for Causal Effects [J] . Biometrika, 1983, 70 (1): 41 - 55.

[40] Royer J S. Cooperative Organizational Strategies: A Neo - institutional Digest [J] . Journal of Cooperatives, 1999 (14): 44 - 67.

[41] Sah, R. , Stiglitz, J. . The Architecture of Economic Systems: Hi - erarchies and Polyarchies [J] . American Economic Review, 1986 (76): 16 - 27.

[42] Sah R, Stiglitz J. Fallibility in Human Organizations and Po - litical Systems [J] . Journal of Economic Perspectives, 1991 (5): 67 - 88.

[43] Sexton R J. The Formation of Cooperatives - a Game - theoretic Approach with Implications for Cooperative Finance, Decision - making, and Stability [J] . American Journal of Agricultural Economics, 1986, 68 (2): 214 - 225.

[44] Stefan, Mann. Tracing the Process of Becoming a Farm Successor on Swiss Family Farms [J] . Agriculture and Human Values, 2007 (24): 435 - 443.

[45] Sultan T, Larsén K, Huang Zuhui. Learning by Doing - farmers' Specialized Cooperatives Development in China [J] . Proceedings in Food System Dynamics,

2011 (2): 369 -384.

[46] Vitaliano P. Cooperative Enterprise: An Alternative Conceptual Basis for Analyzing a Complex institution [J]. American Journal of Agricultural Economics, 1983 (65): 125 -131.

[47] Wallce L, Mantzou K, Taylor P. Policy Options for Agricultural Education and Training in Sub - Saharan Africa: Report of a Preliminary Study and Literature Review [R]. AERDD Working Paper, 1996.

[48] Wemerfelt B. A Resource - based View of Firm [A] //Strategic Management Journal, In Ni Colai J, Foss (ed). Resource, Firms, and Strategies [M]. London: Oxyford University Press, 1997.

[49] YU L, Nilsson J. Social Capital and the Financing Performance of Farmer Cooperatives in Fujian Province, China [J]. Agribusiness, 2018, 34 (4): 847 -864.

[50] Zhang S, Wolz A, Ding Y. Is there A Role for Agricultural Production Co-operatives in Agricultural Development? Evidence from China [J]. Outlook on Agriculture, 2020 (2): 147 -168.

[51] 蔡颖，赵宁. 基于主成分回归方法的高校大学生创业意愿分析 [J]. 高教探索，2014 (4): 160 -165.

[52] 苍英美. 农民合作社职业经理人匮乏问题研究——基于高校的分析 [J]. 黑龙江八一农垦大学学报，2010，22 (6): 104 -106.

[53] 曾福生，李星星. 扶持政策对家庭农场经营绩效的影响——基于 SEM 的实证研究 [J]. 农业经济问题，2016 (12): 15 -22.

[54] 陈别锐，刘晓辉，谭增夫. 现代农业园区培养新型职业农民的实践与启示 [J]. 西北农林科技大学学报（社会科学版），2014 (3): 58 -61.

[55] 陈共荣，沈玉萍，刘颖. 基于 BSC 的农民专业合作社绩效评价指标体系构建 [J]. 会计研究，2014 (2): 64 -70.

[56] 陈建光. 农村创业创新现状与对策 [J]. 中国农村科技，2015 (8): 37 -39.

[57] 陈江华，李道和，刘佳佳，等. 农民专业合作社品牌创建行为实证分析——基于合作社理事长视角 [J]. 广东农业科学，2014 (21): 204 -209.

[58] 陈江华，李道和，康小兰，等. 农民专业合作社经营效率及其影响因

素［J］．华南农业大学学报（社会科学版），2015（4）：37－47.

［59］程波．基于农民合作社的农业职业经理人队伍的管理与创新［J］．天津农业科学，2015（10）：73－77.

［60］程克群，孟令杰．农民专业合作社绩效评价指标体系的构建［J］．经济问题探索，2011（3）：70－75

［61］程巍．农民专业合作社职业经理人的培育模式研究［J］．黑龙江八一农垦大学学报，2011（2）：85－88.

［62］程伟，张红．国内有关职业农民研究的综述［J］．职业技术教育，2012（22）：67－71.

［63］崔宝玉，简鹏，王纯慧．农民专业合作社：绩效测度与影响因素——兼析我国农民专业合作社的发展路径［J］．中国农业大学学报（社会科学版），2016（4）：106－115.

［64］崔宝玉，陈强．资本控制必然导致农民专业合作社功能弱化吗?［J］．农业经济问题，2011，32（2）：8－15.

［65］崔宝玉，简鹏，刘丽珍．农民专业合作社绩效决定与“悖论”——基于 AHP－QR 的实证研究［J］．农业技术经济，2017（1）：109－123.

［66］崔宝玉，徐英婷，简鹏．农民专业合作社效率测度与改进“悖论”［J］．中国农村经济，2016（1）：69－82.

［67］戴璐，宋迪．高管股权激励合约业绩目标的强制设计对公司管理绩效的影响［J］．中国工业经济，2018（4）：117－136.

［68］邓宏图，王巍，韩婷．转型期农业合作社的现实与逻辑：来自山东寿光的经验观察［J］．中国农村经济，2014（7）：27－38.

［69］董杰，陈锐，张社梅．聘用职业经理人改善了农民合作社绩效吗——基于“反事实”框架的实证分析［J］．经济学家，2020（3）：138－148.

［70］董杰，张社梅．农业职业经理人发展现状、面临的问题及对策分析——基于崇州市的调查［J］．粮食科技与经济，2015，40（2）：24－27.

［71］董杰．农民合作社引入职业经理人决策行为研究——以成都市为例［D］．成都：四川农业大学，2017.

［72］冯振兴，谢云，黎璟萍．新型职业农民创业培训模式研究［J］．长江大学学报（自然科学版），2016，13（33）：81－84.

［73］戈锦文，肖璐，范明．魅力型领导特质及其对农民合作社发展的作用

研究［J］. 农业经济问题，2015（6）：67－74.

［74］桂建洪. 民营企业职业经理人需具备的六大才能［J］. 农村经济与科技，2009（12）：69－70.

［75］郭晓鸣，董欢. 西南地区粮食经营的现代化之路——基于崇州经验的现实观察［J］. 中国农村经济，2014（7）：39－47.

［76］郭亚林. 硕士生的择业动机及其影响因素的研究［D］. 南京：南京师范大学，2014.

［77］郭智奇，齐国，杨慧，赵娉，白瑜. 培育新型职业农民问题的研究［J］中国职业技术教育，2012（15）：7－13.

［78］韩娜. 我国新型职业农民培育问题研究［D］. 大连：大连海事大学，2013.

［79］韩文龙，谢璐. 农业职业经理人市场的形成机制与工资合约——基于崇州市农业“共营制”的现实观察［J］. 财经科学，2017（6）：58－69.

［80］何思源. 职业农民培育典型模式研究［D］. 成都：西南财经大学，2014.

［81］贺超，欧阳椿陶. 高校青年教师心理健康现状调查及预防对策探析［J］. 广东农工商职业技术学院学报，2011（4）：8－11.

［82］胡洁. 361 度激励理论在大学英语教学中的应用研究［D］. 漳州：漳州师范学院，2012.

［83］胡平波. 农民专业合作社中农民合作行为激励分析——基于正式制度与声誉制度的协同治理关系［J］. 农业经济问题，2013，34（10）：73－82.

［84］胡宜挺，唐超. 不同体制下家庭农场经营绩效差异分析——基于新疆地方和兵团家庭农场的调查［J］. 石河子大学学报（哲学社会科学版），2017（1）：54－60.

［85］胡永新. 波特—劳勒综合激励模型对教师激励的启示［J］. 浙江教育学院学报，2008（5）：16－20.

［86］黄惠春. 农村土地承包经营权抵押贷款可得性分析——基于江苏试点地区的经验证据［J］. 中国农村经济，2014（3）：48－57.

［87］黄荣冬. 实施 MBO 的中国上市公司行为变化与公司绩效研究［D］. 成都：四川大学，2007.

［88］黄胜忠，林坚，徐旭初. 农民专业合作社治理机制及其绩效实证分析

［J］. 中国农村经济，2008（3）：65－73.

［89］黄元斌. 我国农业职业经理人发展探讨［J］. 合作经济与科技，2015（5）：107－108.

［90］黄治平，郭涛. 兵团148团家庭农场：现状、问题与对策［J］. 新疆农垦经济，2014（6）：50－53.

［91］黄祖辉，扶玉枝，徐旭初. 农民专业合作社的效率及其影响因素分析［J］. 中国农村经济，2011（7）：4－13.

［92］黄祖辉，刘西川，程恩江. 贫困地区农户正规信贷市场低参与程度的经验解释［J］. 经济研究，2009（4）：116－128.

［93］季晨，贾甫，徐旭初. 基于复衡性和绩效视角的农民合作社成长性探析——对生猪养殖合作社的多案例分析［J］. 中国农村观察，2017（3）：72－86.

［94］冀县卿. 企业家才能、治理结构与农地股份合作制制度创新——对江苏渌洋湖土地股份合作社的个案解析［J］. 中国农村经济，2009（10）：42－50.

［95］贾斌. 吴敏. 新形势下高校青年干部教育培养路径探析［J］. 经济研究导刊，2014（31）：205－206.

［96］姜燕飞，张艳荣，王彩红. 家庭农场经营绩效及影响因素分析——以张掖市为例［J］. 上海农业学报，2016（5）：163－169.

［97］金绍荣，肖前玲. 新型职业农民培育：地方政府的角色、困境及出路［J］. 探索，2015（3）：108－112.

［98］康静萍，汪阳. 中国新型职业农民短缺及其原因分析——基于安徽省寿县的调查［J］. 当代经济研究，2015（4）：73－81.

［99］匡远凤. 人力资本、乡村要素流动与农民工回乡创业意愿：基于熊彼特创新视角的研究［J］. 经济管理，2018，40（1）：38－55.

［100］况学文，陈俊. 董事会性别多元化、管理者权力与审计需求［J］. 南开管理评论，2011（6）：48－56.

［101］雷武生，巫建华，颜志明. "校政合作"培养新型职业农民研究与探索——以"太仓班"为例［J］. 职教论坛，2014（31）：59－62.

［102］李秉龙，薛兴利. 农业经济学（第三版）［M］. 北京：中国农业大学出版社，2015.

[103] 李秉龙．农业经济学［M］．北京：中国农业大学出版社，2003.

[104] 李道和，陈江华．农民专业合作社绩效分析——基于江西省调研数据［J］．农业技术经济，2014（12）：65－75.

[105] 李国祥，杨正周．美国培养新型职业农民政策及启示［J］．农业经济问题，2013，34（5）：93－97＋112.

[106] 李伟．新型职业农民培育问题研究［D］．成都：西南财经大学，2014.

[107] 李新曼，周静，孙若愚．农民专业合作社绩效评价体系建立探讨——基于对辽宁省东部调研的实证分析［J］．新疆农垦经济，2011（10）：12－15.

[108] 李志刚．种植型家庭农场绩效评价及影响因素研究——以浙江省湖州市为例［J］．农业考古，2017（6）：232－238.

[109] 李志荣．农民专业合作社职业经理人的职业能力研究［J］．人力资源管理，2011（4）：178－180.

[110] 李子奈，潘文卿编著．计量经济学［M］．北京：高等教育出版社，2010.

[111] 梁剑峰，李静．“精英俘获”：农民专业合作社成长之困［J］．宏观经济研究．2015（3）：58－62.

[112] 林坚，马彦丽．农业合作社和投资者所有企业的边界——基于交易费用和组织成本角度的分析［J］．农业经济问题，2006（3）：16－20.

[113] 刘家强．成都模式：培育农业经理人，发展新型农业［J］．团结，2012（1）：43－45.

[114] 刘美玉，姜磊．高管内部薪酬差距、股权激励与投资效率［J］．经济问题，2019（6）：90－96.

[115] 刘人瑜．新型职业农民培训模式研究［D］．成都：四川农业大学，2014.

[116] 刘姝蕙．农民专业合作社的成本收益分析——以南京迎湖桃园螃蟹合作社为例［D］．南京：南京农业大学，2007.

[117] 刘姝蕙．农民专业合作社的成本收益分析——以南京迎湖桃园螃蟹合作社为例［M］．南京：南京农业大学出版社，2007.

[118] 刘同山，孔祥智．治理结构如何影响农民合作社绩效？——对195个样本的SEM分析［J］．东岳论丛，2015（12）：16－23.

［119］刘文丽，丁快快，曾尚梅，肖春生．农民专业合作社绩效评价研究——基于湖南省7个农民合作社的实证分析［J］．黑龙江畜牧兽医，2015（24）：22－26.

［120］刘小童，李录堂，张然，赵晓罡．农民专业合作社能人治理与合作社经营绩效关系研究——以杨凌示范区为例［J］．贵州社会科学，2013（12）：59－65.

［121］刘宇翔．村干部兼任管理者对农民合作社绩效的影响研究［J］．经济经纬，2019（2）：41－47.

［122］刘中艳．职业经理人社会网络胜任力与创业绩效关系［J］．求索，2015（11）：48－52.

［123］楼栋，孔祥智．新型农业经营主体的多维发展形式和现实观照［J］．改革，2013（2）：65－77.

［124］卢锐，魏明海，黎文靖．管理层权力、在职消费与产权效率——来自中国上市公司的证据［J］．南开管理评论，2008（5）：85－92.

［125］陆亦佳．高职生职业动机因素结构的研究［D］．苏州：苏州大学，2007.

［126］罗必良．科斯定理：反思与拓展——兼论中国农地流转制度改革与选择［J］．经济研究，2017，52（11）：178－193.

［127］罗必良．农地确权、交易含义与农业经营方式转型——科斯定理拓展与案例研究［J］．中国农村经济，2016（11）：2－16.

［128］罗必良．农业共营制：新型农业经营体系的探索与启示［J］．社会科学家，2015（5）：7－12.

［129］罗建利，郭红东，贾甫，等．农业技术创新体系中合作社的技术获取模式——基于扎根理论的研究［J］．管理案例研究与评论，2015（2）：117－132.

［130］罗骏，贺意林．“农业共营制”下土地股份合作社资金融通模式——以四川省崇州市为例［J］．农村经济，2017（7）：83－89.

［131］马彦丽．农地股份合作社的固定租金契约优于分成契约：兼论农地股份合作社的功能定位和发展空间［J］．农业经济问题，2019（3）：108－120.

［132］马玉波．农民专业合作经济组织职业经理人培养探索［J］．黑龙江八一农垦大学学报，2010，22（4）：92－94.

［133］门秀琴．崇州市农村土地股份合作社运行情况的调查［J］．中共成都市委党校学报，2013（3）：93－96.

［134］米松华，黄祖辉，朱奇彪．新型职业农民：现状特征、成长路径与政策需求——基于浙江、湖南、四川和安徽的调查［J］．农村经济，2014（8）：115－120.

［135］倪慧，万宝方，龚春明．新型职业农民培育国际经验及中国实践研究［J］．世界农业，2013（3）：134－137.

［136］农业部农村经济体制与经营管理司课题组，张红宇．农业供给侧结构性改革背景下的新农人发展调查［J］．中国农村经济，2016（4）：2－11.

［137］欧亚．农民专业合作社职业经理人的发展困境与对策［J］．南方农村，2014，30（7）：53－56＋65.

［138］彭傲天．带头人人力资本对农民合作社绩效的影响——基于河南省的实证分析［J］．湖北农业科学，2015（9）：2303－2305.

［139］彭莹莹，苑鹏．合作社企业家能力与合作社绩效关系的实证研究［J］．农村经济，2014（12）：110－115.

［140］彭莹莹．合作社企业家成长对合作社绩效的影响［J］．江苏农业科学，2015（11）：614－617.

［141］秦红增，韦星光，陆炳乾．当前农民专业合作社发展特点及方向探析——以南宁市盼台归合作社为例［J］．吉首大学学报（社会科学版），2015（4）：66－71.

［142］权小锋，吴世农．CEO 权力强度、信息披露质量与公司业绩的波动性——基于深交所上市公司的实证研究［J］．南开管理评论，2010（4）：142－153.

［143］尚锐．农村合作社组织中新型职业农民胜任素质科学培育机制探究——以黑龙江省为例［J］．农业技术经济，2015（7）：114－120.

［144］尚旭东，韩洁．短期效应、生存压力与农业共营制的长效兼顾［J］．改革，2016（8）：135－145.

［145］邵慧敏，秦德智．内部信任对农民合作社绩效的影响分析［J］．农村经济，2018（3）：124－128.

［146］申云，贾晋．土地股份合作社的作用及其内部利益联结机制研究——以崇州“农业共营制”为例［J］．上海经济研究，2016（8）：55－66.

［147］莘虹．高管权威与公司绩效波动［D］．杭州：浙江工商大学，2015.

［148］沈红梅，霍有光，张国献．新型职业农民培育机制研究——基于农业现代化视阈［J］．现代经济探讨，2014（1）：65－69.

［149］沈玉萍．基于 BSC 的农民专业合作社绩效评价指标体系构建［D］．长沙：湖南大学，2014.

［150］史宝成，赵凯．影响农民专业合作社融资的因素分析——基于陕西关中地区的调查［J］．江苏农业科学，2013（2）：403－406.

［151］［美］舒尔茨．论人力资本投资［M］．吴珠华等译．北京：北京经济学院出版社，1990.

［152］宋傅天．大学生参与“双创”的现状、问题与建议［J］．宏观经济管理，2018，（1）：67－71.

［153］苏敬肖，焦伟伟，李红利，张岭．基于胜任素质模型的新型职业农民素质提升路径——以河北省为例［J］．江苏农业科学，2017，45（18）：338－343.

［154］孙东升，孔凡丕，钱静斐．发展土地股份合作与三产融合是保障粮食安全和粮农增收的有效途径［J］．农业经济问题，2017（12）：4－7＋110.

［155］孙科，郭明顺，孟奇恺．职业农民培育模式变革与高校定位变化思考［J］．高等农业教育，2014（12）：24－27.

［156］孙翔．大力培育新型职业农民的战略思考［J］．高等农业教育，2014（11）：3－5.

［157］汤海溶．控制权与公司资本结构理论研究综述［J］．广东商学院学报，2008（5）：73－78.

［158］童洁，李宏伟，屈锡华．我国新型职业农民职业化一般发展指数研究［J］．财经问题研究，2018（5）：75－81.

［159］托合提·艾买提．关于大学专职就业教师视域下就业创业路径的研究［J］．中国教育学刊，2015（2）：300－301.

［160］万俊毅，敖嘉焯．企业家精神与农业产业化发展案例分析［J］．商业研究，2014（5）：21－25.

［161］万秀萍．高职生职业价值观、职业自我效能与职业生涯规划的关系研究［D］．广州：广州大学，2013.

［162］汪兴东，刘文兴．家庭农场运作绩效的主要影响因素分析［J］．商业研究，2013（10）：160－164.

［163］王军，邵科．理监事会特征对农民合作社绩效的影响——基于我国果蔬合作社的实证分析［J］．西部论坛，2015（6）：18－25.

［164］王凯山．合作社聘用职业经理人是大势所趋——专访中国社会科学院农村发展研究所研究员苑鹏［J］．中国合作经济，2009（5）：28－29.

［165］王敏．农民专业合作社绩效评价研究［D］．济南：山东财经大学，2013.

［166］王娜，赵丽平，王雨濛．推动农民工返乡创业健康有序发展的策略研究：兼评《农民工返乡创业决策影响因素研究》［J］．农业技术经济，2017（6）：127－128.

［167］王娜．熊彼特创新理论评析［D］．保定：河北经贸大学，2016.

［168］王强．农民合作社引入职业经理人的影响因素研究［J］．合作经济与科技，2015，12（6）：63－67.

［169］王新，毛慧贞，李彦霖．经理人权力、薪酬结构与企业业绩［J］．南开管理评论，2015，18（1）：130－140.

［170］王亚萍，包昆锦，张社梅．成都地区农业职业经理人从业动机的研究［J］．浙江农业科学，2017，58（11）：2075－2079＋2083.

［171］王莹丽．创业能力、创业榜样对家庭农场创业绩效的影响研究［D］．武汉：华中师范大学，2017.

［172］韦雪清．激发中学生英语学习的动机研究［D］．苏州：苏州大学，2009.

［173］魏学文，刘文烈．新型职业农民：内涵、特征与培育机制［J］．农业经济，2013（7）：73－75..

［174］吴彬，徐旭初．合作社治理结构：一个新的分析框架［J］．经济学家，2013（10）：79－88.

［175］吴易雄．新型职业农民创业的决策机制及其影响因素分析［J］．统计与决策，2017（1）：110－113.

［176］吴倬．人的社会责任与自我实现——论自我实现的动力机制和实现形式［J］．清华大学学报（哲学社会科学版），2000（1）：1－4＋21.

［177］武贵秀，王秦俊，李倩雯．创业视域下新型职业农民的培育路径分析

［J］．山西科技，2016，31（6）：29－32.

［178］武慧敏．农民专业合作社绩效评价研究［D］．哈尔滨：东北林业大学，2015.

［179］夏芳，刘文丽，曾尚梅，等．烟农合作社引入农业职业经理人的制约因素及对策研究［J］．中国烟草学报，2018，24（1）：106－110.

［180］夏金星．发展现代农业职业教育大力培养新型职业农民［J］．中国职业技术教育，2014（21）：260－263.

［181］夏益国，宫春生．粮食安全视阈下农业适度规模经营与新型职业农民：耦合机制、国际经验与启示［J］．农业经济问题，2015，36（5）：56－64＋111.

［182］向月军，胡江霞．高职院校教师科研能力量化评估研究——基于因子分析法［J］．职业技术教育，2013（2）：58－61.

［183］肖端．不完全契约视野的农民合作社组织绩效比较及其提升策略［J］．宏观经济研究，2016（5）：128－138.

［184］肖端．土地流转中的双重委托—代理模式研究：基于成都市土地股份合作社的调查［J］．农业技术经济，2015（2）：33－41.

［185］谢冬水，黄少安．经营式农业变迁与传统中国农业经济停滞——基于人才配置模式的探讨［J］．财经研究，2011，37（10）：103－112.

［186］谢琳，钟文晶，罗必良．“农业共营制”：理论逻辑、实践价值与拓展空间——基于崇州实践的思考［J］．农村经济，2014（11）：31－36.

［187］谢瑞武．培育农业职业经理人　发展新型农业［J］．农村工作通讯，2014（19）：45－46.

［188］谢云，姚志，黎璟萍．家庭农场经营绩效的影响因素——以湖北为例［J］．江苏农业科学，2016（11）：541－544.

［189］徐辉．新常态下新型职业农民培育机理：一个理论分析框架［J］．农业经济问题，2016（8）：9－15.

［190］徐向明，尤伟忠，时忠明，等．创建合作联盟培养新型职业农民的探索与实践［J］．中国职业技术教育，2015（17）：92－95＋112.

［191］徐旭初，吴彬．治理机制对农民专业合作社绩效的影响——基于浙江省 526 家农民专业合作社的实证分析［J］．中国农村经济，2010（5）：43－55.

［192］徐旭初．农民专业合作社绩效评价体系及其验证［J］．农业技术经

济，2009（4）：11－19.

［193］徐旭初．中国农民专业合作经济组织的制度分析［M］．北京：经济科学出版社，2005.

［194］许娟娟，陈艳，陈志阳．股权激励、盈余管理与公司绩效［J］．山西财经大学学报，2016，38（3）：100－112.

［195］许亚东．培养农业职业经理人，推动现代农业发展［J］．中国农业信息，2013（13）：33.

［196］闫华飞，胡蓓．产业集群内涵式发展的量表开发与信效度检验［J］．统计与决策，2015（13）：47－50.

［197］严蓉，杨洁．基于农业供给侧改革的农业职业经理人培育实践——以成都模式为例［J］．粮食科技与经济，2017，42（5）：12－15.

［198］颜廷武，张露，张俊飚．对新型职业农民培育的探索与思考——基于武汉市东西湖区的调查［J］．华中农业大学学报（社会科学版），2017（3）：35－41＋150.

［199］颜永才，陆文娟．农民合作社引入职业经理人的影响因素研究——以浙江省为例［J］．改革与战略，2015，31（11）：114－117.

［200］杨大蓉．浙江农民专业合作社融资影响因素和融资策略实证研究［J］．浙江农业学报，2013（5）：1130－1136.

［201］杨丹，唐羽．合谋视角下的农民合作社绩效与评级［J］．农业技术经济，2019（3）：75－86.

［202］杨建宏，赵婵娟，熊泽明．新型农业经营体系下农业职业经理人职业标准探索研究［J］．黑龙江畜牧兽医，2016（2）：196－198.

［203］杨军．福建省农民专业合作社技术吸收能力调查及实证分析［J］．台湾农业探索，2013（12）：38－42.

［204］杨丽香．培育农业职业经理人推进发展农业现代化［J］．农民科技培训，2017（6）：28－30.

［205］杨琳，陈序．农民专业合作社的绩效研究——以靖江市为例［J］．中国集体经济，2015（7）：6－7.

［206］杨萍．管理层权力对多元化战略及多元化企业成长性的影响研究［D］．南昌：南昌大学，2014.

［207］叶仁敏，Kunta. Hagtvet. 成就动机的测量与分析［J］．心理发展与教

育，1992（2）：14－16.

［208］应瑞瑶，朱哲毅，徐志刚．中国农民专业合作社为什么选择“不规范”［J］．农业经济问题，2017（11）：4－13.

［209］应瑞瑶．合作社的异化与异化的合作社——兼论中国农业合作社的定位［J］．江海学刊，2002（6）：69－75.

［210］应瑞瑶．论农业合作社的演进趋势与现代合作社的制度内核［J］．南京社会科学，2004（1）：13－18.

［211］游茜．公司治理、在职消费与薪绩敏感性相关性研究——来自中国上市公司的经验证据［J］．财会通讯，2013（33）：66－68.

［212］袁斌，谭涛，陈超．多元化经营与家庭农场生产绩效——基于南京市的实证研究［J］．农林经济管理学报，2016（1）：13－20.

［213］袁荃，夏琼．福柯权力观探析［J］．浙江外国语学院学报，2011（3）：13－20.

［214］张兵，郁胜国，孟德锋．江苏苏北农民专业合作组织绩效评价［J］．福建农林大学学报（哲学社会科学版），2008（2）：50－53＋86.

［215］张德元，李静，苏帅．家庭农场经营者个人特征和管理经验对农场绩效的影响［J］．经济纵横，2016（4）：77－81.

［216］张红．农业现代化进程中新型职业农民的培育研究——基于关中杨村的调查［J］．西北人口，2013（2）：89－94.

［217］张丽君，喻芬芬．中国与丝绸之路沿线国家农产品国际竞争力研究——基于跨国动态面板数据［J］．宏观经济研究，2019（1）：49－64.

［218］张书军．战略与创业的比较研究［J］．比较管理，2011（2）：14－16.

［219］张淑惠，文雷．新型农民专业合作社的效率来源分析——以治理理论为视角［J］．当代世界与社会主义，2014（5）：150－155.

［220］张素勤．耕地可得性、规模经营与农户大田种植收入［J］．宏观经济研究，2015（1）：95－102＋108.

［221］张素勤．基于食品安全的农业资源与环境要素的效用分析［J］．中国农业资源与区划，2016，37（6）：95－98.

［222］张婷婷，杨子珺．高校毕业生择业动机的对偶比较研究［J］．现代预防医学，2013（13）：2475－2478.

［223］张维迎．企业家与职业经理人：如何建立信任［J］．北京大学学报（哲学社会科学版），2003（5）：29－39.

［224］张小允，李哲敏，肖红利．提高我国农产品质量安全保障水平探析［J］．中国农业科技导报，2018，20（4）：72－78.

［225］张晓江．创新机制培养人才 激发农业发展活力：崇州市实施土地股份合作制和培养农业职业经理人的经验与启示［J］．农民科技培训，2012（11）：15－16.

［226］张晓山．农民专业合作社的发展趋势探析［J］．管理世界，2009（5）：89－96.

［227］张秀娥，张宝文，秦鹤．大学生创新创业生态系统优化研究：基于三螺旋理论的视角［J］．财经问题研究，2017（5）：79－85.

［228］张亚丽．耕地质量与土地流转行为关系研究［J］．资源科学，2019，41（6）：1102－1110.

［229］张玉利，赵都敏．新企业生成过程中的创业行为特殊性与内在规律性探讨［J］．外国经济与管理，2008（1）：8－16.

［230］张征华，王凤洁．基于DEA的农民专业合作社经营效率分析——以江西省为例［J］．广东农业科学，2014（17）：216－219.

［231］赵佳荣．农民专业合作社“三重绩效”评价模式研究［J］．农业技术经济，2010（2）：119－127.

［232］赵捷．哈尔滨市农民专业合作社绩效评价与提高途径［D］．哈尔滨：东北农业大学，2014.

［233］赵宗峰．四川省崇州市新型职业农民培育模式研究［D］．保定：河北农业大学，2015.

［234］郑丹，耿方梅，包乌兰托亚，童少娟．经济新常态下新型职业农民创业创新培训思路［J］．科技经济导刊，2015（31）：11－13.

［235］郑丹，王伟．我国农民专业合作社发展现状、问题及政策建议［J］．中国科技论坛，2011（2）：138－142.

［236］郑丹．农民专业合作社盈余分配状况探究［J］．中国农村经济，2011（4）：74－80.

［237］郑少红，刘淑枝．农民专业合作社运营绩效评价：以福建省为例［J］．技术经济，2012（9）：82－87.

［238］植玉娥，庄天慧，刘人瑜．成都市新型职业农民培训需求调查分析［J］．西北人口，2015，36（2）：20－24.

［239］周敏．土地入股合作社综合绩效研究［D］．武汉：华中科技大学，2013.

［240］周应恒，王爱芝．我国农民专业合作社股份化成因分析——基于企业家人力资本稀缺性视角［J］．经济体制改革，2011（5）：75－78.

［241］朱启臻，胡方萌．新型职业农民生成环境的几个问题［J］．中国农村经济，2016（10）：61－69.

［242］朱启臻．新型职业农民培养及其成长环境［J］．农民科技培训，2013（5）：6－9.

［243］卓炯，杜彦坤．我国新型职业农民培育的途径、问题与改进［J］．高等农业教育，2017（1）：115－119.

附　录

附录一　2019 年农业职业经理人调查问卷

成都市种植业合作社农业职业经理人调查问卷

受访人姓名：＿＿＿＿＿＿所在地：＿＿＿＿＿＿县（区）＿＿＿＿＿＿乡/镇＿＿＿＿村，电话：＿＿＿＿＿＿＿＿

一、农业职业经理人特征

1. 性别：＿＿＿＿ A. 男，B. 女；年龄：＿＿＿＿；取得农业职业经理人资格证书是＿＿＿＿年，目前，您属于哪个等级的农业职业经理人＿＿＿＿

A. 初级　　B. 中级　　C. 高级　　C. 高级

2. 您的受教育年限为＿＿＿＿年；到目前为止您有过＿＿＿＿年农耕经历；以前从事的工作是＿＿＿＿，有＿＿＿＿年经营管理经历；是否有在金融企业（银行、保险、信托公司等）的工作经历＿＿＿＿

A. 是　　B. 否

3. 您的主要身份是（可多选）：＿＿＿＿

A. 种植大户　　B. 村干部　　C. 返乡农民工　　D. 大学生

E. 社会团体负责人　　H. 其他（请注明）＿＿＿＿＿＿

4. 您的政治面貌是：＿＿＿＿

A. 中共党员　　B. 共青团员　　C. 民主党派　　D. 群众

E. 其他________

5. 您的个人年收入：________万元

A. (0，5]　　B. (5，10]　　C. (10，15]　　D. (15，20]

E. 20 以上

6. 您的家庭年收入：________万元

A. (0，10]　　B. (10，20]　　C. (20，30]　　D. (30，40]

E. 40 以上；

其中，家中农业收入占总收入的比重约为________（%）

7. 您的家庭人口数为________人；其中劳动力（18 ~ 60 岁）有________人

8. 如果您有一笔资产，您会选择投资哪种项目________

A. 高风险，高回报　　B. 一般风险，一般回报　　C. 低风险，低回报

二、所在合作社基本情况及其影响力

（一）合作社基本情况

1. 您所在的合作社名称________，在该合作社工作了________年

2. 所在合作社性质________

A. 股份合作社　　B. 专业合作社

3. 目前，合作社为________

A. 普通合作社　　B. 市级示范社　　C. 省级示范社　　D. 国家级示范社

4. 合作社成立于________年，注册资本为________万元；距离县级行政中心________千米；入社农户有________户；经营土地面积________亩

5. 合作社理事会有________人，监事会有________人，社员代表大会一年开________次

6. 合作社是否有完整的财务制度________ A. 是　B. 否；是否设有专门的财务部门________ A. 是　B. 否；合作社是否有完整的审计制度________ A. 是　B. 否；是否设有专门的审计部门________ A. 是　B. 否；合作社财务管理是否聘请专业财务人员________ A. 是　B. 否；合作社是否定期公开财务运营情况________ A. 是　B. 否；若是，一年公开________次

7. 2018 年合作社社员参与各类培训共计________次，每次参与的人数平均为________人

8. 合作社是否提取盈余公积________ A. 是 B. 否；合作社与社员的分配方式为________

A. 按股份分配 B. 按交易量分配 C. 按交易额分配 D. 按社员数平均分配

E. 其他

9. 2018 年合作社卖出的产品占合作社全部产出产品的比例为：________（%）；在所有卖出去的产品中，来自社员的产品占比________（%），来自合作社之外的产品占比________（%）；合作社产品的销售范围是________

A. 省内 B. 省外 C. 出口国外

10. 2018 年合作社的厂房和机械设备价值________万元，存货价值________万元；2018 年合作社的总借款________万元；毛收入：________万元；纯盈利：________万元

11. 2018 年合作社长期用工为________人，时间为________天，工资为________元/天；临时用工为________人，时间为________天，工资为________元/天

12. 合作社 2018 年经营投入情况（单位：元）：

土地租金		人工费用		运输费用	
新设备购置费用		农机作业费用		种子（种苗）费用	
培训费用		化肥农药费用		土壤改良（有机肥等）费用	
新技术引进费用		农业保险费用		销售费用（包装费、宣传费等）	
借款利息（手续费）		管理人员工资		其他费用：	

13. 合作社 2018 年经营产出与市场价格情况（请按产量由多到少顺序填写）：

种植产业	产品 1	产品 2	产品 3	产品 4	产品 5	产品 6
种植作物						
种植面积（亩）						
产品总产量（斤）						
单位产量（斤/亩）						
销售价格（元/斤）						

14. 合作社的田间道路（机耕道）建设情况________

A. 没有　　B. 正在建设，尚未完工

C. 有，但是没有硬化　　D. 硬化了一部分

E. 全部硬化

15. 合作社水利灌溉设施建设情况________

A. 没有　　B. 土沟渠，自流排灌

C. 部分水泥沟渠，自流排灌　　D. 全部水泥沟渠，自流排灌

E. 部分安装了管道喷灌系统　　F. 全部安装了管道喷灌系统

G. 其他（请注明）________

16. 2018 年合作社是否应用了机械化耕种________ A. 是　B. 否；若是，机械化应用面积为________亩。

17. 合作社 2018 年播种面积为________亩，其中，新品种应用面积为________亩，品种费用为________元。

（二）该合作社的影响力和外部支持

1. 合作社农产品是否经过质量认证________ A. 是　B. 否；若是，具体为________

A. 地理标志产品　B. 无公害产品　C. 绿色产品　D. 有机产品

E. 其他

2. 合作社农产品是否注册有商标________ A. 是 B. 否；若有，商标级别为________

A. 普通商标　B. 市知名商标　C. 市著名商标　D. 省著名商标

E. 国家驰名商标

3. 合作社产品是否能够使用区域公共品牌________ A. 是　B. 否

4. 合作社是否建有加工企业________ A. 有　B. 没有；若有，加工企业的收入占合作社总收入的________%。

5. 合作社是否发展第三产业________ A. 有　B. 没有；若有，主要开展哪些业务（可多选）________

A. 休闲观光　B. 科普教育　C. 采摘体验　D. 餐饮

E. 住宿　F. 康养度假　G. 其他（请注明）________

第三产业的收入占合作社总收入的________%。

6. 合作社外部支持条件情况：填表说明：请直接在对应选项上打钩

农业技术服务可获得程度	A. 非常低	B. 比较低	C. 一般	D. 比较高	E. 非常高
农资（肥料、药剂等）获得便捷程度	A. 非常不方便	B. 较为不方便	C. 一般	D. 比较方便	E. 非常方便
农机服务便利程度	A. 非常不方便	B. 较为不方便	C. 一般	D. 比较方便	E. 非常方便
政府项目资金申请难易度	A. 非常困难	B. 比较困难	C. 一般	D. 比较容易	E. 非常容易
到银行贷款难易程度	A. 非常困难	B. 比较困难	C. 一般	D. 比较容易	E. 非常容易
社员参与培训的效果	A. 非常差	B. 比较差	C. 一般	D. 比较好	E. 非常好
政策对合作社产业发展的支持力度	A. 非常小	B. 比较小	C. 一般	D. 比较大	E. 非常大
政策对合作社社员培训的支持力度	A. 非常小	B. 比较小	C. 一般	D. 比较大	E. 非常大
政策对合作社设施建设的支持力度	A. 非常小	B. 比较小	C. 一般	D. 比较大	E. 非常大
政策对合作社融资贷款的支持力度	A. 非常小	B. 比较小	C. 一般	D. 比较大	E. 非常大
政策对合作社技术引进的支持力度	A. 非常小	B. 比较小	C. 一般	D. 比较大	E. 非常大

7. 合作社向银行贷款的制约因素有（可多选，请按重要程度排序）________

A. 缺乏合适的抵押物　　B. 担心不能按时还款

C. 程序复杂　　D. 贷款利息过高

E. 合作社在银行没有熟人　　F. 可贷资金较少、对合作社帮助不大

G. 其他（请注明）________

8. 合作社的技术来源渠道主要有（可多选，按从多到少排序）________

A. 政府农技部门　B. 科研院所　C. 大中专院校　D. 技术公司

E. 土专家　F. 自我摸索　G. 其他

9. 合作社的资金来源渠道（可多选，按从多到少排序）________

A. 全体社员集资　B. 核心成员出资　C. 银行贷款　D. 政府项目补贴

E. 公司企业投资　F. 其他

三、农业职业经理人的从业动机与经营素质

1. 您选择成为农业职业经理人的最主要原因是________

A. 个人选择，喜欢在农村工作、生活

B. 亲友推荐，认为这是不错的职业

C. 政策鼓励，能够获得多种政策支持

D. 其他原因（请注明）__________

2. 从您成为农业职业经理人至今，是什么让您坚持下来从事这份工作

A. 拥有比周围人更高的收入　　　　B. 与自己的兴趣相符

C. 能够从工作中获得成就感　　　　D. 喜欢合作社工作氛围

E. 拥有持续的政策扶持　　　　　　F. 家人的大力支持

G. 能够经常得到培训，保持知识更新

H. 其他（请注明）__________

以上原因中，您认为最重要的三项依次是（1）________（2）________（3）________

3. 在工作过程中，您是否与合作社管理层（理事长、理事会）发生过纠纷：________ A. 有　B. 没有；若有，原因是________________。

A. 生产经营方案选择意见不一致

B. 合作社利益分配不合理

C. 新技术引进时意见不一致

D. 管理层对具体业务插手过多，自主权不够

E. 其他（请注明）________________

4. 未来 2 ~3 年，您是否打算继续从事农业职业经理人这份工作__________

A. 是　B. 否

若否，原因是________________

A. 对收入不满　　B. 风险太大　　C. 有其他更好的工作

D. 家人反对　　　E. 个人能力有限，不能胜任

F. 其他（请注明）________________

5. 您认为自己在以下方面的能力如何？

解决大部分生产方面的问题	A. 非常差	B. 比较差	C. 一般	D. 比较高	E. 非常高
与合作社其他工作人员和睦相处	A. 非常差	B. 比较差	C. 一般	D. 比较高	E. 非常高
学习并使用新技术	A. 非常差	B. 比较差	C. 一般	D. 比较高	E. 非常高
熟练运用互联网	A. 非常差	B. 比较差	C. 一般	D. 比较高	E. 非常高
组织社员进行农业生产	A. 非常差	B. 比较差	C. 一般	D. 比较高	E. 非常高

6. 您对自己的职业有何看法？

这是一份有价值的工作	A. 非常不认同	B. 不认同	C. 不确定	D. 认同	E. 非常认同
我乐意做一名农业职业经理人	A. 非常不认同	B. 不认同	C. 不确定	D. 认同	E. 非常认同
通过这个职业能够收获一些成果	A. 非常不认同	B. 不认同	C. 不确定	D. 认同	E. 非常认同
我愿意在农村进行工作	A. 非常不认同	B. 不认同	C. 不确定	D. 认同	E. 非常认同

四、农业职业经理人经营情况

（一）总体经营情况

1. 您是否兼任社长：______ A. 是　B. 否；是否为监事会成员：______
A. 是　B. 否；
是否为理事会成员：______ A. 是　B. 否；您是否在合作社之外兼职______
A. 是　B. 否；
是否获得农艺师、畜牧师、兽医师等相关农业高级职称________ A. 是　B. 否；

2. 您是否出资（或土地）入股合作社________ A. 是　B. 否；若是，入股比例能否排到合作社前五________ A. 是　B. 否；与您经常交流的农业职业经理人是否入股其所在合作社________ A. 是　B. 否

3. 您作为农业职业经理人的年收入为________万元；您对目前取得的收入是否满意________
A. 非常满意　B. 比较满意　C. 一般　D. 不满意
E. 非常不满意

4. 合作社对您的薪水给付方式为______ A. 固定工资　B. 利润分红　C. 固定工资 + 利润分红，您更喜欢哪一种薪水给付方式________

5. 您是否愿意增加经营管理规模________ A. 是　B. 否，若愿意，希望增加________亩

6. 您在合作社中拥有哪些决策权？决策程度如何？
若拥有该决策权，请在□内划“√”，并选择相应决策程度；若没有，请在□内划“×”

	决策权		可独立决策	需与社长商议	需与理事会讨论	需提交社员代表大会讨论
战略决策	新市场拓展	□	4	3	2	1
	新技术引进	□	4	3	2	1
	新产品开发	□	4	3	2	1
	内部机构调整	□	4	3	2	1
	规章制度制定调整	□	4	3	2	1
	其他（请注明）:					
运营决策	农资采购	□	4	3	2	1
	盈余分配	□	4	3	2	1
	吸收（或清退）成员	□	4	3	2	1
	生产方案选择	□	4	3	2	1
	合作社资产投资	□	4	3	2	1
	奖惩社员（工作人员）	□	4	3	2	1
	其他（请注明）:					

7. 您在日常经营活动中主要承担以下哪些工作？工作量如何？（请直接打钩）

简单任务	组织召开例会	A. 没有	B. 非常少	C. 比较少	D. 一般	E. 比较多	F 非常多
	文件审阅签字	A. 没有	B. 非常少	C. 比较少	D. 一般	E. 比较多	F 非常多
	进行人事招聘和调整	A. 没有	B. 非常少	C. 比较少	D. 一般	E. 比较多	F 非常多
	组织培训社员	A. 没有	B. 非常少	C. 比较少	D. 一般	E. 比较多	F 非常多
	购买肥料、农具等农资	A. 没有	B. 非常少	C. 比较少	D. 一般	E. 比较多	F 非常多
	其他（请注明）:						
中等难度任务	参与合作社盈余分配	A. 没有	B. 非常少	C. 比较少	D. 一般	E. 比较多	F 非常多
	新技术引进	A. 没有	B. 非常少	C. 比较少	D. 一般	E. 比较多	F 非常多
	生产规模扩张	A. 没有	B. 非常少	C. 比较少	D. 一般	E. 比较多	F 非常多
	协调与政府关系	A. 没有	B. 非常少	C. 比较少	D. 一般	E. 比较多	F 非常多
	接待领导、外宾	A. 没有	B. 非常少	C. 比较少	D. 一般	E. 比较多	F 非常多
	其他（请注明）:						

续表

高难度任务	管理资产、进行项目投资	A. 没有	B. 非常少	C. 比较少	D. 一般	E. 比较多	F 非常多
	向银行申请贷款	A. 没有	B. 非常少	C. 比较少	D. 一般	E. 比较多	F 非常多
	拓展市场销路	A. 没有	B. 非常少	C. 比较少	D. 一般	E. 比较多	F 非常多
	新产品开发	A. 没有	B. 非常少	C. 比较少	D. 一般	E. 比较多	F 非常多
	政府项目申请	A. 没有	B. 非常少	C. 比较少	D. 一般	E. 比较多	F 非常多
	其他（请注明）:						

8. 作为农业职业经理人，您享受了以下哪些政策支持？您觉得这些政策对您的支持力度如何？

若享受了该政策，请在□内划“√”，并选择相应的支持力度；若没有享受，请在□内划“×”

支持政策:		A. 非常大	B. 比较大	C. 一般	D. 比较小	E. 非常小
产业支持政策	□	5	4	3	2	1
金融支持政策	□	5	4	3	2	1
培训奖励支持政策	□	5	4	3	2	1
科技支撑政策	□	5	4	3	2	1
设施支持政策	□	5	4	3	2	1
社保支持政策	□	5	4	3	2	1

（二）农业职业经理人岗位工作压力情况

1. 总体上，您个人工作（或创业）压力状况如何：________

A. 经常感觉压力很大　　　　B. 偶尔感觉压力很大

C. 压力总体不大

2. 农业职业经理人可能出现的下列工作压力，哪些您曾感受过（可多选）：________

个人方面	A. 体力劳动时间较多，个人身体吃不消
	B. 家人或朋友不理解、不支持
	C. 城乡生活环境反差太大，心里很失落
	D. 为所在合作社更多创收与坚守职业道德底线的冲突

续表

生产方面	E. 动植物突发病虫害或传染性疾病
	F. 农业生产技术较多样、较复杂，难以有效掌握
	G. 农业新概念、新观念的学习消化和有效运用
管理方面	H. 合作社或农产品品牌建设难，知名度打造难
	I. 财务制度规范性审查要求
	J. 更高级别示范社等农业项目申报书撰写难、评审难
	K. 合作社融资难，投资决策所需流动资金压力大
	L. 员工管理较困难，农忙季节请人难，且难以留住想要的人才
市场方面	M. 农业投资收益周期较长，且收益通常较小，怀疑是否值得长期付出
	N. 农产品价格变化大、变化快，销售市场风险大
政策方面	O. 相关农业扶持政策不稳定或者难以兑现
其他	P. （请注明）

3. 对您来说，上述第 2 小题所列工作压力选项，如果从大到小排列，排名前四的依次是：________；如果从小到大排列，排名前四的依次是：________。

4. 为了适当缓解工作压力，按照从大到小排列，您最期望得到的前三项帮助依次是：（1）________；（2）________；（3）________。

A. 政府保持农业扶持政策的稳定、透明和可兑现

B. 提供更多经营管理的具体指导

C. 提供更多、更及时的农业生产技术指导

D. 培训学习一些新的、有效的个人压力释放方法

E. 提供更多可使用的银行融资渠道、更切实的银行融资优惠

F. 为动植物突发严重传染性疾病提供更高额度的农业保险支持

G. 地方政府出面组织，统一打造地方农产品品牌，解决单打独斗力量薄弱的问题

H. 其他：________。

（三）订单农业经营情况

1. 您是否听说过订单农业________ A. 是 B. 否

2. 您是否支持订单农业这种模式________

A. 非常支持 B. 比较支持 C. 一般 D. 不支持

E. 特别不支持

3. 您在经营中是否开展了订单农业业务________ A. 是 B. 否；

若是，合作对象是________ A. 农贸市场 B. 超市 C. 采购商 D. 消费者 E. 其他（请注明）________；对方是否有过违约行为________ A. 是 B. 否？若是，原因是________ A. 产品质量不达标 B. 有更低价格的产品替代 C. 其他________；您是否愿意将这种模式推荐给其他农业职业经理人________

A. 非常愿意 B. 比较愿意 C. 不确定 D. 不愿意

E. 非常不愿意

若否，您是否愿意尝试在订单农业模式下销售农产品________

A. 非常愿意 B. 比较愿意 C. 不确定 D. 不愿意

E. 非常不愿意

4. 关于订单农业，您对以下观点的态度如何？请直接打钩

观点	非常同意	比较同意	一般	不同意	非常不同意
便于根据购买方要求调整生产，使生产有计划	5	4	3	2	1
农产品的销量更有保障	5	4	3	2	1
农产品的价格更有保障	5	4	3	2	1
农产品价格事先约定，收益可能有损失	5	4	3	2	1
受自然因素影响，合作社可能无法完成订单生产	5	4	3	2	1
如果订单采用口头约定，购买方可能违约	5	4	3	2	1
市场价格低于约定价格时，购买方可能违约	5	4	3	2	1
农产品销售更加方便快捷	5	4	3	2	1
订单农业难以受到法律保护	5	4	3	2	1

5. 您觉得其他农业职业经理人对订单农业的评价是否可信________

A. 非常可信 B. 比较可信 C. 一般 D. 比较不可信

E. 非常不可信

6. 您觉得订单农业在当地的认知度如何________

A. 非常高 B. 比较高 C. 一般 D. 比较低

E. 非常低

五、农业职业经理人的其他个人诉求

1. 您面临的主要困难、亟待解决的问题：

____。

您的诉求：____。

附录二 2016年农业职业经理人所在合作社调查问卷

合作社农业职业经理人引入制度问卷

受访人姓名：______所在地：______县（区）______乡/镇______村

合作社名称：______________电话：______________

一、负责人基本情况

1. 性别：A. 男 B. 女；年龄：________岁

2. 文化程度：A. 小学及以下 B. 初中 C. 高中或中专 D. 大专及本科 E. 研究生及以上

3. 现任职务：A. 理事长 B. 副理事长 C. 监事长 D. 其他

4. 任职时长：________年，是否为合作社创始人：A. 是 B. 否

5. 除合作社负责人身份外，还兼有其他身份：A. 普通农户 B. 种植大户（30亩以上） C. 村组干部 D. 农业职业经理人 E. 企业代表 F. 农技推广人员 G. 其他

6. 是否想扩大经营规模：A. 是 B. 否

二、合作社特征

（一）合作社基本情况

7. 合作社成立时长：________年；注册资本______（万元）：A. （0，20］ B. （20，50］ C. （50，100］ D. （100，300］ E. （300，+∞）；合作社土地规模________亩

是否为省级示范合作社：A. 是　B. 否；合作社是否创办相关企业或工厂：A. 是　B. 否

是否拥有自己的农产品品牌：A. 是　B. 否；是否建立合作社网站：A. 是　B. 否

8. 拥有的农产品质量认证情况：A. 无任何认证　B. 地理标志产品　C. 无公害产品　D. 绿色产品　E. 有机产品

9. 合作社性质：A. 专业合作社　B. 股份合作社　C. 其他

创立形式：A. 大户牵头　B. 企业牵头　C. 供销社牵头　D. 村干部牵头　E. 其他

10. 合作社主要经营类型：A. 粮油作物类　B. 蔬菜类　C. 水果类　D. 其他

11. 合作社的最主要销售方式：A. 合作社零售　B. 供应国家粮食储备中心　C. 大型超市　D. 加工企业　E. 网上销售

12. 合作社离县城的距离________千米

（二）合作社组织结构

13. 合作社社员（户）：A.（0，50]　B.（50，100]　C.（100，200]　D.（200，500）　E.（500，+∞）；60岁以上老年人占比：________%。

14. 合作社去年召开理事会情况：________次/年。

15. 合作社的理事会成员人数：________人；合作社监事会成员人数________人。

三、合作社对农业职业经理人的聘请情况及认知

16. 合作社是否有农业职业经理人：A. 是（接17－21）　B. 否（转接22）

17. 聘请类型为：A. 种植大户　B. 大学毕业生　C. 返乡农民工　D. 退伍军人　E. 农技推广人员　F. 自己兼任　G. 其他

18. 农业职业经理人是否在合作社入股：A. 是　B. 否

19. 合作社2015年为农业职业经理人的支付年薪为________万元；合作社付给农业职业经理人的薪酬方式：A. 固定薪水　B. 基本薪水＋业绩奖励　C. 自负盈亏（包干制）　D. 除本分成（风险共担）　E. 其他

20. 聘请农业职业经理人对合作社效益贡献如何：A. 贡献很大　B. 贡献较大　C. 贡献一般　D. 贡献不大　E. 没有贡献

21. 农业职业经理人在合作社的工资待遇水平：A. 比理事长高　B. 同理事长　C. 同理事会成员　D. 同一般管理人员　E. 比一般管理人员低

22. 您是否了解农业职业经理人：A. 是　B. 否

23. 您是否打算聘请农业职业经理人，A. 是（接24－27）　B. 否（转接28）

24. 您最希望农业职业经理人解决何种问题（单选）：

A. 生产技术　B. 融资　C. 社员管理　D. 销售渠道　E. 其他

25. 您希望的聘请方式：A. 政治任命　B. 内部晋升　C. 外部聘用

26. 希望聘请的年龄：A. 25 岁以下　B. （25，35］　C. （35，45］　D. （45，55］　E. 不限

27. 您希望农业职业经理人的薪酬方式：A. 固定薪水　B. 基本薪水＋业绩奖励　C. 自负盈亏（包干制）　D. 除本分成（风险共担）　E. 其他

28. 不打算聘请农业职业经理人，是因为：

A. 事务不多、不需要　B. 支出成本太高　C. 找不到合适人选　D. 合作社内部组织结构完善，足以应对经营管理

四、政策环境因素

29. 您认为本社最需要政府哪方面的支持________；其次是________

A. 技术服务　　B. 品牌建设及销售渠道推荐

C. 基础设施配套　　D. 财政补贴

E. 其他

30. 政府应在合作社引入农业职业经理人方面提供哪些支持（可多选）：

A. 加大农业职业经理人培训力度

B. 提供合作社引入农业职业经理人专项补贴

C. 提供更多的农业职业经理人引入渠道

D. 建立农业职业经理人协会，完善农业职业经理人市场

31. 除政府农技部门外是否有其他机构与合作社进行技术合作：A. 是　B. 否；

若是，最主要的合作对象为：A. 企业　B. 科研院所　C. 高等院校　D. 其他

五、成本收益情况

32. 合作社成本情况

项目 年份	种植规模（亩）	粮种费用（元/亩）	化肥费用（元/亩）	农药费用（元/亩）	购买机械费用（万元）	租用机械费用（万元）	全年雇工费用（万元）	运输费用（万元）	支付农业职业经理人费用（万元）
2015									
2014									
2013									

33. 合作社收益情况（若该类作物无经营，相应空则不填）

项目 年份	粮食大春收入（万元）	粮油小春收入（万元）	蔬菜收入（万元）	水果收入（万元）	各类财政补贴（万元）	其他收入（观光旅游等）（万元）
2015						
2014						
2013						

六、保护性耕作情况（只针对粮油合作社）

34. 请问您在谷物种植中是否采用了以下的保护性耕作方式？（可多选）

A. 免耕　　B. 少耕

C. 秸秆还田覆盖　　D. 其他（请说明________）

E. 没有采用

F. 曾经采用过，但现在放弃了（如果受访者回答 E 或 F，请跳到第 37 题）

35. 请问您哪种作物采用了保护性耕作________？采用的面积有多少亩________？

36. 请问您采用保护性耕作的原因是什么？（可多选）

A. 减少成本　　B. 节约用工　　C. 提高产量　　D. 改善土壤质量

E. 政府补贴　　F. 其他原因（请说明________）

37. 请问您没有采用保护性耕作的原因是什么？（可多选）

A. 不了解这种耕作技术

B. 保护性耕作不适用于当地的气候环境

C. 保护性耕作不适用于种植的作物

D. 保护性耕作会降低产量

E. 保护性耕作成本较高

F. 保护性耕作技术复杂，较难掌握

G. 缺乏政府扶持

H. 其他原因（请说明________）

附录三　2016年农业职业经理人调查问卷

农业职业经理人从业意愿调查问卷

受访人姓名：________所在地：________县（区）________乡/镇________村，电话：________

一、受访人基本情况

1. 性别：A. 男，B. 女；年龄：________；婚否：A. 是，B. 否

2. 文化程度：A. 小学及以下　B. 初中　C. 高中或中专　D. 大专及本科　E. 硕士及以上

3. 您的主要身份是：A. 种养大户，B. 村干部，C. 返乡农民工，D. 大学生，E. 其他________

4. 您个人年收入大概________万元

A.（0，5］　B.（5，10］　C.（10，15］　D.（15，20］

E. 20以上

与您周围同龄劳动力年收入相比较，您的收入属于________水平

A. 上等　B. 中上　C. 中等　D. 中下

E. 下等

5. 您家庭年收入在：________万元 A.（0，10］　B.（10，20］　C.（20，30］　D.（30，40］　E. 40以上

二、成为农业职业经理人及工作开展的相关情况

1. ________年取得农业职业经理人资格证书；取得前，有无农耕经验：________ A. 有，B. 无；有无管理经验（如包工头、农场主）：________ A. 有，B. 无工作开展情况（如没有被聘任为农业职业经理人，请转至 12 小问）

2. ________年，被以下什么单位聘任为农业职业经理人________

A. 股份合作社　B. 专业合作社　C. 家庭农场　D. 企业

E. 其他________

3. 薪酬支付方式是：________

A. 固定薪水　B. 基本薪水 + 业绩奖励

C. 自负盈亏（包干制）　D. 除本分成（风险共担）

E. 其他________

4. 受聘单位土地规模：________（亩）；您负责经营________（亩）；经营作物主要是：________

2015 年，您所经营的每亩土地成本________元，每亩利润________元。其中，您个人每亩可获得收入________元

5. 是否愿意再增加经营管理规模________ A. 是　B. 否，若愿意，希望增加________亩

6. 家庭对您从事农业职业经理人工作的支持力度：________

A. 很大　B. 较大　C. 一般　D. 较小

E. 很小

7. 您对所在单位及其负责人（工作氛围、做事风格等方面）的认可程度：________

A. 非常认同　B. 较为认同　C. 一般　D. 不太认同

E. 很不认同

8. 政府各方面政策对您的支持力度：________

A. 很大　B. 较大　C. 一般　D. 较小

E. 很小

9. 融资贷款的难易度：________

A. 很不容易　B. 较不容易　C. 一般　D. 较容易

E. 很容易

10. 以下权力，您享有的大小！请在对应表格中打“√”

权力范围	没有这项权力	享有 1/3	享有 1/2	享有 2/3	完全拥有这项权力
农资采购权					
投资决策权					
生产决策权					
盈余分配权					
吸纳成员权					
内部机构设置权					
人事任免权					
奖惩权					
规章制度制定权					

11. 是否有更换工作，从事其他职业的打算：________ A. 是　B. 否

如是，最主要的原因是：________

A. 对收入不满意　　B. 风险太大

C. 有其他更好的工作　　D. 家人反对

E. 个人能力有限　　F. 其他（请注明）________

12. 暂时未被聘任的主要原因是（多选，并按照重要程度排序）：________

A. 没有土地供自己承包经营　　B. 薪酬待遇达不到预期要求

C. 个人能力有待提升　　D. 有更好的工作选择

E. 其他________

三、关于农业职业经理人的认知

1. 从事农业职业经理人工作的意愿：________

A. 很低　B. 较低　C. 一般　D. 较强

E. 很强

2. 关于农业职业经理人在以下几个方面的认知，请直接选择对应的数值

工作收入	A. 很低	B. 较低	C. 中等	D. 较高	E. 很高	
工作环境	A. 很差	B. 较差	C. 一般	D. 较好	E. 很好	
对工作能力的要求	A. 很低	B. 较低	C. 中等	D. 较高	E. 很高	
国家政策支持力度	A. 很小	B. 较小	C. 适中	D. 较大	E. 很大	
相关制度完善程度	A. 极不完善	B. 不完善	C. 一般	D. 较完善	E. 很完善	

3. 对农业职业经理人工作未来发展的判断：________

A. 很不乐观　B. 不太乐观　C. 一般　D. 较乐观

E. 非常乐观

4. 对于风险的态度，您属于哪一类：________

A. 风险追求者　B. 风险中立者　C. 风险回避者

5. 您个人可接受的年收入至少是：________万元/年。

四、农业职业经理人从业动机

表格中列出的项目没有好坏、对错之分，只要反映出真实的感受即可。请就你的真实想法选择相应的数字。具体如：1 = 很不看重，2 = 较不看重，3 = 一般，4 = 较看重，5 = 很看重

题目	很不看重	较不看重	一般	较看重	很看重	请选择
一、物质报酬						
1. 较好的薪金待遇	1	2	3	4	5	
2. 医疗卫生、保健福利待遇	1	2	3	4	5	
3. 工作环境舒适	1	2	3	4	5	
4. 工作充实不单调、不常重复	1	2	3	4	5	
二、个人情感						
1. 从工作中能得到较高的成就感	1	2	3	4	5	
2. 职业的社会地位较高	1	2	3	4	5	
3. 希望从事与“三农”相关的工作	1	2	3	4	5	
4. 为了照看家庭，希望就近就业	1	2	3	4	5	
5. 工作与自身身体条件、性格和气质相符	1	2	3	4	5	

续表

题目	很不看重	较不看重	一般	较看重	很看重	请选择
6. 工作符合自己的兴趣	1	2	3	4	5	
7. 单位声誉好坏	1	2	3	4	5	
8. 同事和领导的看法和压力	1	2	3	4	5	
9. 工作开展难易程度	1	2	3	4	5	
三、发展机会						
1. 工作提供增长知识和技能的机会	1	2	3	4	5	
2. 能得到重用，有晋升的机会	1	2	3	4	5	
3. 能够提供教育（培训）的机会	1	2	3	4	5	
4. 工作能发挥自己的专长	1	2	3	4	5	
5. 工作富有挑战性	1	2	3	4	5	
四、个人在组织中发挥作用						
1. 领导人能力的高低	1	2	3	4	5	
2. 工作中能独当一面	1	2	3	4	5	
3. 工作能有所作为	1	2	3	4	5	
4. 我渴望赢得他人、组织重视	1	2	3	4	5	
5. 我喜欢解决全新的问题	1	2	3	4	5	
6. 与同事关系比较融洽	1	2	3	4	5	
7. 可以在周围群体中树立个人榜样，更好地影响他们	1	2	3	4	5	

后　记

本书系在本人主持的国家自然科学基金面上项目“农民合作社职业经理人形成机制、决策行为与政策优化研究”（71673195）研究报告基础上形成的专著。首先要感谢国家自然科学基金委员会的资助。

农业职业经理人的产生和发展对农业规模化、组织化、集约化、专业化推进均产生深刻影响，直接或者间接影响农业的现代化进程。本书紧紧围绕农业职业经理人这一新型从业群体的形成和发展问题，通过实地问卷调查成都市农业职业经理人获得一手资料，理论与实证相结合开展系统研究。本书中的一部分内容已见诸《经济学家》《农村经济》等学术期刊；亦获得四川省省委常委曲目史哈、成都市市委常委谢瑞武等领导的批示，也有部分内容在本人及课题组成员参加的国际农经大会、中德高层论坛、中国农业技术经济年会等会议上宣讲，在承担四川省农业职业经理人示范性培训中进行转化和传播。现将更多内容汇集成书，以期更为系统地呈现研究内容，为关心、支持和推动新型职业农民发展的人们提供参考和启发，为实现我国乡村人才振兴尽绵薄之力。

本书的研究得到了众多同仁的莫大帮助与支持。包括但不限于：四川省农业农村厅农村经营管理处李丹副处长，四川省农业广播电视大学副校长丁燕副研究员，中国人民大学农村发展学院钟真副院长，成都市人民政府副市长谢瑞武，成都市农业农村局秘书处王红强处长、科教处余建明处长、蔡群霞副处长、农村经营管理站胡栋才站长，温江区农业农村局科教科苟建敏科长、崇州市农业农村局科教科袁鸿科长、邛崃市农业农村局科教科尹红梅科长、蒲江县农业农村局科教科周桂芬科长、大邑县农业农村局科教科盛天杰科长、金堂县农业农村局科教科刘江韬科长、青白江区农业农村局科教科康莉、都江堰市农业农村局科教科童有福科长，成都市农业职业技术学院党政办陈志国副主任，成都市农业职业经理人

协会会长杨国武、邛崃农业职业经理人协会会长王顺，在此一并表示感谢。同时，感谢德国莱布尼兹转型经济农业发展研究所（IAMO）孙战利、DAnuel Muller以及 Axel Wolz 三位老师的指导和帮助。

借此机会，还要感谢本人所在四川省农村发展研究中心、四川农业大学管理学院各位领导和同事们的大力支持，对本项目的开展给予高度重视和悉心指导，也一直激励着我奋发进取、踏实前行。感谢实地调研中积极参与的董杰、王亚萍、曾文俊、张柳、陈锐、方柯钰、许丽灵、史宇薇、罗娅、梁景智、曹安迪、吴婷玮、孙雨含、龙秋等多位研究生和本科生，他们吃苦耐劳、严谨认真、孜孜以求、边干边学的工作精神，团结友爱、高效协作、无私奉献的团队精神，为顺利完成一次又一次的调研任务奠定了坚实的基础。

从项目批准立项、完成研究报告，到成书出版，课题组全体成员召开多次会议，对各部分进行深入讨论和反复论证，它是一项集体劳动和协作攻关的成果。本书各章节的主要写作分工及其修订完善如下：张社梅负责第 1 章、第 2 章、第 9 章和第 11 章，陈锐负责第 4 章、第 6 章和第 8 章，董杰负责第 5 章和第 6 章，曾文俊负责第 7 章和第 10 章，王亚萍负责第 3 章。除此之外，参与本项目研究和写作的还有：王运陈、包昆锦、傅新红、郑循刚、李冬梅、罗娅、莫经梅、黄悦等，在各章节写作基础上，由张社梅、陈锐和董杰对最终转化的专著全稿进行补充、修订和文字润色。

历经四余载，付出了许多艰苦的努力，项目的结题工作已经完成，但合作社与农业职业经理人的发展不会停滞，我们的研究还将深入下去。本书在写作过程中，尽最大努力将所参考的文献资料列出，以表达对众多学者前期探索的尊重和敬意，但其中遗漏也可能在所难免。尽管凝结了众人的心血，但由于学识和水平有限，疏漏和欠缺在所难免，恳请各位专家与学者进行批评指正，也欢迎随时来电、来函交流探讨！